| 光明学术文库 | 历史与文化书系 |

美丽中国对外网络传播研究

李建华 | 主 编

副主编：韩 芳 张 杰 胡 劼

光明日报出版社

图书在版编目（CIP）数据

美丽中国对外网络传播研究 / 李建华主编 . -- 北京：光明日报出版社，2022.9
ISBN 978-7-5194-6587-2

Ⅰ.①美… Ⅱ.①李… Ⅲ.①网络传播—研究—中国 Ⅳ.①G206.2

中国版本图书馆 CIP 数据核字（2022）第 075378 号

美丽中国对外网络传播研究
MEILI ZHONGGUO DUIWAI WANGLUO CHUANBO YANJIU

主　　编：李建华	
责任编辑：石建峰	责任校对：崔瑞雪
封面设计：中联华文	责任印制：曹　净

出版发行：光明日报出版社
地　　址：北京市西城区永安路 106 号，100050
电　　话：010-63169890（咨询），010-63131930（邮购）
传　　真：010-63131930
网　　址：http://book.gmw.cn
E - mail：gmrbcbs@gmw.cn
法律顾问：北京市兰台律师事务所龚柳方律师
印　　刷：三河市华东印刷有限公司
装　　订：三河市华东印刷有限公司
本书如有破损、缺页、装订错误，请与本社联系调换，电话：010-63131930

开　　本：170mm×240mm	
字　　数：296 千字	印　张：17
版　　次：2022 年 9 月第 1 版	印　次：2022 年 9 月第 1 次印刷
书　　号：ISBN 978-7-5194-6587-2	
定　　价：95.00 元	

版权所有　　翻印必究

目 录
CONTENTS

绪 论 ··· 1

第一章　美丽中国与中国国家形象 ·· 8
　第一节　美丽中国的提出 ··· 8
　第二节　美丽中国的思想渊源 ·· 17
　第三节　美丽中国与国家形象 ·· 32

第二章　美丽中国与对外网络传播 ·· 44
　第一节　对外网络传播概述 ·· 44
　第二节　网络传播与美丽中国的内在契合性 ··································· 57

第三章　美丽中国对外网络传播现状分析 ······································ 63
　第一节　新时代的美丽中国对外网络传播 ······································ 63
　第二节　美丽中国对外网络传播实践 ·· 75
　第三节　美丽中国对外网络传播的不足及成因分析 ·························· 105

第四章　美丽中国对外网络传播的信源再造 ································· 115
　第一节　西方国际传播话语霸权 ··· 115
　第二节　美丽中国对外网络传播挑战西方话语霸权 ························· 119
　第三节　美丽中国对外网络传播信源再造的途径 ···························· 127

第五章　美丽中国对外网络传播的信宿再引 ················ **139**
第一节　美丽中国对外网络传播视角下的西方网民分析 ········ 140
第二节　西方网民对中国的刻板印象及其矫正——从美丽中国的视角 ··· 154
第三节　美丽中国对外网络传播的信宿再引 ················ 164

第六章　美丽中国对外网络传播的信道重建 ················ **177**
第一节　西方对外传播的网络霸权 ························ 177
第二节　新一代网络传播技术对西方网络霸权的消解与重构 ···· 185
第三节　"美丽中国"对外网络传播信道再建 ················ 198

第七章　美丽中国对外网络传播对策思考 ·················· **214**
第一节　美丽中国对外网络传播的战略机遇 ················ 214
第二节　美丽中国对外网络传播的国家宏观战略 ············ 231
第三节　美丽中国对外网络传播的对策建议 ················ 244

参考文献 ·· **262**

绪　论

为应对人类生态危机，避免走西方发达国家先污染后治理、边污染边治理的老路，破解中国可持续发展的难题，党的十八大报告首次提出建设美丽中国。美丽中国既是中国的，也是世界的。美丽中国成为世界的，成为国家形象的重要部分，融入人类命运共同体，不是自然而然的，而是需要传播的、建构的。① 与传统传播方式不同，网络信息跨国界流动，对人类社会产生巨大的影响，在美丽中国对外传播中拥有无比优势。正如习近平总书记指出的那样，当今世界，信息技术革命日新月异，对国际政治、经济、文化、社会、军事等领域发展产生了深刻影响。信息化和经济全球化相互促进，互联网已经融入社会生活方方面面，深刻改变了人们的生产和生活方式。② 研究美丽中国对外网络传播，具有十分重要的理论意义和实践价值。

一、本课题研究的价值和意义

为实现中华民族永续发展，党的十八大首次提出了专章论述生态文明，首次提出"推进绿色发展、循环发展、低碳发展"，美丽中国的新概念和新理念，确立了中国特色社会主义"五位一体"的总体布局。美丽中国是美丽世界的重要组成。在信息全球化和中国生态文明转向的时代背景下，互联网技术与生态发展内在契合的网络传播是美丽中国对外传播的最佳方式。③

当前，中国正在和平崛起，但面临着国际社会旧势力的"光荣孤立"，被西方媒体"妖魔化"的中国形象仍是西方社会对中国的"刻板印象"。以美国为

---

① 李建华."美丽中国"对外网络传播的破局与重构 [J]. 四川大学学报（哲学社会科学版），2016（2）：68-75.
② 习近平. 习近平谈治国理政 [M]. 北京：外文出版社，2014：197.
③ 李建华."美丽中国"对外网络传播的破局与重构 [J]. 四川大学学报（哲学社会科学版），2016（2）：68-75.

首的西方发达国家利用网络传播领域的先进技术手段和明显的战略优势，正在将网络信息思想战作为向社会主义国家意识形态渗透的战略重点。对此，中国在加强国内网络传播智慧应对的同时，也应当创造性地开展对外网络传播，特别是将西方易于接受的美丽中国的理念和价值观主动传播到西方网络社会。

本课题对于打破西方对中国的网络信息战图谋、提高中国网络媒体国际影响力，对于打破西方列强对中国的"光荣孤立"、推动和平崛起，对于突破西方传播霸权对中国的传播封锁、重构中国国家形象，将具有一定的理论意义和决策参考价值。

二、国内外研究现状述评

课题组分别以"美丽中国""对外传播""网络传播"为主题词，在CNKI数据库上，共搜索到4620条结果，其中具有一定相关度的论文139篇，出版物34部。[1] 这些学术成果的关切点集中体现在以下方面：一是从生态学、政治学、社会学、哲学等学科角度，解读美丽中国的内涵与意义。[2] 周生贤认为："美丽中国是科学发展的中国，是可持续发展的中国，是生态文明的中国。"[3] 王如松认为美丽中国的提出："体现出中国人民的生活已从基本物质生活需求，走向对精神生活和生态真善美的追求，彰显了中国人类生态的进步和对富强健康文明美好未来的追求。"[4] 万俊人提出："'美丽中国'作为生态文明建设目标的文学隐喻，显然不只是表达我们对天更蓝、水更美、空气更加洁净、山河更加美丽的期待，同时也形象而充分地表达了中国特色社会主义现代化道路的全新视境。"[5] 二是运用定性与定量结合、案例分析等方法，探索美丽中国建设路径和评估体系。[6] 蔡尚伟在参考国内外城市相关评价指标体系和学术研究成果的基础上，从生态、经济、政治、文化、社会五个维度提出美丽中国评价指标体系，

---

[1] 李建华. "美丽中国"对外网络传播的破局与重构 [J]. 四川大学学报（哲学社会科学版），2016（2）：68-75.

[2] 李建华. "美丽中国"对外网络传播的破局与重构 [J]. 四川大学学报（哲学社会科学版），2016（2）：68-75.

[3] 周生贤. 建设美丽中国 走向社会主义生态文明新时代 [J]. 环境保护，2012（23）：8-12.

[4] 王如松. 美丽中国新转折 [J]. 人民论坛，2012（33）：58-59.

[5] 万俊人. 美丽中国的哲学智慧与行动意义 [J]. 中国社会科学，2013（5）：5-11.

[6] 李建华. "美丽中国"对外网络传播的破局与重构 [J]. 四川大学学报（哲学社会科学版），2016（2）：68-75.

自2012年起，连续发布《美丽中国省区建设水平研究报告》和《美丽中国省会及副省级城市建设水平研究报告》。[1] 王金南等从资源节约保护、自然生态保育、环境质量改善、地球环境安全四个维度构建美丽中国建设的评价指标体系。[2] 三是从网络传播技术角度，探索对外网络传播的技术更新与格局重建。[3] 徐佳认为，世界信息传播资源的长期稀缺和不平衡占有是造成不平衡国际传播结构的深层次原因，下一代互联网将成为中国参与构建国际传播新秩序的新起点。[4] 四是运用实证分析、比较研究等方法，思考对外网络传播策略和政策。[5] 王庚年认为，中国国际传播有三重境界：中国内容中国表达、中国内容国际表达、全球内容中国价值，并提出了相应的传播策略。[6] 姬德强认为，中国的全球传播需要践行社交媒体时代的扁平化操作路线，在保证"信息安全"的前提下，充分考量网络社交媒体的传播潜力，给予足够的政策支持。[7] 彭兰认为，针对由"个人用户"推动的传播模式变革，外宣媒体需要深入研究海外网民的需求和心理。[8] 王东迎探究了我国网络媒体对外传播问题，提出了提高我国网络媒体对外传播实力的对策。[9] 五是运用要素分析等方法，探索对外网络传播效果评估。[10] 郭可、毕笑楠研究了中国网络媒体在对外传播中的应用和效果，并在此基础上探讨了进一步提高网络媒体对外传播效果的对策。[11] 程曼丽、王维佳立足中国对外传播的历史经验与主要问题，建立了一套系统的对外传播效

---

[1] 蔡尚伟，等. "美丽中国"省区建设水平（2012）研究报告［J］. 西部发展评论, 2012(00)：1-11.
[2] 王金南. 迈向美丽中国的生态文明建设战略框架设计［J］. 环境保护, 2012 (23)：14-18.
[3] 李建华. "美丽中国"对外网络传播的破局与重构［J］. 四川大学学报（哲学社会科学版), 2016 (2)：68-75.
[4] 徐佳. 下一代互联网：中国参与构建国际传播新秩序的新起点［J］. 新闻记者, 2012 (5)：74-79.
[5] 李建华. "美丽中国"对外网络传播的破局与重构［J］. 四川大学学报（哲学社会科学版), 2016 (2)：68-75.
[6] 王庚年. 中国国际传播的三重境界［J］. 中国广播电视学刊, 2013 (11)：29-31.
[7] 姬德强. 政治、经济与技术的变奏：全球传播的新趋势与新挑战［J］. 对外传播, 2013 (8)：7-9.
[8] 彭兰. 网络传播环境的深层变革对外宣媒体的影响［J］. 对外传播, 2013 (8)：14-16.
[9] 王东迎. 中国网络媒体对外传播研究［M］. 北京：中国书籍出版社, 2011.
[10] 李建华. "美丽中国"对外网络传播的破局与重构［J］. 四川大学学报（哲学社会科学版), 2016 (2)：68-75.
[11] 郭可，毕笑楠. 网络媒体在对外传播中的应用［J］. 新闻大学, 2003 (2)：71-73.

果评估体系和评估方法。①

  国外关于网络传播与国家形象的研究，侧重于三个层面。一是国家形象与媒体传播的关系。英国国家形象研究专家 Simon Anholt 认为，国家形象不是通过媒体形成和传播的，而是通过直接经验和口头表达获得的。② 澳大利亚昆士兰大学 Jan Servaes 认为，大众传播在塑造不同国家的组织和公众之间发挥着重要作用。③ 二是网络传播对国家形象构建的作用。挪威奥斯陆大学的 Eriksen 和荷兰阿姆斯特丹自由大学的 Thomas Hylland 提出，国家在网络空间中蓬勃发展，而互联网是维系国家团结的关键技术。在全球化时代，互联网是被用来加强的，而不是削弱国家认同的。④ 三是西方媒体中的第三世界国家形象。英国莱斯特大学 Adetokunbo Edmund 和 Akintayo Vincent 研究发现，2007—2010 年英国媒体关于尼日利亚的报道是零星的、负面的，而且主要集中在危机事件上。研究认为只有非洲大陆投资于自己的传播网络，并利用各种形式的媒体来抵制负面报道，才能重塑国家形象。⑤

  随着美丽中国被党和国家作为经济社会发展新理念和生态文明建设新方向，迫切需要国际社会了解、理解、认同美丽中国乃至支持、参与美丽中国建设。从这个意义上讲，美丽中国对外网络传播是一种国家形象的新塑造和新传播，一种跨越意识形态传播的新策略和新考量，一种网络外交的新视野和新角度。总体来看，学者们对美丽中国和对外网络传播分别开展了诸多研究且著述颇丰。但是，由于美丽中国是党的十八大首次提出的新理念，当前的研究还没有涉及美丽中国对外网络传播问题，有待学术界在理论研究上进行探索，在战略策略上提出参考，在政策对策上提出建议。

---

① 程曼丽，王维佳. 对外传播及其效果研究 [M]. 北京：北京大学出版社，2011.
② SIMON A. The media and national image [J]. Place Branding & Public Diplomacy, 2009 (3): 169-179.
③ JAN S. Soft power and public diplomacy: The new frontier for public relations and international communication between the US and China [J]. Public Relations Review, 2012, 38 (5): 643-651.
④ THOMAS H. E. Tamed Imaginations: National Identity and Globalization [C]. Storrs Mansfield International Studies Association, 2004: 1.
⑤ ADETOKUNBO E, AKINTAYO V. Africa in the face of a global media, national image and nation branding : a content analysis of the coverage of Nigeria by the British press from 2007 to 2010 [D]. Leicester: University of Leicester, 2016.

三、本课题研究的主要内容、基本观点、研究思路、研究方法、创新之处

(一) 主要内容和基本观点

美丽中国对外网络传播是以美丽中国为主要信源，以境外组织和个人为信宿，以网络传播为信道，以传播美丽中国理念、树立中国美好形象为主要目的的对外传播活动。围绕如何科学有效地开展美丽中国对外网络传播这一中心问题，本课题拟重点研究以下七部分的内容：

第一部分：美丽中国与中国国家形象。主要回答美丽中国与中国国家形象的关系问题，具体包括：①美丽中国的提出；②美丽中国的思想渊源；③美丽中国与国家形象。

第二部分：美丽中国与对外网络传播。主要论证美丽中国的最佳对外传播方式是网络传播，具体包括：①对外网络传播的概念；②对外网络传播的特点和优势；③网络传播与美丽中国的内在契合性——兼论网络外交与美丽中国对外网络传播；④美丽中国对外网络传播的模型建构。

第三部分：美丽中国对外网络传播现状分析。主要任务是对现状进行历史考察和问题剖析，具体包括：①美丽中国对外网络传播面临的机遇与挑战；②美丽中国对外网络传播的主要实践；③美丽中国对外网络传播存在的问题及其原因解析。

第四部分：美丽中国对外网络传播的信源再造。主要回答国际网络传播新格局下的美丽中国对外网络传播需要什么样的信源问题，具体包括：①西方对外网络传播的话语霸权；②美丽中国是挑战西方对外传播话语霸权的一个重要突破口：美丽中国与人类生态价值取向的一致性，美丽中国与网络传播图像化趋势的一致性，美丽中国与国外网民使用、满足心理的一致性，美丽中国话题可以避免意识形态的正面冲突；③美丽中国对外网络传播的信源再造：符号西式化、叙事人性化、信息图像化、提示两面化。

第五部分：美丽中国对外网络传播的信宿再引。主要回答如何根据西方网民的特点和心理进行有效引导问题，具体包括：①西方网民调查与分析；②西方网民对中国的刻板印象及其矫正——从美丽中国的视角；③美丽中国对外网络传播的信宿再引：美丽中国意见领袖及其培养，美丽中国网络议程设置，美丽中国与西方网民需求的对接与转化，即时化的美丽中国自媒体的"借船"与创设。

第六部分：美丽中国对外网络传播的信道重建。主要探讨新一代网络传播技术条件下如何构建美丽中国对外网络传播体系，具体包括：①西方对外网络传播的网络霸权；②新一代网络传播技术对西方网络霸权的消解与重构；③中国对外网络传播技术革新与美丽中国对外网络传播高技术平台建构：专门网站+专门频道+国际社区+无线网络平台的网络传播体系，"6+3+X"的多元化传播格局。

第七部分：美丽中国对外网络传播对策思考。主要回答怎样根据信源再造、信宿再引和信道重建的战略考量开展美丽中国对外网络传播的问题，具体包括：①美丽中国对外网络传播的战略机遇；②美丽中国对外网络传播的国家宏观战略；③美丽中国对外网络媒体的对策建议。

（二）研究思路和研究方法

本课题采取"理论—实践—对策—评估"的总体思路，综合运用理论研究与实证分析相结合的方法，在对美丽中国、对外网络传播、美丽中国对外网络传播等基本问题进行理论研究的基础上，开展美丽中国对外网络传播现状调研和分析，并提出美丽中国对外网络传播的对策建议。

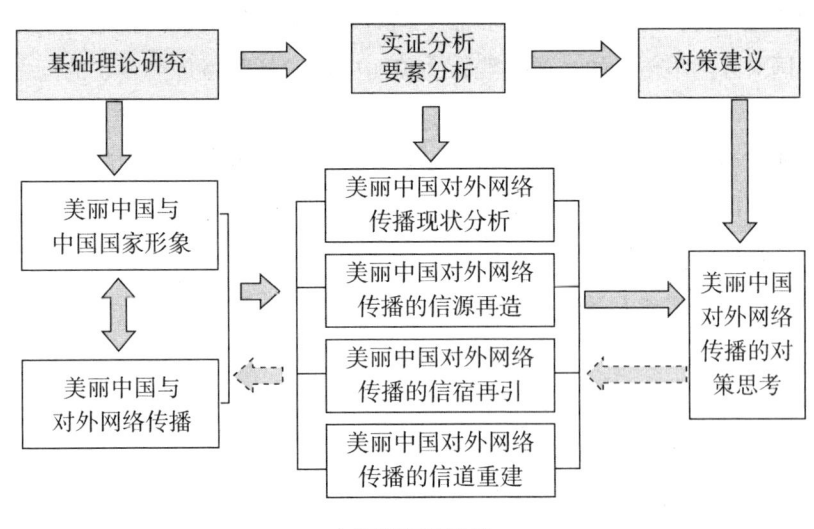

本课题研究思路

本课题是涉及多学科的综合性研究，将以传播学研究方法为基本方法，同时引入因素分析法对美丽中国对外网络传播的信源、信宿、信道三个基本要素以及影响传播效果的基本要素进行系统分析，从而提出相应策略。研究思路和研究方法如上图所示。

(三) 创新之处

1. 选题具有一定的创新意义。现有研究成果中，尚无专门研究美丽中国对外网络传播的专著，故本课题的研究具有一定开拓创新意义。

2. 观点具有一定的创新性。本课题以信息全球化、西方网络信息思想战与中国和平崛起为时代背景，以美丽中国为主题进行信源再造，以境外网民为受众探索信宿再引，基于新一代网络传播技术探寻信道重建，进而提出美丽中国对外网络传播策略框架。

3. 研究视角具有一定的新颖性。本课题拟从传播学、政治学、生态学、符号学、叙事学、社会心理学等多学科视角，力图突破单一学科局限，对本课题的若干基本问题展开大跨度、宽视野的综合研究。

第一章

美丽中国与中国国家形象

第一节 美丽中国的提出

党的十八大报告指出:"建设生态文明,是关系人民福祉、关乎民族未来的长远大计。面对资源约束趋紧、环境污染严重、生态系统退化的严峻形势,必须树立尊重自然、顺应自然、保护自然的生态文明理念,把生态文明建设放在突出地位,融入经济建设、政治建设、文化建设、社会建设各方面和全过程,努力建设美丽中国,实现中华民族永续发展。"① 这是坚持新发展理念、走可持续发展之路的必然选择,是中国特色社会主义伟大事业的重要组成部分,标志着中国共产党站在新的历史起点上。从国家战略层面对"建设什么样的美丽中国,怎样建设美丽中国"这一重要问题开始了思考和布局。② 党的十九大指出:"建设生态文明是中华民族永续发展的千年大计""坚定走生产发展、生活富裕、生态良好的文明发展道路,建设美丽中国,为人民创造良好生活环境,为全球生态安全作出贡献。"③ 走向生态文明新时代,建设美丽中国,是实现中华民族伟大复兴中国梦的重要内容。

---

① 胡锦涛. 坚定不移沿着中国特色社会主义道路前进 为全面建成小康社会而奋斗——在中国共产党第十八次全国代表大会上的报告 [N]. 人民日报, 2012-11-09.
② 李建华, 蔡尚伟. "美丽中国"的科学内涵及其战略意义 [J]. 四川大学学报(哲学社会科学版), 2013 (5): 135.
③ 本书编写组. 党的十九大报告辅导读本 [M]. 北京: 人民出版社, 2017: 23-24.

一、美丽中国提出的时代背景

（一）美丽中国是对人类社会最新文明形态的正确反应

从人与自然的关系来看，人类社会先后经历了四个阶段的文明形态。第一阶段：以石器为代表的原始文明阶段（历时上百万年），社会生产力水平低下，在与自然的关系中处于依附状态，物质生产活动主要依靠简单的采集渔猎。第二阶段：以铁器为代表的农业文明阶段（历时约一万年），人类改变自然的能力有了质的提高，在与自然的关系中处于低水平的平衡状态，种植业较为发达。第三阶段：以工业机器为代表的工业文明阶段（历时约三百年），蒸汽机和工业革命开启了人类现代生活，在不到人类社会历史万分之一的时间里，人类创造了比过去一切时代总和还要多的物质财富，在与自然的关系中处于支配地位。但是，人类为此也付出了沉重的代价。从20世纪60年代起，以全球气候变暖、土地沙漠化、森林退化、耕地减少、资源枯竭、生物多样性锐减等为特征的生态危机日益突出，人类自身的生存受到严重威胁。于是，人类不得不反思自身行为，努力探寻新的发展方式。20世纪80年代以来，人类社会开始转向第四个文明阶段——生态文明阶段，即在新的生产力条件下实现人与自然的新的平衡状态。党的十八大提出的美丽中国，就是以生态文明建设为突出特征，努力实现中国人民对美丽生活环境以及美好物质生活、精神生活、政治生活、社会生活等的追求和向往。

（二）美丽中国是中国面临第三次战略选择作出的科学判断

在中国共产党领导下，中国先后面临并且正确作出了三次决定中国命运的重大战略选择。第一次：新民主主义革命——社会主义建设的选择。20世纪以来，世界民族解放运动风起云涌。在半殖民地半封建社会的近代中国，根本任务是开展资产阶级民主主义革命，为中国从农业社会走向工业社会扫清道路。中国选择了由中国共产党领导下的中国工人阶级领导的资产阶级革命——新民主主义革命道路。经过解放战争，中国共产党带领全国各族人民，毅然选择了社会主义，开始了波澜壮阔的社会主义改造和社会主义建设的历史征程。第二次：改革开放之路的选择。20世纪70年代以来，世界新科技革命推动世界经济加速发展。而国内十年内乱却使党和国家遭受严重挫折和损失。国内外形势的双重逼迫，使得中国必须选择改革开放的基本国策。目前，中国正处于第三次战略选择的关键时期。2008年世界金融危机之后，世界文明开始加速从工业文明向生态文明转型。而中国新型工业化的任务还没有完成，同时又必须面临生态文明转向的重大战略抉择。党的十八大根据世界文明发展大势，与中国发展阶段和基本国情相结合，将中国特色社会主义事业总体布局由经济建设、政治建设、文化建设、社会建设"四位一体"拓展为包括生态文明建设在内的"五位一体"，明确提出了美丽中国的战略思想，这是对第三次战略选择作出的科学判断，是总揽国内外大局、贯彻落实科学发展观的一个新的战略部署。

（三）美丽中国彰显了中国文化的思想精髓和中华民族对美好生活的追求向往

习近平总书记指出："在漫长的历史进程中，中国人民依靠自己的勤劳、勇敢、智慧，开创了各民族和睦共处的美好家园，培育了历久弥新的优秀文化。"[①] 强调人与自然的和谐是中国传统文化的精髓。中国哲学的基本问题是"究天人之际"（司马迁《报任安书》），基本精神是"天人合一"。中国封建社会的正统思想儒家思想崇尚"天行健，君子以自强不息""地势坤，君子以厚德载物"（《周易》）、"致中和"（《中庸》），注重刚健有为、天人协调。道家主张"人法地，地法天，天法道，道法自然""万物齐一"（《老子》），强调遵循自然规律，不能凌驾于自然之上。中华民族自古以来就对美好生活抱有无限向往并为之不懈追求。所谓华夏，即为美丽而强大之义。孔颖达为《春秋左传正义》作疏："中国有礼仪之大，故称夏；有服章之美，谓之华。"梅颐《伪孔传》："冕服采装曰华，大国曰夏。"精卫填海、大禹治水、女娲补天、愚公移山等神话传说反映了中国古代劳动人民立志征服自然、改造自然、追求美好幸福生活的愿望。可以说，美丽中国与中国传统文化精髓相契合，与中华民族对美好生活的向往相适应。

（四）中国已经具备了建设美丽中国的基础和条件

经过70多年，特别是改革开放40多年的发展，中国已经由一个物质匮乏、贫穷落后的欠发达国家崛起成为经济总量居世界第二位的东方大国，社会生产力、经济实力、科技实力显著增强，人民生活水平、居民收入水平、社会保障水平大幅提高，综合国力、国际竞争力、国际影响力明显提升，国家面貌发生了根本性变化，为建设美丽中国提供了良好的基础和条件。一是作为美丽中国最显著特征的生态文明已经被列为中国特色社会主义的总体布局之中。党的十

---

① 习近平. 人民对美好生活的向往就是我们的奋斗目标［EB/OL］. 新华网，2012-11-15.

七大首次把建设生态文明写入会议报告，作为全面建设小康社会的新要求之一；十八大更是将其列为中国特色社会主义事业"五位一体"总体战略布局之中，并且用专章进行论述，对如何建设生态文明进行了战略布局。二是经济总量的持续增长及其增长方式转型为美丽中国建设奠定了坚实的物质基础。虽然中国在经济建设方面取得了举世瞩目的伟大成就，但是，中国共产党清醒地看到，这种高投入、高消耗、高污染、低效益的增长方式难以为继。作为世界上人口最多的发展中国家，中国的人均资源占有量大大低于世界人均水平，但中国的单位产值能耗量却居世界前列。为此，中国共产党提出了绿色发展理念，强调走中国特色新型工业化、信息化、城镇化、农业现代化道路。三是社会主义民主法制建设迈出新步伐，中国特色社会主义法律体系已经形成，为美丽中国建设提供了制度和法治保障。特别是十二届全国人大三次会议修订通过《中华人民共和国环境保护法》（2014年4月24日），从立法层面上加大了保护激励机制与污染处罚力度。这部自2015年1月1日实施的史上最严环境保护法，对我国环境的持续改善提供了强有力的法治保障。2018年3月，环保部正式更名为中华人民共和国生态环境部，其主要职能为统一行使生态和城乡各类污染排放监管与行政执法职责，加强环境污染治理，保障国家生态安全，建设美丽中国。四是社会主义文化建设取得新成就，人民精神文化生活更加丰富多彩，为美丽中国建设提供了精神动力、智力支持和思想保证。五是社会主义和谐社会建设取得了新进步，为美丽中国建设提供了良好的社会条件和社会环境。

二、美丽中国的科学内涵

党的十八大报告指出："必须树立尊重自然、顺应自然、保护自然的生态文明理念，把生态文明建设放在突出地位，融入经济建设、政治建设、文化建设、社会建设各方面和全过程，努力建设美丽中国，实现中华民族永续发展。"这段论述明确指出了美丽中国的两层含义：一是建设尊重自然、顺应自然、保护自然的生态文明，二是将生态文明建设全面融入经济建设、政治建设、文化建设、社会建设的各方面和全过程。习近平总书记在十八届一中全会后的记者见面会上指出："我们的人民热爱生活，期盼有更好的教育、更稳定的工作、更满意的收入、更可靠的社会保障、更高水平的医疗卫生服务、更舒适的居住条件、更优美的环境，期盼着孩子们能成长得更好、工作得更好、生活得更好。"[1] 进一

---

① 习近平. 人民对美好生活的向往就是我们的奋斗目标［EB/OL］. 新华网，2012-11-15.

步对美丽中国、"美好生活"进行了全面阐释。当代中国要建设的社会文明体系是包含物质文明、政治文明、精神文明和生态文明在内的全社会和谐发展的完整体系。美丽中国以生态文明为突出特征，同时将生态文明建设全面融入经济建设、政治建设、文化建设、社会建设的各方面和全过程。美丽中国要求对现有文明进行整合与重塑，以使社会主义物质文明、精神文明、政治文明以及社会建设都发生与生态文明建设内在要求相一致的生态化转向。这在为中国人民创造出美好生活条件和环境的同时，必将引领中国走向更高层次的文明。本书认为，美丽中国概念的内涵包含三个层次：

第一个层次：生态文明的自然之美。生态文明主要解决人类与自然的关系，自然的生态文明是美丽中国的基本内涵和根本特征。① 恩格斯说："我们不要过分陶醉于我们人类对自然界的胜利。对于每一次这样的胜利，自然界都对我们进行报复。"② 人是自然的产物，当然应该受到自然规律支配。虽然人具有很强的主观能动性，但是也不能违背自然规律，否则，一定会受到惩罚。因此，必须建立起自然的生态文明之美：资源节约型、环境友好型社会基本形成；资源循环利用体系初步建立，单位国内生产总值能源消耗和二氧化碳排放大幅下降，主要污染物排放总量显著减少；森林覆盖率提高，生态系统稳定性增强；人居环境明显改善，初步实现城镇田园化、田园景观化、农业现代化、城乡一体化。

第二个层次：融入生态文明理念后的物质文明的科学发展之美、精神文明的人文化成之美、政治文明的民主法治之美。这既是美丽中国的重要内涵，也是建设美丽中国的基础条件和重要保障。一是经济生态化形成的物质文明的科学发展之美。物质文明主要解决人类与科学技术的关系，科学发展的物质文明是美丽中国的物质基础。人的社会实践活动有保障和促进人类生存发展的性质和能力，能够创造人类生存发展必需的物质生活资料。物质文明之美应当是一种科学发展之美：新型工业化、信息化、城镇化、农业现代化全面推进，科技在经济发展中的贡献力显著提高，城镇化进程取得历史性突破，城乡差别、工农差别、区域差别进一步缩小，现代农业和新农村建设取得明显成效，经济实现全面协调可持续发展。二是文化生态化形成的精神文明的人文化成之美。精神文明主要解决人与文化、人与人之间的关系，人文共享的精神文明是美丽中国的精神动力、智力支持和思想保证。美学以人的需要层次为标准，将"美"

---

① 习近平. 人民对美好生活的向往就是我们的奋斗目标 [EB/OL]. 新华网，2012-11-15.
② 马克思恩格斯选集（第4卷）[M]. 北京：人民出版社，1995：383.

分为生理美、先验美和精神美。精神之美的核心是精神文明之美，是超越生理美、先验美的最高境界的"美"。精神文明之美应当是一种人文化成之美：社会主义核心价值观深入人心，公民文明素质和社会文明程度明显提高；文化产品更加丰富，公共文化服务体系基本建成，人民群众享有充分的人文关怀和全方位的文化熏陶；文化产业成为国民经济支柱性产业，中华文化对世界的影响明显扩大，社会主义文化强国建设基础更加坚实。三是政治生态化形成的政治文明的民主法治之美。政治文明主要解决人与国家权力之间的关系，民主法治的政治文明是美丽中国的制度与法治保障。良好的秩序是一切美好事物的基础，是"美"的前提和保障。以秩序为基础的政治文明之美应当是民主法治之美：生态文明理念成为执政基本理念，风清气正、廉洁奉公成为常态化的政治氛围；依法治国基本方略全面落实，法治政府基本建成，司法公信力不断提高，人民的政治权利和民主权益得到切实保障。

第三个层次：社会生活的和谐幸福之美（美好生活）。社会建设主要解决人与社会的关系，和谐幸福的社会生活是美丽中国的落脚点和最终归宿。社会之美即人类社会生活的美，是"美"的具体表现形态之一，体现为各种积极肯定的生活形象和审美形态，是社会实践的直接体现。习近平总书记对社会生活的和谐幸福之美做了概括："人民热爱生活""有更好的教育、更稳定的工作、更满意的收入、更可靠的社会保障、更高水平的医疗卫生服务、更舒适的居住条件、更优美的环境""孩子们能成长得更好、工作得更好、生活得更好"。他把人民向往的和谐幸福之美具化为人民满意的工作、健全的社会保障、美好的生活条件和环境，并且将人民向往的和谐幸福之美升华到执政党执政兴国的奋斗目标的高度，并且旗帜鲜明地提出："人民对美好生活的向往，就是我们的奋斗目标。"①

三、美丽中国思想提出的理论价值和实践意义

美丽中国是十八大在中国特色社会主义发展到新的历史阶段后提出的战略思想，是对"建设什么样的生态文明，怎样建设生态文明"这个基本问题的战略思考和回答，具有重要的理论价值和实践意义。

（一）美丽中国思想丰富和发展中国特色社会主义理论体系

中国特色社会主义理论体系，是指导党和人民沿着中国特色社会主义道路

---

① 习近平谈治国理政［M］.北京：外文出版社，2016：4.

实现中华民族伟大复兴的正确理论，是建设美丽中国的精神旗帜和强大思想武器。马克思、恩格斯认为，人是自然界发展到一定阶段的产物，人类通过生产实践活动与自然界紧密联系起来，但这种生产实践活动不能完全以人为中心，而应当以人与自然的协调发展为基础。"我们对自然界的全部统治力量，就在于我们比其他一切生物强，能够认识和正确运用自然规律"[1]"社会是人同自然界的完成了的本质的统一，是自然界的真正复活，是人的实现了的自然主义和自然界的实现了的人道主义"[2]。社会关系作为人与自然关系的历史条件，其状态直接影响并多方面规定着人与自然的关系。对于"美"，马克思指出，"按照美的规律来建造"[3]是人区别于动物的生命活动方式，是人之为人的一个确证。这种"建造"，必须从人的现实生存需要出发，但是把握对象客体的尺度，不能是盲目和主观随意的建造。未来的共产主义社会"将是一个以各个人自由发展为一切人自由发展条件的联合体"[4]，随着人类逐步由"必然王国"走向"自由王国"，人与自然、人与社会、人与自身的关系将达到一个崭新的和谐境界。

中国共产党以高度的理论自觉和理论自信，创造性地运用并发展了马克思、恩格斯上述思想。党的十二大指出，我们在建设高度物质文明的同时，一定要努力建设高度的社会主义精神文明；十六大把发展社会主义民主政治，建设社会主义政治文明，确定为全面建设小康社会的一个重要的目标；十七大首次将生态文明写入党代会报告，明确提出建设生态文明的战略任务。这样，中国共产党构建起中国特色社会主义的完整社会文明体系：物质文明、精神文明、政治文明和生态文明，四个文明共同促进了和谐社会的构建；十八大进一步明确了生态文明建设的战略任务和历史地位，第一次鲜明地提出了建设美丽中国的思想，以实现中华民族的永续发展。美丽中国思想以生态文明为鲜明特征，并用生态文明理念对物质、精神、政治三个文明进行融入、整合与重塑，"生态"成为三个文明的重要评价标准，最终体现为和谐幸福的社会生活，从而将中国特色社会主义事业提高到新的水平。在科学回答了"什么是社会主义、怎样建设社会主义""建设什么样的党、怎样建设党""实现什么样的发展、怎样发展"等基本问题之后，中国共产党又根据新世情、新国情、新党情的新变化和新形势，提出了建设美丽中国的战略思想，旨在创造性地回答"建设什么样的

---

[1] 马克思恩格斯选集（第4卷）[M]. 北京：人民出版社，1995：383-384.
[2] 马克思.1844年经济学哲学手稿[M]. 北京：人民出版社，1985：79.
[3] 马克思.1844年经济学哲学手稿[M]. 北京：人民出版社，1985：54.
[4] 马克思恩格斯选集（第1卷）[M]. 北京：人民出版社，1995：491.

生态文明，怎样建设生态文明"这个基本问题。随着这一思想的逐步展开、丰富和完善，必将开拓马克思主义中国化的新境界。

（二）美丽中国思想赋予中国特色社会主义道路新特点

中国特色社会主义道路，是实现社会主义现代化和中华民族伟大复兴的必由之路，是创造人民美好生活的必由之路。中国共产党依据毛泽东倡导的马克思主义普遍真理同中国具体实际相结合的原则，总结长期探索所积累的经验，特别是党的十一届三中全会以来的实践，深刻地认识到建设中国社会主义的规律，在十二大提出"走自己的路，建设有中国特色的社会主义"的科学论断以来，十三大、十四大、十五大、十六大、十七大、十八大都始终强调高举中国特色社会主义伟大旗帜。十八大指出，"在改革开放三十多年一以贯之的接力探索中，我们坚定不移高举中国特色社会主义伟大旗帜，既不走封闭僵化的老路、也不走改旗易帜的邪路。这是2000多名代表、8200多万党员、13亿中国人民矢志不渝的历史抉择"，并明确提出"毫不动摇坚持、与时俱进发展中国特色社会主义，不断丰富中国特色社会主义的实践特色、理论特色、民族特色、时代特色"的历史任务。在马克思主义中国化的理论体系中，"中国"一词主要强调马克思主义理论在中国的运用和发展，强调社会主义的"中国特色"，而美丽中国思想第一次出现了以"中国"直接作为建设客体的提法，具有最鲜明的民族特色、实践特色和理论特色；"美丽"一词是中国语言文字中最具吸引力、想象力和号召力的词语之一，具有很强的民族特色和实践特色；美丽中国是对"建设什么样的生态中国，怎样建设生态中国"这个基本问题的中国表达、中国理念和中国梦想，将指引中国实现生态文明的时代转向，充分彰显中国特色社会主义的实践新特色、理论新特色、民族新特色和时代新特色，赋予中国特色社会主义道路新特点。

（三）美丽中国思想进一步完善中国特色社会主义制度

中国特色社会主义制度，集中体现了中国特色社会主义的特点和优势，是当代中国发展进步的根本制度保障，也是建设美丽中国的制度保障。中国在推进社会主义制度自我完善和发展的历史进程中，逐步形成了一整套从根本制度到基本制度再到具体制度的相互衔接、相互联系的制度体系：人民代表大会制度这一根本政治制度，中国共产党领导的多党合作和政治协商制度、民族区域自治制度以及基层群众自治制度等构成的基本政治制度，中国特色社会主义法律体系，公有制为主体、多种所有制经济共同发展的基本经济制度，以及建立在根本政治制度、基本政治制度、基本经济制度基础上的经济体制、政治体制、文化体制、社会体制等各项具体制度。实践证明，这套制度体系体现了科学社会主义的基本原则，符合中国的基本国情，顺应了时代潮流；它吸收借鉴了人类制度文明的优秀成果，既根本区别于资本主义制度，又超越了传统社会主义的制度安排，因而具有巨大的优越性和强大的生命力。美丽中国战略思想把生态文明纳入中国特色社会主义事业的总体布局之中，将推动社会主义生态文明制度体系的建立健全；把生态文明理念融入其他文明建设之中，将促进经济、政治、文化等领域相关具体制度的调整和健全；把最终落脚点和归宿放在为人民创造幸福和谐的社会生活上，让人民生活得更美好、更幸福，将推动社会保障制度和社会管理制度完善。

（四）美丽中国思想增加社会主义现代化国家的新内涵

以毛泽东为核心的第一代党中央领导集体明确提出了建设社会主义工业、农业、国防和科学技术四个现代化的宏伟目标。十一届四中全会把中国共产党在新时期的奋斗目标概括为建设"现代化的、高度民主的、高度文明的社会主义强国"。十三大提出了建设成为富强、民主、文明的社会主义现代化国家的奋斗目标。十六大明确把社会更加和谐列为全面建设小康社会的一个重要目标。十六届四中全会明确提出了经济建设、政治建设、文化建设、社会建设四位一体的中国特色社会主义现代化建设总体布局。十六届六中全会把"和谐"与"富强民主文明"一起作为社会主义现代化建设的目标。十七大将"生态文明"作为全面建设小康社会目标的新要求。十八大不仅再次强调将"生态文明"作为全面建成小康社会的基本要求，而且将生态文明纳入中国特色社会主义"五位一体"总体布局之中，旗帜鲜明地提出了建设美丽中国的思想。根据美丽中国思想，在人类社会进入生态文明的新的时代大潮中，在中国全面建成小康社会取得阶段性成就的历史条件下，面对发展困境和发展难题，中国将进一步树立尊重自然、顺应自然、保护自然的生态文明理念，深入推进生态文明建设，把生态文明理念融入整个现代化建设之中，努力为人民创造幸福和谐的美好生活。这样，就将中国要建设的社会主义现代化国家的内涵由"富强民主文明和谐"丰富发展为"富强民主文明和谐美丽"。2017年10月，党的十九大正式提出，到21世纪中叶，把我国建设成为"富强民主文明和谐美丽"的社会主义现代化强国，明确把"美丽"写入第二个百年奋斗目标。

（五）美丽中国思想推动人类文明的发展

美丽中国思想既继承了中国传统文化关于人与自然关系的哲学思考，又在现代化的社会生产水平上努力实现人与自然的新的平衡；既体现了中华民族几千年来对美好生活的追求和向往，又努力实现中华民族子孙万代的永续发展，是对中华文明在继承基础上的创新。从当今世界文明的发展来看，全球总体上还处于工业文明阶段。一方面，现代化的大机器生产大大提高了人类改造自然的能力，人类在大自然中索取了超过以往任何时代的巨大物质和能量；另一方面，人类无节制的满足自身需要的行为已经超过了自然的承载能力，破坏了自然自身的修复能力，人与自然的关系处于非常危险的境地。日益严峻的生态环境问题一次次地为人类敲响了警钟。作为世界上最大的发展中国家，中国面临的最大、最核心的问题是发展问题。如果继续发达国家此前走过的"先污染后治理""边污染边治理"的发展道路，中国的持续高速发展将对自然环境带来巨大的破坏。如何破解发展与环境保护、现代文明与美好生活之间的困局呢？中国共产党提出的美丽中国思想摒弃了"先污染后治理"的发展老路，站在实现人类可持续发展的历史高度，以生态文明建设为核心，同时将生态文明理念融入经济建设、政治建设、文化建设和社会建设的各方面和全过程，奋力为中国人民创造出和谐幸福的美好生活。这个思想充分体现了在保护生态环境和创造美好生活方面的中国责任、中国担当和中国作为，将引领中国为世界文明发展做出新贡献。

实践证明并将继续证明，中国共产党总是能够顺应人类社会发展趋势，根据中国的国情，尊重人类社会发展规律、社会主义建设规律和共产党执政规律，探索出中国特色的成功道路。美丽中国是我们党在遵循三大规律的基础上，根据人类社会生态文明的发展趋势，根据中国现代化建设进程中面临的新形势和新任务提出的，是对"建设什么样的生态文明，怎样建设生态文明"这个基本问题的根本性回答，必将开创中国特色社会主义伟大事业的新局面。

第二节　美丽中国的思想渊源

生态文明是人类社会进步的重大成果，是实现人与自然和谐发展的必然要求。美丽中国思想不是从天上掉下来的，有其深远的思想渊源。探寻并梳理这些思想渊源，对于深刻理解和准确把握美丽中国思想，具有十分重要的理论价值和实践意义。

一、中国古代生态智慧是美丽中国的思想起源

1988年1月24日，第一届诺贝尔奖获得者国际大会得出一个结论：If mankind is to survive, it must go back 25 centuries in time to tap the wisdom of Confucius。① 意思是：人类要生存下去，就必须回到25个世纪前去吸取孔子的智慧。中国古代传统思想"以佛治心，以道治身，以儒治世"（《三教平心论》卷上），共同汇成了中国文化思想主流。儒道释三家都注重人与自然、人与社会以及人与自身关系的和谐统一，包含着丰富的生态伦理思想，对于今天人类处理人与自然关系、人与社会关系以及人自身关系仍然具有很深的启示意义。

（一）儒家的"天人合一"生态思想

"天人合一"思想是儒家将仁爱观点推广普及于天地万物，把天道、人道的和谐视为人生的最高理想而创立的万物一体的伦理体系。"天人合一"主张法天则地，不违不过。儒家认为，道是宇宙本原。人为道所生，理应法天则地，遵循自然规律，与大自然和谐共存，否则会受到大自然的惩罚。《周易·系辞》曰："与天地相似，故不违；知周乎万物，而道济天下，故不过。""范围天地之化而不过，曲成万物而不遗"②，主张既要改造自然，又要顺应自然；既不屈服于自然，也不破坏自然。"天人合一"强调"节以制度"，合理利用自然资源，节制个人欲望。孔子主张"节用而爱人，使民以时"③，孟子提出"亲亲而仁民，仁民而爱物"④，以使整个宇宙充满生机和活力。"天人合一"要求解决好人与人的关系和人自身的身心修养问题。孟子认为："存其心，养其性，所以事天也。殀寿不贰，修身以俟之，所以立命也"⑤，强调要修养自己，和天道保持一致。"天人合一"思想将天地人视为一个有机联系的统一整体，彼此同生共运，浑然一体，对解决当代人与自然的矛盾的实现途径具有重要的方法论价值，对人类文明发展的生态文明转向具有重要的世界观指导意义。⑥

---

① PATRICK M. Nobel Winners Say Tab Wisdom of Confucius [N]. The Canberra Times, 1988-01-24.
② [春秋] 周易 [M]. 冯国超, 译注. 北京：华夏出版社, 2017：364.
③ [春秋] 孔丘. 论语. [M]. 冯国超, 译注. 北京：华夏出版社, 2017：3.
④ [战国] 孟轲. 孟子 [M]. 赵清文, 译注. 北京：华夏出版社, 2017：321.
⑤ [战国] 孟轲. 孟子 [M]. 赵清文, 译注. 北京：华夏出版社, 2017：295.
⑥ 张峰. 儒家"天人合一"思想及其对生态文化建设的意义 [J]. 开放时代, 1997 (1)：15-18.

(二）道家的"天人一体"生态思想

道家主张遵循道的规律，提出了"道通为一""道法自然"的自然哲学观点，成为当代社会处理人与自然、人与社会的关系的重要思想源泉。"道通为一"的整体自然论认为，道是世界的本原，是自然与人存在的共同基础，"道生一，一生二，二生三，三生万物"①。在人与自然的关系中，庄子提出"万物一体""道通为一"的思想，"天地与我并生而万物与我为一"②。汉初黄老道家思想倡导顺其自然、清静无为。"其生也天行，其死也物化；静则与阴俱闭，动则与阳俱开，精神淡然无极，不与物散。"③ "道法自然"的生态思想提倡尊重自然的价值，主张人与自然统一。老子提出："人法地，地法天，天法道，道法自然。"④ 如何做到"道法自然"？一曰"知常"。即知自然规律，"复命曰常，知常曰明。不知常，妄作凶"⑤。二曰"知止"。"知止可以不殆"⑥ "知止不殆，可以长久"⑦。三曰"无为"。"无为"是顺乎自然而无为，"以辅万物之自然而不敢为"⑧。道家的"道通为一""道法自然"的整体自然观和回归自然、以自然为人类精神家园的价值观，表现了人类文化的深刻智慧，为构建现代可持续发展的生态文化提供了智慧源泉。

（三）释家的"因缘和合"生态思想

释家（佛教）的核心思想在于如何处理人的身心关系，因缘和合、众生平等是释家生态思想的核心内容。"因缘和合"思想认为，宇宙的生发无不是依托于各种"因缘"和合而成。在人与自然的关系上，佛教主张"依正不二"，人与自然相和谐，生命主体与其生存环境同一。在身心关系上，佛教提出了"心净则佛土净"与"六和敬"，现代佛教则提出了"心灵环保"，主张从净心修性出发，做到人与社会、人与人关系的协调。⑨ 释家"因缘和合"、众生平等思想为现代社会如何处理人与自然的关系、人与社会的关系提供了重要思想来源。

---

① ［春秋］李聃. 道德经［M］. 赵炜, 编译. 西安：三秦出版社, 2018：1.
② ［战国］庄周. 庄子［M］. 贾云, 编译. 西安：三秦出版社, 2018：25.
③ ［西汉］刘安. 淮南子［M］. 长沙：岳麓书院, 2015：57.
④ ［春秋］李聃. 道德经［M］. 赵炜, 编译. 西安：三秦出版社, 2018：59.
⑤ ［春秋］李聃. 道德经［M］. 赵炜, 编译. 西安：三秦出版社, 2018：35.
⑥ ［春秋］李聃. 道德经［M］. 赵炜, 编译. 西安：三秦出版社, 2018：75.
⑦ ［春秋］李聃. 道德经［M］. 赵炜, 编译. 西安：三秦出版社, 2018：98.
⑧ ［春秋］李聃. 道德经［M］. 赵炜, 编译. 西安：三秦出版社, 2018：139.
⑨ 叶小文. 刍议儒释道之"和"［J］. 宗教学研究, 2006（1）：103.

传统生态观虽然是一种野生的自然景观，具有自然性而非人为性，野生性而非文明性，自在性而非自为性。① 但是，中华传统文化中这些关于人与自然关系的思想，为当代中国尊重自然，实现可持续发展、人与自然和谐发展，提供了宝贵的生态智慧和思想滋养。

二、马克思和恩格斯的生态文明思想与美丽社会形态学说是美丽中国的理论来源

资本主义大工业生产最初是建立在对自然资源的高消耗和高污染的基础上，导致人类面临环境污染、资源匮乏等问题。马克思和恩格斯在关注人类社会重大问题的同时，也关注生态问题，形成了系统的马克思主义生态理论和美丽社会形态学说。

（一）人与自然之间的辩证统一关系

马克思和恩格斯强调，人是自然的产物，是自然界的一部分。恩格斯说："人本身是自然界的产物，是在他们的环境中并且和这个环境一起发展起来的"②"我们连同我们的肉、血和头都是属于自然界，存在于自然界的"③ "人靠自然界生活"④。同时，人通过劳动与自然进行交往，对自然界加以改造，使自在自然变为了人化自然。人化自然又反过来对人类产生作用，"促使他们自己的需要、能力、劳动资料和劳动方式趋于多样化"⑤。在这个过程中，自然被人类赋予了新的属性——社会性与历史性。马克思和恩格斯强调，人类对自然的改造，必须遵循自然规律。"自然规律是根本不能取消的。在不同的历史条件下能够发生变化的，只是这些规律借以实现的形式"⑥"我们对自然界的全部统治力量，是在于我们比其他一切生物强，能够认识和正确运用自然规律。"⑦ 虽然自然规律可以为人类所利用，但它是自然现象固有的、本质的联系，是不以人的意志为转移的，因此，不能违背，否则将受到自然的处罚。"我们不要过分陶醉于我们对自然界的胜利。对于每一次这样的胜利，自然界都报复了我们。"⑧

---

① 任平. 当代中国马克思主义研究 [M]. 北京：北京师范大学出版社，2017：546.
② 恩格斯. 反杜林论 [M]. 北京：人民出版社，1971：32.
③ 马克思恩格斯全集（第20卷）[M]. 北京：人民出版社，1971：519.
④ 马克思恩格斯全集（第42卷）[M]. 北京：人民出版社，1979：95.
⑤ 马克思恩格斯全集（第32卷）[M]. 北京：人民出版社，1979：561.
⑥ 马克思恩格斯全集（第32卷）[M]. 北京：人民出版社，1979：541.
⑦ 马克思恩格斯全集（第20卷）[M]. 北京：人民出版社，1971：579.
⑧ 马克思恩格斯全集（第20卷）[M]. 北京：人民出版社，1971：579.

联合国相关报告表明,世界环境和生态退化程度远超过国内生产总值增长速度。自然异化现象日益严重,正在加剧灭绝人类和地表生命。

(二) 社会问题是自然问题的根源

马克思和恩格斯强调,自然问题的根源在于社会问题。工业资本不断疯狂扩大再生产的资本运行逻辑,从物质匮乏时代到产能过剩时代,都不是为了满足人的真正需要,而是资本逐利的本性使然。"一旦有适当的利润,资本就胆大起来。如果有百分之十的利润,它就保证被到处使用;有百分之二十的利润,它就活跃起来;有百分之五十的利润,它就铤而走险;为了百分之一百的利润,它就敢践踏一切人间法律;有百分之三百的利润,它就敢犯任何罪行,甚至冒绞首的危险。"① 资本天生的逐利性驱使资本无限榨取自然资源,造成生态破坏,造就人与自然的对立。在深刻分析了资本主义的经济、社会和自然的关系的基础上,马克思一针见血地指出,生态问题并不是人对自然的一般性"支配"所引起的,而是人们对待自然的"特殊"方式所导致的。这种"特殊"方式由资本主义社会的基本矛盾相关联并且由此决定。在《哥达纲领批判》中,马克思进一步指出,生态危机的根源在于资本主义制度,生态恶化是资本主义固有的逻辑结果。因此,解决生态问题的出路便是社会性地解决人与自然的矛盾。

(三) 人类与自然以及人类自身的两个和解与最美丽的社会形态

在对资本主义生产方式破坏自然进行批判的基础上,马克思、恩格斯指出,人类只有走向共产主义社会,才能实现"人类同自然的和解以及人类本身的和解"②。共产主义社会"是人同自然界的完成了的本质的统一,是自然界的真正复活,是人的实现了的自然主义和自然界的实现了的人道主义"③"它是人和自然之间,人和人之间的矛盾的真正解决"④。在马克思、恩格斯那里,共产主义是"以各个人的自由发展为一切人自由发展的条件的联合体"⑤,是一个消灭了阶级、消灭了国家、消灭了分工、消灭了异化劳动的人类最理想的社会形态。他们虽然没有直接将共产主义明确冠以"美丽"这个特定的词汇,但是已经被描述为人类将来必然走向的最美丽的社会形态。

---

① 马克思恩格斯选集(第2卷)[M].北京:人民出版社,1972:265.
② 马克思恩格斯全集(第1卷)[M].北京:人民出版社,1971:603.
③ 马克思.1844年经济学哲学手稿[M].北京:人民出版社,1985:77,79.
④ 马克思恩格斯全集(第1卷)[M].北京:人民出版社,1971:603.
⑤ 马克思恩格斯全集(第4卷)[M].北京:人民出版社,1971:491.

马克思、恩格斯关于生态文明思想与美丽社会形态学说,阐明了生态问题的根源,指明了实现人与自然和解的社会性解决方案,为中国建设社会主义生态文明提供了广阔的视野和思路,为全面建设美丽中国提供了理论指导和支撑。

三、西方生态思潮是美丽中国的间接来源

随着西方工业革命的兴起和近代科学技术的发展,社会生产力迅速提高,人类由此前的自然顺从者转变为自然的改造者和征服者。以培根、笛卡儿、康德为代表的人类中心主义思潮,强调"人是自然的立法者",过分夸大人的主观能动性。实践上对自然的肆意掠夺和理论上的人类中心主义,导致了不可再生资源的衰竭、环境的破坏、自然生态的恶化,人类面临从未有过的"生态危机"。西方社会开始重新审视和思考人与自然的关系、人与社会的关系以及人的身心关系,形成了一系列生态思想。

(一)法兰克福学派(Frankfurt school)的"美的法则"与"自然的解放"

"二战"以后,新马克思主义中的法兰克福学派把分析生态危机与批判资本主义结合起来。他们提出,在资本主义社会,工具理性取代了价值理性,人类通过现代科技掠夺和践踏自然界,造成生态危机,不仅异化了人与人的关系,而且异化了人与自然的关系。生态危机不是单纯的自然的、科学的问题,而是资本主义的政治危机、经济危机和人的本能结构危机的集中体现。他们主张必须首先在资本主义世界内部推进环境保护,并且在未来的自由社会建立起人与自然和谐共处的新型关系。这被H. 马尔库塞称为"自然的解放",即把自然界改造成为符合人的本质的环境世界,运用"美的法则"来塑造对象性的自然界。

(二)生态马克思主义(ecological Marxism):以人类中心主义精神实现人与自然的和谐统一

生态马克思主义强调,马克思所提出的资本主义生产社会化和生产资料私人占有之间的矛盾与生态系统的尖锐冲突是当代资本主义经济危机的根源之一。资本主义制度的根本目的是谋取尽可能多的利润,使商品生产的规模无限制地扩大,结果会耗尽自然资源,最终完全破坏人类生物圈。生态马克思主义主张以人类中心主义(人道主义)精神实现人与自然的和谐统一。"人类与自然的辩证关系——人改变自然的同时也改变自己——是它自己自然的本质"[①],"人类

---

① PARSONS H. Marx and Engels' on Ecology [M]. London: Greenword, 1977: XI.

并非天然地就是自然界的污染物……是现存的社会经济制度造成的。"① 因此,要以生态社会主义社会对资本主义社会进行"生态重建",以根除生态危机产生的土壤。生态马克思主义为人们改造现存社会、重建生活家园提供了行动指南。但是,他试图用"生态危机论"取代"经济危机论",带有一定的乌托邦性质。

(三)深生态学(deep ecology):重视环境问题的政治、经济、社会等因素

"深生态学"是由挪威著名哲学家阿恩·纳斯(Arne Naess)创立的现代环境伦理学新理论。20世纪七八十年代,由于西方社会的资源浪费、环境退化没有从根本上得到解决,人们发现,必须突破浅生态学(shallow ecology)的认识局限,对环境问题寻求深层的答案。于是,深生态学应运而生。深生态学主张从具体的环境保护转向考虑环境问题的政治、经济、社会、伦理的因素,关注整个地球生态系统的稳定,倡导生态"大自我"的整体主义价值观念。它将"自我实现"奉为最高规范,并通过这个最高规范把人的利益与大自然的利益紧密相连。今天,深生态学不仅是西方众多环境伦理学思潮中一种最令人瞩目的新思想,而且已成为当代西方环境运动中起先导作用的环境价值理念。但是,深生态学的基础是"自我的直觉与经验",因而在理论的认知层面上依旧具有明显的局限性。

西方生态思潮对于生态危机是如何产生的、如何破解生态环境问题等生态文明的核心问题进行了思考和回答,为美丽中国理念提供了有益借鉴。

四、改革开放40多年的深刻总结:走生态文明之路,建设美丽中国

(一)40多年来的经济建设成就与环境破坏并存

1978年12月,党的十一届三中全会提出了改革开放的任务,要求根据新的历史条件和实践经验,采取一系列新的重大的经济措施,对经济管理体制和经营管理方法着手进行认真的改革,从而开启了以阶级斗争为纲到以经济建设为中心、从僵化半僵化到全面改革、从封闭半封闭到对外开放的历史性转变。② 改革开放40多年来,我国坚持以经济建设为中心,推动经济快速发展,取得了举世瞩目的成就。按照可比价格计算,中国国内生产总值年均增长约9.5%;以

---

① PERPER D. Ecological Socialism: From Depth Ecology to Socialism [M]. London: Routledge, 1993: 232.
② 中共中央党史研究室. 中国共产党的九十年 [M]. 北京: 中共党史出版社, 2017: 657.

美元计算，中国对外贸易额年均增长14.5%；中国人民生活从短缺走向充裕、从贫困走向小康，现行联合国标准下的7亿多贫困人口成功脱贫，占同期全球减贫人口总数70%以上；中国已经成为世界第二大经济体、第一大工业国、第一大货物贸易国、第一大外汇储备国。①

我国是一个正处于工业化加速、城市化提速的发展中大国，发达国家一两百年遇到的生态环境问题，在我国改革开放历史进程中集中暴露出来，体现出明显的结构型、压缩型、复合型等特点，成为制约我国经济社会可持续发展的最大瓶颈。我国能源资源匮乏，但能耗远高于发达国家。2012年，我国国内生产总值占世界的11.6%，钢铁消耗占世界的45%，水泥消耗占世界的54%，能源消耗占世界的21.3%，单位国内生产总值能耗约为日本的4.5倍、美国的2.9倍。② 我国单位国内生产总值的废水排放量比发达国家高4倍，单位工业产值产生的固体废弃物高10多倍。③ 高消耗不仅导致我国本来就总量匮乏的宝贵资源遭到过度开发、过度耗费，而且带来严重的环境污染。我国二氧化硫排放量居世界第一位，二氧化硫排放量超过环境容量的81%，70%左右的城市空气质量达不到新的环境空气质量标准，70%的河流湖泊被污染，水体和土壤重金属污染日益严重。④《全球环境竞争力报告（2013）》表明，2012年我国环境竞争力得分为48分，在全球133个国家中排在第87位。其中，生态环境竞争力36.1分，排位倒数第9位；空气质量排名倒数第二，细颗粒物（PM2.5）、氮氧化物和二氧化硫排放量分别为全球第四差、第二差和第三差。⑤ 对此，习近平总书记无比忧虑地指出："我们在生态环境方面欠账太多了，如果不从现在起就把这项工作紧紧抓起来，将来会付出更大的代价。"⑥

中国是一个有13亿多人口的大国，我们建设现代化国家，走西方发达国家"先污染后治理"的老路是走不通的，老的环境问题尚未解决，新的环境问题接

---

① 习近平. 在博鳌亚洲论坛2018年年会开幕式上的主旨演讲［EB/OL］. 中国政府，2018-04-10.
② 钱易. 生态文明：解决世界性难题的中国方案［N］. 光明日报，2016-03-04.
③ 中共中央宣传部理论局. 理性看 齐心办——理论热点面对面［M］. 北京：学习出版社，2013：36，32-33.
④ 中共中央宣传部理论局. 理性看 齐心办——理论热点面对面［M］. 北京：学习出版社，2013：36，32-33.
⑤ 张晶. 社科院发布全球环境竞争力排名 中国排名第87位［N］. 科技日报，2014-01-09.
⑥ 中共中央宣传部. 习近平总书记系列重要讲话读本［M］. 北京：学习出版社，2016：234-235，235-236.

踵而至。走老路，去无节制消耗资源，去不计代价污染环境，难以为继！所以，习近平总书记反复强调："中国要实现工业化、信息化、城镇化、农业现代化，必须走出一条新的发展道路。"①

（二）改革开放以来我国生态文明的思想演进与历史进程

我国一贯重视生态文明建设。20世纪80年代初，我国就把保护环境作为基本国策，先后制定了《中华人民共和国环境保护法》《中华人民共和国海洋保护法》等一系列法律法规，结束了我国环境保护无法可依的局面；同时，重视依靠科技的力量实现环境的改善。20世纪90年代，我国提出了生态文明可持续发展战略。1995年，江泽民指出："在现代化建设中，必须把实现可持续发展作为一个重大战略。要把控制人口、节约资源、保护环境放到重要位置，使人口增长与社会生产力发展相适应，使经济建设与资源、环境相协调，实现良性循环。"② 2001年7月1日，他在庆祝党成立80周年大会上强调："要促进人和自然的协调与和谐，使人们在优美的生态环境中工作和生活。坚持实施可持续发展战略，正确处理经济发展同人口、资源、环境的关系，改善生态环境和美化生活环境，改善公共设施和社会福利设施。努力开创生产发展、生活富裕和生态良好的文明发展道路。"③ 胡锦涛高度重视生态文明建设，他在党的十七大报告中明确提出了建设生态文明的历史任务："建设生态文明，基本形成节约能源资源和保护生态环境的产业结构、增长方式、消费模式。"④ 这是我们党第一次把"生态文明"理念写进党代会报告。2008年9月，胡锦涛在全党深入学习贯彻科学发展观活动动员大会上，将生态文明建设与"社会主义经济建设、政治建设、文化建设、社会建设"并列提出。

五、习近平生态文明思想

习近平总书记一直非常重视环境保护问题。早在浙江工作时期，他就提出："地球是我们的共同家园，保护环境是全人类的共同责任，生态建设成为自觉行

---

① 中共中央宣传部. 习近平总书记系列重要讲话读本 [M]. 北京：学习出版社，2016：234-235，235-236.
② 江泽民文选（第1卷）[M]. 北京：人民出版社，2006：463.
③ 江泽民文选（第3卷）[M]. 北京：人民出版社，2006：294-295.
④ 胡锦涛. 高举中国特色社会主义伟大旗帜 为夺取全面建设小康社会新胜利而奋斗——在中国共产党第十七次全国代表大会上的报告 [EB/OL]. 人民网，2007-10-24.

动。"① 这是人们对环境保护和生态建设认识的新阶段。"我们追求人与自然的和谐，经济与社会和谐，通俗地讲，就是既要绿水青山，又要金山银山"②，认为只要找准方向，创造条件，就会让绿水青山源源不断地带来金山银山。2012年，党的十八大报告首次把生态文明建设纳入中国特色社会主义事业"五位一体"总体布局。党的十八大审议通过《中国共产党章程（修正案）》，将"中国共产党领导人民建设社会主义生态文明"写入党章，作为全党的行动纲领。党的十八大以来，习近平总书记无论国内会议、考察调研，还是出国访问、国际会议，常常强调生态文明、生态安全，相关讲话、论述、批示60多次，形成了习近平生态文明思想。

第一，关于生态文明的思想来源。他强调要从古代生态智慧中汲取养分，在讲话中多次引用古代关于生态方面的名句，如"天人合一"（《论语》），"道法自然"（《道德经》），"子钓而不纲，弋不射宿"（《论语》），"竭泽而渔，岂不获得？而明年无鱼；焚薮而田，岂不获得？而明年无兽"（《吕氏春秋》）等经典名句，"劝君莫打三春鸟，儿在巢中望母归"等古代诗句，"一粥一饭，当思来之不易；半丝半缕，恒念物力维艰"等治家格言，中华传统文明的滋养，为当代中国开启了尊重自然、面向未来的智慧之门。③ 要学习和实践马克思主义关于人与自然关系的思想，坚持人与自然和谐共生。④

第二，关于生态文明的重大意义。他多次指出，要从党的根本任务和奋斗目标的战略高度深刻认识："生态文明建设事关中华民族永续发展和两个一百年奋斗目标的实现，保护生态环境就是保护生产力，改善生态环境就是发展生产力。"⑤ "生态文明建设是'五位一体'总体布局和'四个全面'战略布局的重要内容"⑥，标志着我们对中国特色社会主义规律认识的进一步深化，表明了加强生态文明建设的决定意志和坚强决心。他强调，生态环境保护不好，即使经

---

① 中共中央宣传部. 习近平总书记系列重要讲话读本［M］. 北京：学习出版社，2016：232.
② 中共中央宣传部. 习近平总书记系列重要讲话读本［M］. 北京：学习出版社，2016：232.
③ 习近平. 在纪念马克思诞辰200周年大会上的讲话［EB/OL］. 人民网，2018-05-05.
④ 中共中央宣传部. 习近平总书记系列重要讲话读本［M］. 北京：学习出版社，2016：230，233.
⑤ 中共中央宣传部. 习近平总书记系列重要讲话读本［M］. 北京：学习出版社，2016：230，233.
⑥ 习近平谈治国理政（第二卷）［M］. 北京：外文出版社，2018：393.

济上去，老百姓的幸福感也会大打折扣，甚至产生强烈的不满情绪。2018年5月，习近平总书记在全国生态环境保护大会上指出，生态环境是关系党的使命宗旨的重大政治问题，也是关系民生的重大社会问题。

第三，关于如何处理物质文明建设与生态文明建设的关系。"我们既要绿水青山，也要金山银山。宁要绿水青山，不要金山银山，而且绿水青山就是金山银山。"① "环境就是民生，青山就是美丽，蓝天也是幸福。要像保护眼睛一样保护生态环境，像对待生命一样对待生态环境，把不损害生态环境作为发展的底线。"② 强调以牺牲环境为代价来换取经济增长是急功近利、杀鸡取卵，不能以当代人过上幸福生活而恣意破坏环境，剥夺子孙后代发展的权利。

第四，关于生态文明建设的决策部署。十八届三中全会提出加快建立系统完整的生态文明制度体系；十八届四中全会要求用严格的法律制度保护生态环境；十八届五中全会提出"五大发展理念"，将绿色发展作为"十三五"规划乃至更长时期经济社会发展的一个重要理念，成为党关于生态文明建设、社会主义现代化建设规律性认识的最新成果。在"十三五"规划中，中国首度将加强生态文明建设列为十个任务目标之一，郑重地写入五年规划。党的十九大把"坚持人与自然和谐共生"作为习近平新时代中国特色社会主义思想的十四个基本方略之一，强调"建设生态文明是中华民族永续发展的千年大计"，对"加快生态文明体制改革，建设美丽中国"做出了一系列战略部署。

六、开创中国特色社会主义生态文明新时代

习近平生态文明思想是习近平新时代中国特色社会主义思想的重要组成，是党和国家必须长期坚持的指导思想。要从党和国家总体战略布局中理解和把握习近平生态文明思想，并在其科学指导下，开创中国特色社会主义生态文明新时代。

（一）把生态文明建设作为中国梦的重要内容

中华民族伟大复兴中国梦的本质是国家富强、民族振兴、人民幸福。走向生态文明新时代，建设美丽中国，关系人民福祉、关乎民族未来，是实现中国梦的重要内容。

国家富强，意味着中国经济实力和综合国力、国际地位和国际影响力大大

---

① 本书编写组. 党的十九大报告辅导读本［M］. 北京：人民出版社，2017：23，49.
② 本书编写组. 党的十九大报告辅导读本［M］. 北京：人民出版社，2017：23，49.

提升，也意味着中国实现绿色国内生产总值的稳步增长，经济可持续发展模式得到实践检验并受到世界普遍肯定。要树立大局观、长远观、整体观，把生态文明建设融入经济建设、政治建设、文化建设、社会建设各方面和全过程，建设美丽中国，努力开创社会主义生态文明新时代。要以资源环境承载能力为基础，以自然规律为准则，以可持续发展、人与自然和谐为目标，建设生产发展、生活富裕、生态良好的文明社会。

民族振兴，意味着中华民族以更加昂扬向上、文明开放的姿态屹立于世界民族之林，也意味着民族的生态文明理念深入人心，并外化为积极的行动，形成建设美丽中国的强大合力。要正确处理好经济发展同生态环境保护的关系，切实把绿色发展理念融入经济社会发展各方面，推动形成绿色发展方式和生活方式，协同推进人民富裕、国家富强、中国美丽。

人民幸福，意味着中国人民过上更加幸福安康的生活，也意味着青山常在、绿水长流、空气常新，人民在良好生态环境中生产生活。要以系统工程思路抓生态建设，实行最严格的生态环境保护制度，切实把能源资源保障好，把环境污染治理好，把生态环境建设好，为人民群众创造良好生产生活环境。

(二) 把生态文明建设融入"五位一体"总体布局

全面推进"五位一体"总体布局，要求我们在整体推进社会主义建设事业总体布局中全面强化生态文明建设的突出地位，并且用生态文明对物质文明、精神文明、政治文明进行整合与重塑，以使社会主义经济、政治、文化以及社会建设都发生与生态文明建设内在要求相一致的生态化转向。

一是经济建设生态化。物质文明主要解决人类与科学技术的关系，科学发展的物质文明是美丽中国的物质基础。中国是发展中大国，具有显著的后发优势，不能走欧美"先污染后治理"的老路，也不能走"边污染边治理"的歧路，应当探索出一条生产发展、生活富裕、生态良好的新路。要主动适应、把握、引领经济发展新常态，坚持以提高发展质量和效益为中心，充分发挥市场在资源配置中的决定性作用，大力发展循环经济、绿色经济和低碳经济，加快实施创新驱动发展战略，大力提高科技在经济发展中的贡献力，推进以人为核心的新型城镇化，着力发展现代农业，加大新农村建设力度，实现经济持续健康发展。

二是政治建设生态化。要坚持走中国特色社会主义政治发展道路，把党的领导、人民当家作主和依法治国三者有机统一起来，积极稳妥推进政治体制改革，扩大人民民主，发展党内民主，建设法治中国。要坚持民主政治建设与生态建设协调发展,把生态文明建设全面纳入各级党委政府考核体系,坚决落实环境保护一票否决制;要全面从严治党、依规治党,积极营造风清气正的政治生态,形成党员干部敢于担当、奋发有为的精神状态,做到干部清正、政府清廉、政治清明。

三是文化建设生态化。习近平总书记指出:"当高楼大厦在我国大地上遍地林立时,中华民族精神的大厦也应该巍然耸立。"① 精神文明主要解决人与文化、人与人之间的关系,人文共享的精神文明是美丽中国的精神动力、智力支持和思想保证。要用社会主义核心价值观凝心聚力,推动物质文明和精神文明协调发展;要传承和弘扬中华优秀传统文化,吸收借鉴人类优秀文明成果,推动社会主义文化传承创新,建设社会主义文化强国;要依法加强网络社会管理,净化网络环境,使网络空间清朗起来;要推进国际传播能力建设,讲好中国故事,传播好中国声音,重塑中国对外传播生态。

四是社会建设生态化。要坚持以民为本、以人为本的执政理念,让改革发展成果更多更公平惠及全体人民;要以改善民生作为推动发展的根本目的,实现经济发展和民生改善良性循环;要坚决打赢脱贫攻坚战,为全面建成小康社会打下坚实基础;要推进治理体系和治理能力现代化,构建全民共建共享的社会治理格局。

(三)把生态文明建设融入"四个全面"战略布局

全面建成小康社会(2021年全面建成小康社会后,我国进入全面建设社会主义现代化国家新发展阶段)、全面深化改革、全面依法治国、全面从严治党的"四个全面"战略布局,是中国共产党在新形势下治国理政的总方略,是续写中国特色社会主义新篇章的行动纲领。生态文明建设是"四个全面"战略布局的重要内容,"四个全面"为生态文明建设提供战略指引。

全面建成小康社会是重大战略目标,在"四个全面"战略布局中居于引领地位。"十三五"规划纲要提出了全面建成小康社会新的目标要求,"生态环境质量总体改善"是六大目标之一。要把"小康全面不全面,生态环境质量是关键"作为既反映生态文明建设总成效的标尺,又体现小康社会是否全面的重要标尺,② 进一步提高生产方式和生活方式的绿色、低碳水平,大幅提高能源资

---

① 中共中央宣传部. 习近平总书记系列重要讲话读本 [M]. 北京:学习出版社,2016:187.
② 黄承梁. 整体把握生态文明建设的时代总格局 [N]. 中国环境报,2016-12-06 (003):1.

源开发利用效率，有效控制能源和水资源消耗、建设用地和碳排放总量，大幅减少主要污染物排放总量；加快推进主体功能区布局和生态安全屏障建设。

全面深化改革是"四个全面"战略布局中具有突破性和先导性的关键环节，是解决中国现实问题的根本途径。当前，中国发展还面临一系列矛盾和挑战，其中不少是生态环境问题。我们在经济建设取得历史性成就的同时，也积累了大量生态环境问题，成为制约经济可持续发展的短板。各类环境污染呈高发态势，成为民生之患、民生之痛。人民群众过去"盼温饱"，现在"盼环保"；过去"求生存"，现在"求生态"。要坚持节约优先、保护优先、自然恢复的基本方针，以绿色发展、循环发展、低碳发展为基本途径，以深化改革和创新驱动为动力，以培育生态文化为支撑，全面推进生态文明建设。

全面依法治国为全面建成小康社会提供法治保障，是"四个全面"战略布局的重要组成部分。习近平总书记指出："只有实行最严格的制度、最严密的法治，才能为生态文明建设提供可靠保障。"[1] 必须按照全面依法治国的总体布局，把生态文明建设纳入法治化、制度化轨道。要深化生态文明体制改革，产权清晰、多元参与、激励约束并重、系统完整的生态文明制度体系。要把资源消耗、环境损害、生态效益等体现生态文明建设状况的指标，纳入经济社会发展评价指标体系。要建立环保督察工作机制，落实生态环境损害责任终身追究机制，建立健全资源生态环境管理制度。同时，增强全民节约意识、环保意识和生态意识，营造爱护生态环境的良好风气。

全面从严治党，着眼于保持党的先进性和纯洁性，为全面建成小康社会、全面深化改革、全面依法治国提供根本保证。习近平总书记多次强调，自然生态要山清水秀，政治生态也要山清水秀。要主动适应、把握、引领经济发展新常态，不断提高党把握方向、谋划全局、制定政策、推进改革的能力，不断提高党领导经济社会发展的能力。要加强和改善党的领导，全面增强党的各级领导干部生态文明建设基本素养和领导能力。要强化环境保护"党政同责"和"一岗双责"要求，各级党委、政府对本地区环境保护负总责，党政主要领导对环境保护工作负全面领导责任。要把生态文明建设放在领导干部政绩考核评价体系中的突出位置，对领导干部实行自然资源离任审计，对生态环境损害负有责任的领导干部，必须严肃追责。

---

[1] 习近平谈治国理政［M］.北京：外文出版社，2014：210.

（四）把生态文明融入"五大发展理念"

党的十八届五中全会提出的创新、协调、绿色、开放、共享五大发展理念，是我们在深刻总结国内外发展经验教训的基础上形成的，集中反映了我们党对经济社会发展规律认识的深化，也是针对我国发展中的突出矛盾和问题在发展理念层面作出的重大选择。坚持绿色发展是保持我国经济社会持续健康发展的必然选择，并与其他四大发展理念相互贯通、相互促进。建设生态文明，坚持绿色发展，必须在整体把握五大发展理念中不断拓展和深化绿色发展新认识，强化生态文明建设新实践。

坚持创新发展理念，就要依靠技术创新和政策措施，提高资源高效利用和循环利用，推动企业循环式生产、产业循环式组合、园区循环式改造，减少温室气体排放。要推动能源清洁高效利用，节约使用资源，大力发展新能源，让低碳绿色循环发展成为产业转型升级的突破口，使经济社会系统与自然生产系统相和谐。要加速环保产业的创新驱动，加快提升环保产业技术装备水平，全面提高中国污染防治水平的提高。

坚持协调发展理念，就要重点促进城乡区域协调发展，促进新型工业化、信息化、城镇化、农业现代化和绿色化协同发展。要坚持工业反哺农业、城市支持农村，推动城乡良性互动、协调发展的良好局面。要大力推进城镇化，关键是提高城镇化质量，走集约、节能、生态的新路子，着力提高内在承载力。要推进绿色化，在价值观念上尊重自然、顺应自然，实现人与自然的和解与和谐，在生产和生活方式上实现循环、绿色、低碳，在体制机制上把资源节约、污染控制和生态保护作为出发点和落脚点。

坚持绿色发展理念，就要坚持绿色富国、绿色惠民，协同推进人民富裕、国家富强、中国美丽。要坚持节约资源和保护环境的基本国策，牢固树立"保护生态环境就是保护生产力""绿水青山就是金山银山"的强烈意识，严守资源消耗上限、环境质量底线、生态保护红线，优化国土空间开发格局，全面促进资源节约。要加大生态环境保护力度，完善生态补偿机制，建立健全环境治理制度，形成政府、企业、公众共治的环境治理体系。

坚持开放发展理念，就要深度参与全球气候治理，积极参与全球气候谈判，推动形成公平合理、合作共赢的全球气候治理体系。要主动参与面向2030年的世界可持续发展议程，积极承担与中国国情、发展阶段和实际能力相符的国际义务，从全球视野加快推进生态文明建设，把绿色发展转化为新的综合国力和国际竞争新优势，为推进世界绿色发展、维护全球生态安全做出积极贡献。

坚持共享发展理念，就要着力从解决人民最关心、最直接、最现实的环境问题入手，不断满足人民群众对干净的水、清新的空气、安全的食品、优美的环境等生态要求，不断提高生态产品供给能力和普惠民生的能力。要加强生态保护、改善自然环境，为人民群众的身心健康提供基本保障。在生态环境脆弱区域，积极试点并推广生态扶贫模式，大力发展生态农业、生态旅游业，构建生态产业链，把绿水青山变成金山银山，促进生态保护与扶贫开发的良性互动。

第三节　美丽中国与国家形象

生态文明是世界普遍追求的新型文明，建设生态美好的地球美丽家园，是人类共同理想。美丽中国是新时代中国国家形象的描述和表达，也是美丽世界的重要组成部分，代表着人类共同的美好愿望。国家形象既是被国际媒体拟态的，也是自我塑造的。要塑造好美丽中国的国家形象，应当主动去构建，而不能消极无为、被动等待。

一、软实力与国家形象

（一）软实力与国家文化软实力

1. 软实力

美国哈佛大学肯尼迪政治学院院长约瑟夫·奈（Joseph S. Nye，1937—）最先提出"软实力"（soft power）的概念。"一战"以来，美国依靠经济、科技、军事等传统硬实力逐步登上世界头号强国宝座，"二战"后更是依靠其强大硬实力主导了世界格局，成为世界霸主。但是，到了20世纪80年代，在与苏联的争霸中，美国国内许多人认为，美国的霸权在衰落。为此，约瑟夫·奈在1990年出版的《注定领导世界？美国权力性质的变迁》（Bound to Lead: The Changing Nature of American Power，1990）一书中提出，一个国家的综合实力可以分成"硬实力"和"软实力"，前者由经济、科技、军事等表现出来，后者由文化、价值观、制度吸引力等表现出来。1996年，约瑟夫·奈和威廉·欧文斯（William A. Owens）等学者在《外交》（Foreign Affairs）季刊上发表的《美国的信息优势》（American's Information Edge，1996）一文以及后来发表的《信息时代的力量与相互依存》（Power and Interdependence in the Information Age，1998）、《信息时代的国家利益》（National Interest in the Information Age，1999）等文章和著作，系统阐述了软实力的概念。① 在约瑟夫·奈看来，美国不仅拥有雄厚的硬实力，而且具有强大的软实力。随后，他又在《软实力：世界政治中的成功之道》（Soft Power：The Means To Success in World Politics，2004）一书中提出，在美国外交政策中要实现硬实力与软实力完美结合，即巧实力（smart power）战略。在《权力大未来》（The Future of Power，2012）一书的结论中，他把巧实力战略进一步完善为现实主义和自由主义的综合体——"自由现实主义"（liberal realism）战略，并以之分析美国外交政策。但是，自小布什（George Walker Bush，1946—）上台以来，美国采取单边主义政策，不断扩张军事力量，撕下"民主自由卫士"的面具，发动了阿富汗战争和伊拉克战争，逐渐失去了国际社会的信任，国家形象显著下降，导致了美国的衰退。2017年1月，唐纳德·特朗普（Donald Trump，1946—）就任美国总统以来，赤裸裸地奉行"美国至上"的单边主义，先后从巴黎气候协定、联合国教科文组织、伊核协议、联合国人权理事会等国际组织或协议中"退群"，意在集中力量打造美国的"硬实力"，以此来替代以往美国政府重视的"软实力"与外交"巧实力"。美国多年苦心经营的国际形象正在逐步被摧毁，国际影响力受到重创。国际社会认为，美国将在国际谈判桌上失去影响力，把政治、技术和道德领袖的角色拱手让给其他国家。

进入现代社会以后，特别是在信息时代，软实力的重要性明显提高，达到了与硬实力同等重要甚至更为重要的高度。正如约瑟夫·奈所说，硬实力和软实力同样重要，但是在信息时代，软实力正变得比以往更为突出。在约瑟夫·奈看来，现代社会，单凭军事力量已经难以获得胜利了。2000年1月，他在《纽约时报》上发表《我们不可浪费的实力》（The Power We Must Not Squander，2000）一文，分析了"9·11"恐怖袭击事件后美国外交政策的得失，强调软实力十分重要。② 事实上，约瑟夫·奈的这一判断非常有洞察力和前瞻性。随着现代科学技术的进步，落后国家在军事和经济力量建设方面取得明显进步，而

---

① 洪晓楠，邱金英，林丹. 国家文化软实力的构成要素与提升战略［J］. 江海学刊，2013（1）：202.
② 李希光，周庆安. 软力量与全球传播［M］. 北京：清华大学出版社，2005：27.

大国曾经令人敬畏的传统力量却随着世界政治问题性质的变化而受到了不同程度的削弱，传统的权力工具已经难以应对世界政治的新变化和新挑战，从而使得"任何大国控制其环境、实现其预想目标的能力，常常不像传统硬权力指标所预示的那样强大"。[1] 特别是进入信息时代，信息技术革命改变了世界政治演化的进程，使得"在软、硬权力的关系中，软权力比过去更为重要"[2]。约瑟夫·奈认为，战后美国之所以能够成为世界上影响力最大的国家，不仅是因为他拥有世界上最强大的经济和军事等"硬实力"优势，而且具有一些无形的"软实力"，包括文化、意识形态和社会制度。但是，冷战结束以来，美国自恃拥有全世界最强大的军事力量，先后发动了阿富汗战争、伊拉克战争、利比亚战争、叙利亚战争等多场战争，试图通过压倒性的军事力量实现其政治目的。令美国始料不及的是，他们不仅没有取得这些战争的最终胜利，反而使自己陷入战争的泥潭，难以自拔。美国国力受到大量损耗，国际认可度深受影响，国际地位逐渐下降，这些软实力的大幅削弱在很大程度上导致美国逐渐走向衰落。

软实力如此重要，那究竟什么是软实力呢？1999年，约瑟夫·奈在《软实力的挑战》（*The Challenge of Soft Power*，1999）一文中提出："软实力是一国文化与意识形态的吸引力，是通过吸引而非强制的方式达到期望的结果的能力。它通过让他人信服地追随你，或让他人遵循某种将会促其采取你所期望的行为的规范和制度来发挥作用。软实力在很大程度上依赖于信息的说服力。如果一个国家可以使他的立场在其他人眼里具有吸引力，或者一个国家强化那种鼓励其他国家以寻求共存的方式来界定他们的利益的国际制度，那么他就无须扩展那些传统的经济实力或者军事实力。"[3] 他认为，软实力来自文化吸引力、意识形态或政治价值观念的吸引力以及塑造国际规则和决定政治议题的能力。我国学者也普遍认为，软实力来自文化、价值观和外交政策。在和平与发展这个时代主题下，随着美国妄想"一超独霸"的局面难以维持、国力日益衰微，各国逐渐认识到：仅靠军事实力和经济实力"包打天下"的时代已经成为过去，软实力在一国综合国力中发挥的作用越来越重要。因此，软实力概念提出后，受到了各国学者的高度重视，纷纷展开相关研究。

---

[1] JOSEPH S. N. Power in the Global Information Age：From Realism to Globalization [M]. London：Routledge，2004：75.
[2] ROBERT O. K. Power and Interdependence [M]. Beijing：Beijing University Press，2004：227.
[3] 韩勃，江庆勇. 软实力：中国视角 [M]. 北京：人民出版社，2009：2.

我国学者对软实力的研究始于20世纪90年代初，早期比较有代表性的著述主要有：王沪宁的《作为国家实力的文化：软权力》(《复旦学报》)；庞中英的《国际关系中的软力量及其他》(《战略与管理》)；张骥、桑红的《文化：国际政治中的"软权力"》(《社会科学研究》)。2003年，我国提出"和平崛起"理念，软实力研究逐渐成为热门领域，研究队伍不断壮大，研究成果不断丰富。更为重要的是，一些具有良好研究基础的大学成立了以研究软实力为主要任务的专门研究机构，推动软实力研究进入国家战略决策体系。2009年7月，湖南大学成立中国文化软实力研究中心，这是全国第一家以"中国文化软实力"为主要研究对象的实体科研机构，旨在为党和政府提供有重要决策参考价值的研究报告，促进国家和地区的科学发展以及综合实力的提高。2013年1月，外交学院成立了国家软实力研究中心，宗旨是：促使我国早日建成具有较强国际影响力的软实力大国，提升中国外交政策在国际社会的解释力和话语权，争取中华文化在国际舆论场的生存和发展空间，为讲好中国故事、传播中国声音献计献策。2014年10月，北京大学国际关系学院成立国家文化软实力研究中心，以国家文化软实力研究为基础，以中华文化与当代中国价值观念传播研究为重点，立足中国国情，借鉴世界经验，加强理论研究，探索中国特色文化软实力建设道路。2015年5月，由湖南大学牵头，协同北京大学、清华大学、中国人民大学、复旦大学、厦门大学、上海交通大学、大连理工大学、北京交通大学、华侨大学、西南民族大学、重庆邮电大学、中国社会科学院世界社会主义研究中心、中国社会科学院文化研究中心、中国社会科学院中国边疆研究所、中国社会科学院欧洲研究所、中央宣传部《党建》杂志社、中央党校哲学部、中国计量学院、深圳市委宣传部、滨州市委宣传部、内蒙古自治区社会科学院、工信部中国电子信息产业发展研究院22家单位，共同成立"国家文化软实力研究协同创新中心"，以"国家急需、世界一流、制度先进、成果巨大"为导向，通过开展深度合作、建立战略联盟、促进资源共享、促进政产学研用紧密结合、促进社会各类创新力量的协同创新，致力于全面提高国家文化软实力。

2. 国家文化软实力

习近平总书记指出："文化是民族生存和发展的重要力量。人类社会每一次跃进，人类文明每一次升华，无不伴随着文化的历史性进步。"① "提高国家文化软实力，关系'两个一百年'奋斗目标和中华民族伟大复兴中国梦的实现。"② 文化软实力是国家软实力的核心，它与经济实力和科技实力等硬实力相互影响、相辅相成，是指一个国家文化的影响力、凝聚力和感召力，它是国家核心竞争力的重要因素，包含五个基本要素。③

（1）文化凝聚力

凝聚力（cohesiveness）原为物理学概念，指物质结构中分子与分子、原子与原子之间黏合在一起的某种内在力量。后来，文化学将其引入本学科，引申为集体或某一社会共同体内部各成员因共同的利益和价值目标结为一有机整体的某种聚合力。由于存在凝聚力，社会共同体才保持着自身的内在规定性，一旦凝聚力消失，社会共同体便会趋于解体。一个国家要实现自身存在与发展，需要综合运用经济、政治、文化等手段满足国民的物质和精神文化的需要，以此增强国家凝聚力。文化在国家凝聚力中发挥着十分独特的作用，是国家凝聚力的重要源泉。文化积淀着一个民族最深层的精神追求和最根本的价值取向，是熔铸在民族内心深处并代代相传的精神血脉；能够对经济社会发展进步起到先导作用，是推动一个国家经济社会发展的重要动力；能够促进思想解放、社会和谐以及人的发展，是一个民族兴旺发达的强大精神力量。一个国家、一个民族之所以能够始终凝聚在一起，在精神层面上就是依靠文化的凝聚作用。以文化认同为基础，以社会共同利益、共同理想为纽带，一国主流文化对国民所形成的统摄力、吸引力和感召力，就是国家文化凝聚力。

（2）文化感召力

感召力（charisma，在希腊语中意味着"神的魅力"）一词，最初由德国柏林大学恩斯特·特勒尔奇（Ernst Troeltsch，1865—1923）教授所使用，后来被马克斯·韦伯（Max Weber，1864—1920）采纳，意指一种不依靠物质力量刺激或强迫，而是凭借精神力量去引领和鼓舞他人的能力。文化感召力是一个国家文化产生的精神力量，这种力量能够增强国民对自己国家的向心力、家园认

---

① 中共中央宣传部. 习近平在文艺工作座谈会上的重要讲话学习读本 [M]. 北京：学习出版社，2015：2.
② 习近平谈治国理政 [M]. 北京：外文出版社，2014：160.
③ 洪晓楠，邱金英，林丹. 国家文化软实力的构成要素与提升战略 [J]. 江海学刊，2013（1）：205.

同感、文化认同感和文化自豪感，可以使其他国家和民族对自身产生认同感、亲切感和亲和力。中国自古都注重文化感召力，《论语·季氏》有云："故远人不服，则修文德以来之"，意思是如果远方的人还不归服，就用仁、义、礼、乐招抚他们。在孔子看来，文化感召力比军事力量更能收复天下、安抚人心。习近平总书记很看重文化感召力，强调不同民族、国家之间交流时，"文艺是最好的交流方式，在这方面可以发挥不可替代的作用，一部小说，一篇散文，一首诗，一幅画，一张照片，一部电影，一部电视剧，一曲音乐，都能给外国人了解中国提供一个独特的视角，都能以各自的魅力去吸引人、感染人、打动人。"① 通过对文化的认同建立起来的沟通和友谊才是长久的。

(3) 文化创新力

创新力即创新能力，是指产生新思想、创造新事物的本领和才干，其本质是独特的理论思维能力。文化创新力是一个国家的生命力、创造力和凝聚力。文化创新力是国家现代化的核心动力，是一个国家和民族向全人类展示自身文化创造活力，引领全球文化潮流，参与全球化文化竞争的核心要素。② 当前，纽约、伦敦等国际创新中心城市努力集聚文化创新的优质资源，呈现出创新性、集聚性、系统性、成长性、外向性等鲜明特点，正在成为驱动文化创新的主要引擎和枢纽节点。从信息化发展趋势来看，"互联网+"正在和全球范围内的"文化+"相互结合，推动文化创新在三大方向上突破：一是从线上向线下主动渗透，二是从网络世界向现实世界迅速靠近，三是从互联网产业向传统产业积极靠拢。在信息时代，文化创新力在国家竞争力中的作用更加凸显，那些占据文化创意领先地位和能力的国家，就会在新的发展格局中取得明显的领先地位。随着大数据、云计算、虚拟技术等前沿技术的创新发展，文化创新的范围、领域和方式被前所未有地拓宽，文化创新创意可能迎来井喷式发展。在这个大变革的潮流中，中国必须紧跟时代、主动作为，推动文化资源创新、文化技术创新、产业结构创新、文化环境创新等多方面创新，催生国家文化创新力实现质的提升。

(4) 文化整合力

文化整合的概念起初由文化人类学、文化社会学界提出，是指单一或地域

---

① 习近平谈治国理政 [M]. 北京：外文出版社，2014：315-316.
② 王克修. 推进"四个全面"战略布局中的文化创新力建设 [EB/OL]. 求是网，2016-04-26.

式的人类文化由于产生惰性、影响自身发展等因素，而不得不融合、继承其他优秀文化以实现进步的一种社会现象。文化整合一般会给社会带来新鲜的血液，某些落后的传统得到更新，自身先进的文化得到进一步发展；有时，文化整合会引起社会动荡。国家文化整合力包括两个层面，一是对内：按照完整性和有序协调原则，继承弘扬优秀传统文化，整合社会多元价值并形成文化认同，有效吸收借鉴优秀外来文化，凝练形成核心价值观，使之成为全社会的价值导向和行动指南。二是对外：在保持自身独立性的前提下主动融入世界文化发展大潮，并立体式建构、维护、发展良好国家形象。在信息时代，新媒体新技术层出不穷，曾经被固化的国际传统传播格局被打破，宣传、推介国家的空间和机遇极大地拓展。哪个国家能够有效地将自己的文化成果、国家形象宣传推介出去，就获得更多为世人瞩目的机会，就可能产生更强的竞争力。

(5) 文化辐射力

文化辐射力一方面是一个国家历史元素的延续表达，是对自古以来形成的文化实力和文化影响的承袭与体现；另一方面又以文化的方式反映了当今时代的物质文化、精神文明、生态文明等发展成就，通过文化传播向世界展示并塑造一个国家的整体形象。国家文化辐射力既体现了国家发展具有强大的内在驱动力，有强大的生机和活力；也体现了一个国家在经济发展、政治稳定、文化繁荣、社会进步、生态文明等方面具有良好的制度设计和实施方法保障，有很大的发展潜力和发展空间，使人产生无限向往和期待；还体现为一个国家良好的对外交往、交流与合作的能力，与外部世界有着多样、自如和畅通的交往和交流方式，能够很好地融入世界物资流、资金流、信息流并成为其中的重要影响力量。文化辐射力还体现为一个国家的整体魅力，让人感受到这个国家具有能够从最深层打动人心的力量，能够彰显这个国家的整体形象。

在以上文化软实力的五种要素中，文化凝聚力是内核要素，文化吸引力是基础要素，文化创新力是倍增要素，文化整合力是集成要素，文化辐射力是功能要素，共同构成了国家文化软实力这个统一整体。

(二) 国家形象

1. 国家形象的概念

美国著名经济学家肯尼思·博尔丁（Kenneth Ewart Boulding）最早提出"国家形象"（national image）一词，他在《国家形象和国际体系》（*National*

Images and International Systems，1959）一文中提出："国家形象是一个国家对自己的认知，以及国际体系中其他行为体对它认知的结合，是一系列输入和输出产生的结果。"① 国内学者对国家形象的研究众多，著述颇丰。支庭荣认为："国家形象的概念在西方国家并没有明确提出，因为在实践上早就利用其发达的宣传机器，鼓吹资产阶级的生活方式和价值观，并且十分讲究宣传技巧，更多地运用心理战术和舆论垫付手段，搞'和平演变'。"② 自20世纪90年代中期以来，为回应西方"中国威胁论""中国崩溃论"等"妖魔化"或"唱衰"中国的论调，中国的政治学者、新闻传播学者及国际关系和外交学者纷纷提出要重视国家的形象建设。③ 对国家形象的定义，主要有以下三种观点：一是他国对一国的评价或印象。刘继南认为，国家形象是指："其他国家对该国的综合评价和总体印象（主要体现在别国的大众传播媒体上）"④；李寿源认为国家形象是指："一个主权国家和民族在世界舞台上所展示的形状相貌及国际环境中的舆论反映（应）"⑤；门洪华认为国家形象是指："一个国家在国际上的政治、经济、文化、军事、科技等诸多方面相互交往过程中给其他国家及其公众留下的综合印象"⑥。二是社会公众对一国的总体认识与评价。管文虎认为国家形象是指"国家的外部公众和内部公众对国家本身、国家行为、国家的各项活动及其成果所给予的总的评价和认定……是一个国家的整体实力的体现"⑦；杨伟芬认为国家的国际形象是指："国际社会公众对一国相对稳定的总体评价"⑧；孙有中认为国家形象是指："一国内部公众和外部公众对该国政治、经济、社会、文化与地理等方面状况的认识与评价"⑨。三是一国经媒体拟态形成的形象。徐小

---

① 刘朋. 国家形象的概念：构成、分歧与区隔[M]. 北京：中国传媒大学出版社，2009：124.
② 支庭荣. 国家形象传播——一个新课题的凸现[M]//刘继南. 国际传播——现代传播论文集. 北京：北京广播学院出版社，2000：25.
③ 李智. 中国国家形象——全球传播时代建构主义解读[M]. 北京：新华出版社，2011：9.
④ 刘继南. 大众传播和国际关系[M]. 北京：北京广播学院出版社，1999：25.
⑤ 李寿源. 国际关系与中国外交——大众传播的独特风景线[M]. 北京：北京广播学院出版社，1999：305.
⑥ 门洪华. 压力、认知与国际形象——关于中国参与国际制度战略的历史解释[J]. 世界经济与政治，2005（6）：17.
⑦ 管文虎. 国家形象论[M]. 成都：成都科技大学出版社，2000：23.
⑧ 杨伟芬. 渗透与互动——广播电视与国际关系[M]. 北京：北京广播学院出版社，2000：25.
⑨ 孙有中. 国家形象的内涵及其功能[J]. 国际论坛，2002（3）：16.

鸽认为国家形象是指:"一个国家在国际新闻流动中所形成的形象,或者说是一国在他国新闻媒介的新闻言论报道中所呈现的形象"①;郭可认为国家形象是指:"国际性媒体通过新闻报道和言论(也即国际信息流动)所塑造"的关于一个国家的形象,是国际舆论对一国的总体评价或总体印象。② 无论学者们从哪个维度界定国家形象,大都认为,国家形象不是主体(社会公众、大众媒体)对客体(一国状况)的被动反映,而是主观能动地反映;国家形象不是自古就有、自动形成的,而是后天发展、建构形成的;国家形象不是自在的、自发的展示,而是主动建构、积极塑造的,在这个过程中,媒体成为至关重要的因素。从某种意义上讲,国家形象其实是由媒体塑造出来的。特别是在今天的信息化时代,更是如此。

2. 网络传播时代国家形象的建构

网络传播时代,国家间的交往在很大程度上变成了媒介互动(media interaction),在一定程度上弥补了国际社会中人际互动的稀疏及由此导致的国际关系的松弛,它既强化了国际社会对国家的影响力,又加固了国家对国际社会的依赖性,促进了国家的国际化进程,从而增进了国际政治生活的社会性。③ 在没有网络传播的时代,国家形象的建构,主要通过国家间的交往互动并见诸媒体,在交往国及其社会公众中增加相互了解、增进共有知识中形成的。

网络传播在国家形象建构中主要发挥三种作用:第一,形象导引作用。在特定历史时期,一个国家总会根据国际环境和国际关系、自身在国际交往中的角色和定位,设计出相应的国家形象,以有助于通过国际交往实现其利益诉求。网络媒体将设计好的国家形象,通过共通文字、视频、音频、图片、动画等符号介质,即时性、互动化地投射到国际社会或对象国,引导国家形象的建构。第二,认知扩大作用。国际交往的实质是求同存异,努力实现国家利益的最大化。追求传播国与对象国之间"求大同""存小异",就成为国家交往的根本任务。所要塑造的国家形象就是这个根本任务的主观表达。传统媒体容易在公众中形成"刻板印象",在塑造国家新形象方面优势并不明显。而网络传播因为是

---

① 徐小鸽. 国际新闻传播中的中国形象问题 [M] // 刘继南. 国际传播——现代传播论文集. 北京:北京广播学院出版社,2000:27.
② 郭可. 当代对外传播 [M]. 上海:复旦大学出版社,2003:84.
③ 李智. 中国国家形象——全球传播时代建构主义的解读 [M]. 北京:新华出版社,2011:50-51.

"人人传播",个性化特征更加突出,辐射面更加广泛,参与程度更加深入,更能激活对象国潜存地对传播国的印象或强化已有的印象,更加有利于促进传播国国家形象的认同并扩大共识。第三,信息交互作用。对象国依据网络传播中获得的关于传播国的丰富信息,结合自身利益诉求和双方最大公约数,确定与传播国的交往策略、策划与重点,并通过网络向对方释放有利于达成目的的传播策略、传播内容、传播技巧。传播国从网络上获取对象国的反馈信息后,通过解读其深层意蕴,修正自身以往的观念和做法,力争在满足对象国期望的同时,实现自身利益诉求,从而促进两国更加和谐地保持良好沟通交流关系,国家形象也逐步丰富起来。

二、美丽中国是新时代中国应有的国家形象

（一）自然环境是国家形象的构成要素

国家形象是一个国家重要的无形资产,是国家文化软实力的重要组成部分。它由哪些要素构成呢？中国传媒大学刘继南教授认为,国家形象的构成要素包括政治、经济、军事、外交、文化、自然环境、社会、教育、科技、体育、国民11个要素。[①] 自然环境中,主要包括地理环境、自然环境和生态环境。同时,在国家形象定位中,也要受到自然环境的影响。国际关系理论现实主义学派认为,国家实力决定了一国的国际地位以及国家间的关系,国家实力很大程度上表现为国家的综合国力,而这就是国家形象定位的决定因素。综合国力既有物质层面,也有精神层面;既包括自然因素,也包括社会因素。自然因素主要指一国主要自然资源的丰裕程度、质量、可及性和成本。其包括四大指标：一是农业种植面积,是联合国粮食和农业组织所定义的临时性和永久性占用耕地,永久性农田和牧场的总和；二是淡水资源,包括国内河流流量,从降水中得到地下水以及从其他国家流入的河流流量；三是商业能源使用量,是指其消费计算方法,本国产量加进口量和库存变动量,减去出口量和从事国际运输船舶和飞机的使用燃料,该数据不包括燃料木材、干燥的动物和其他传统燃料使用；四是发电量,是指在电站的所有发电机组的终端发电量。除了水电、煤电、油电、天然气发电和核电外,还包括由地热、太阳能、风能、潮汐和浪潮等能源

---

① 刘继南. 中国国家形象的国际传播现状与对策 [M]. 北京：中国传媒大学出版社, 2006：10-11.

类型的发电,以及可燃性可再生物质和废弃物的发电。发电量包括仅为发电而设计的电厂和热电联合厂的电输出量。

(二) 美丽中国是当代中国的国家形象

多年来,中国在国家形象的设计、定位、构建、塑造和传播上不遗余力,然而,迄今中国在以西方世界所主导的国际社会中的国家形象并没有获得预期的改善。① 21世纪以来,虽然我国综合国力持续增强,对世界经济增长的贡献率越来越大,是维护世界和平、促进发展的中坚力量,但在国际敌对势力的掣肘下,中国的国家形象却时常被"丑化""妖魔化"。为何会出现这样的现象? 美国高盛公司高级顾问乔舒亚·库珀·雷默认为,中国如何看待自己并不重要,真正的关键在于国际社会如何看待中国。② 近些年,特别是党的十八大以来,我国调整国家形象定位,改进传播策略,中国国家形象总体上呈现出稳步向好的趋势,特别是一些与中国外交关系发展良好的国家和地区,如非洲地区和俄罗斯的民众对中国的国家形象普遍给予较高评价;但日本等与中国外交存在摩擦的国家和地区仍对中国国家形象看法消极。③

提高国家文化软实力,关系"两个一百年"奋斗目标和中华民族伟大复兴中国梦的实现。作为国家文化软实力的重要组成,国家形象的重塑也显得非常重要、非常迫切。习近平总书记指出:"要注重塑造我国的国家形象,重点展示中国历史底蕴深厚、各民族多元一体、文化多样和谐的文明大国形象,政治清明、经济发展、文化繁荣、社会稳定、人民团结、山河秀美的东方大国形象,坚持和平发展、促进共同发展、维护国际公平正义、为人类作出贡献的负责任大国形象,对外更加开放、更加具有亲和力、充满希望、充满活力的社会主义大国形象。"④ 这从人类文明、综合国力、世界大国和社会主义本质要求四个维度对当代中国的国家形象提出了标准和要求,为中国大国形象战略明确了带有鲜明特色的新定位。东方大国形象是实现民族伟大复兴的必然要求。中国这个

---

① 李智. 中国国家形象——全球传播时代建构主体的解读 [M]. 北京:新华出版社,2011:4.
② [美]乔舒亚·库珀·雷默,等. 中国形象——外国学者眼里的中国 [M]. 沈晓雷,等译. 北京:社会科学文献出版社,2006:8.
③ 张国祚. 当前我国文化软实力建设研究需关注的几个问题 [J]. 红旗文稿,2016 (24):24.
④ 习近平谈治国理政 [M]. 北京:外文出版社,2014:162.

东方大国曾在历史上创造出璀璨文明,令世界各国望尘莫及。但自鸦片战争以来,中国逐渐沦为半殖民地半封建国家,国际社会对中国的印象被贴上"愚昧落后""东亚病夫"等标签。为此,习近平总书记从政治、经济、文化、社会、生态"五位一体"的角度提出要塑造东方大国形象,这既是对国家客观实在的自我审视,也是对我国所处的国内国际环境和战略目标的科学确认,更是对实现中华民族伟大复兴中国梦使命的责任担当。① 其中,山河秀美作为美丽中国的形象化表达,被作为重要内容纳入东方大国的国家形象之中。

---

① 袁赛男. 中国大国形象战略的新飞跃[N]. 学习时报,2017-10-02.

第二章

美丽中国与对外网络传播

习近平总书记在党的十九大报告中指出："推进国际传播能力建设，讲好中国故事，展现真实、立体、全面的中国，提高国家文化软实力。"① 新媒体时代，传播的地域边界正被消解，中国改革开放40多年来快速融入世界，世界亟待了解正日益走近世界舞台中央的中国，中国的对外传播迎来了最好的时机。美丽中国和对外网络传播之间有着内在契合性，利用网络对外传播美丽中国，具有重大战略价值和实践意义。

第一节 对外网络传播概述

网络传播突破了传统传播在时间和空间的分离，突破了国界和区域的物理疆域，模糊了传者和受者的界限，集成了传统传播的内容和方式，成为信息时代的主要传播方式。在对外传播中，网络传播拥有无可比拟的优势。

一、对外网络传播的概念

1998年5月，时任联合国秘书长安南在联合国新闻委员会年会上指出："在加强传统的文字和声像传播手段的同时，应利用最先进的第四媒体——互联网，以加强新闻传播工作。"此后，互联网被视为报纸、广播、电视之后的"第四媒体"。到2000年，"网络媒体"开始取代"第四媒体"这一比喻性用法而得到广泛使用。②

---

① 习近平. 决胜全面建成小康社会 夺取新时代中国特色社会主义伟大胜利[M]//党的十九大报告辅导读本. 北京：人民出版社，2017：43.
② 董天策. 网络新闻传播学[M]. 福州：福建人民出版社，2004：2.

(一) 网络传播

1. 新媒体与网络媒体

新媒体（New Media）是对传统媒体的超越，代表着媒体传播发展的趋势和必然方向。匡文波认为，新媒体是一个相对概念，是利用数字技术、通过计算机网络、无线通信网、卫星等渠道以及电脑、手机、数字电视等终端，向用户提供信息和服务的传播形态。① 它不等同于在时间上新出现的媒体，其内涵会随着传媒技术的进步而发展。其传播过程具有非线性的特点，根本特征是"数字化""互动式"。目前，新媒体主要包括网络媒体、手机媒体、网络电视等媒体形态。

什么是网络媒体？钱伟刚认为，网络媒体从广义上说通常就指互联网，从狭义上说是指基于互联网这一传播平台进行新闻信息传播的网站。② 匡文波也认为，网络媒体是通过计算机网络传播信息（包括新闻、知识等信息）的文化载体，目前主要指互联网，也称因特网。③ 雷跃捷等人认为，网络媒体是借助国际互联网这个信息传播平台，以电脑、电视机以及移动电话等为终端，以文字、声音、图像等形式来传播新闻信息的一种数字化、多媒体的传播媒介。④ 董天策认为，网络媒体是指由报刊社、电台、电视台、通讯社等传统新闻机构创办的媒体网站和从事新闻传播的商业网站，以及其他发布新闻信息的各种网站。⑤ 从这些定义中，我们发现，网络媒体的传播介质是互联网，传播形式是数字化、多媒体，传播内容是新闻信息。由于学者们强调网络媒体传播的内容是新闻信息，所以，在传播主体上，自然就是具备新闻采编资质和能力的新闻机构和商业网站。新修订的《互联网新闻信息服务管理规定》（2017年5月）提出，通过互联网站、应用程序、论坛、博客、微博、公众账号、即时通信工具、网络直播等形式向社会公众提供互联网新闻信息服务，应当取得互联网新闻信息服务许可，禁止未经许可或超越许可范围开展互联网新闻信息服务活动。互联网新闻信息服务包括以下三种类型：一是互联网新闻信息采编发布服务，申请主体限定为新闻单位（含其控股的单位），取得该类许可的同时可以提供互

---

① 匡文波. 网络媒体的经营管理 [M]. 北京：中国传媒大学出版社，2009：2-3.
② 钱伟刚. 第四媒体的定义和特征 [J]. 新闻实践，2000 (7)：45.
③ 匡文波. 网络媒体概论 [M]. 北京：清华大学出版社，2001：1.
④ 雷跃捷，金梦玉，吴风. 互联网媒体的概念、传播特性现状及其发展前景 [J]. 现代传播，2001 (1)：98.
⑤ 董天策. 网络新闻传播学 [M]. 福州：福建人民出版社，2004：2.

联网新闻信息转载服务。二是互联网新闻信息转载服务。主要是指新闻单位（含其控股的单位）以外的其他法人单位提供的互联网新闻信息转载服务。三是互联网新闻信息传播平台服务，主要是指微博、即时通信工具等传播平台；传播平台同时提供采编发布、转载服务的，要按要求申请互联网新闻信息采编发布、转载服务许可。因此，根据这个规定，网络媒体不仅包括新闻单位及其控股单位，还包括其他取得互联网新闻信息服务的其他法人单位和互联网新闻信息传播平台。

2. 网络媒体与网络传播

网络媒体是相对于报纸、杂志、电视、广播等传统媒体而言的，网络传播是相对于人际传播、组织传播、大众传播等传播形式而言的，网络媒体不等于网络传播。网络传播是指利用网络开展的传播活动，传播的主体可以是网络媒体，也可以是其他传播主体。传统的大众传播是专业传播机构通过某种机械装置定期向社会公众发布信息或提供教育娱乐的交流活动，它是职业传播者向普通大众传播信息的过程，是少数人向多数人的传播，是"点对面"的传播。网络传播突破了传统大众传播的框架，从传播形式来看，它是"一对一""一对多""多对一""多对多"的传播；从传播内容来看，融合了传统大众传播所使用的文字、图形、音频、视频等内容形式，实现了多媒体化。① 同时，网络传播可以是同步传播，也可以是异步传播。

网络传播具有十分鲜明的特色。② 一是网络传播虚拟化。传统媒体相对独立、封闭，媒体之间的信息资料只能由有限的人使用，难以实现多媒体的资源共享。与以原子为基本要素的传统传播不同，网络传播是以比特（bit）作为基本要素的，比特没有重量、长度、色彩，易于复制，它在传输媒体上 1 微秒可传播 200 米左右的距离，在它的世界里时空障碍几乎消失。受众在网络传播中接触到的是一个由比特构成的"虚拟世界"，整个世界以数字化方式传播，以虚拟的方式在显示器上。正如美国学者尼古拉斯·尼葛洛庞帝（Nicholas Negroponte）所说：数字化网络已经改变了人类的学习方式、工作方式、娱乐方式，一句话，生活方式，转变了现行社会的种种模式，形成一个以"比特"为思考

---

① 黄瑚，邹军，徐剑. 网络传播法规与道德教程［M］. 上海：复旦大学出版社，2006：42-43.

② 李建华. 中国网络传播制度研究——基于新制度经济学的视角［M］. 北京：红旗出版社，2017：43-46.

基础的新格局。① 二是网络传播传受界限模糊化。在具有垄断性的传统传播中，传者与受者之间是对立的，处于传播链条最后一环的受众只能消极、被动地接收信息传播，缺乏自由选择权。网络传播打破了传受界限，真正做到了传播权力的普及性、传播参与的平等性，真正让传播的个人化和个性化成为可能，受众不再是固定在被动的信息接收位置上，受者也可以传播信息；传者不再专司传播信息，他们也需要不断接收新信息，也在不断接受信息，传受之间的界限趋于模糊。传统媒体是可"把关"的，信息的传递是单向的，即发布→传输→接受，受众是被动的信息接收者。② 网络传播一改传统传播模式下受众的单向被动接受为双/多向互动式，它不仅实现了媒体对受众的传播，更实现了受众对媒体的传播和受众之间的传播；网络传播系统中，传统意义上的受众一方面按照传统的传收方式接收信息，另一方面他们通过建立自己的网站、博客、微博、微信等，成为信息的制作者与发布者，因而他们既可以是信源，又可以是信宿。网络传播把传统的"一对多传播"转变为"点对点"传播。三是网络传播去中心化。传统传播形式主要是国家、政府或组织劝导和影响社会大众的工具，传播必须服从并服务于公共权力，公共权力是传播的中心。网络传播是对这种"中心传播"的彻底改变，网络传播的信息源可以来自网络上的任何一个结点，每一个人都可以自由地加入"无中心状态"的网络社会。网络世界中的新型的"电子共同体"正在形成，这里没有绝对的权威，没有绝对的"中心"，现实世界标明等级、身份、地域等属性的鸿沟消失了。在网络传播中，每一个主体都是若干信息网络的结点，网络传播中有无限多个这样的结点，他们之间通过互联网络，建立起无数的交互式、非中心化信息沟通渠道。尼葛洛庞蒂在《数字化生存》一书中说："在广大浩瀚的宇宙中，数字化生存能使每个人变得更容易接近，让弱小孤寂者也能发出他们的声音。"③ 总体而言，网络传播对权威是排斥的。现实世界里的权威在很大程度上依赖组织和机构的力量，而网络传播没有这样的组织和机构，它通过全球相连的网络电缆或无线信号，采用超链接、超文本的手段，突破民族、宗教、国家的限制，将全球联结在一起。在这样的传播模式下，网络传播不可能像传统媒体那样控制受众，这大大地动摇了传统传播方式中信息"把关人"的地位，曾经的传播"中心"在这里被瓦解了。四

---

① [美]尼葛洛庞蒂. 数字化生存 [M]. 海口：海南出版社，1997：4.
② 张品良. 网络传播的后现代性解析 [J]. 当代传播，2004（5）：55.
③ [美]尼葛洛庞蒂. 数字化生存 [M]. 海口：海南出版社，1997：7.

是网络传播碎片化。网络传播借助于数字化的文字、图形、符号等工具实现对真实世界的模拟和动态信息的传输。网络传播的数字化革命不仅是方便使用者进行复制和传送,更重要的是实现了不同形式的信息以数字的方式进行相互转换,这样,网络传播就成为万事万物的数字化通道、汇聚大千世界的海量信息,供人们无限使用。网络传播的非线性传播特点,使得网络媒体基本不受时间和版面等因素的限制,贮存发布的信息容量非常巨大。用户仅仅通过对鼠标的指挥控制,或者只是轻轻划动手指,就可以将网络信息层层拉出来,原本平面的文本变得越来越厚,成为一个叠加交合的传播形式。网络传播的这种超文本的动态链接,是一种碎片化文本之间的随意链接。网民所切换的页面内容,信息是零碎的,语意是断裂的,联系是松散的。网络传播的这种信息传播方式,将整体分解为碎片,在信息的拆分和重新组合中呈现社会生活的碎片形态,使现代社会生活片段化与零散化,传统意义上文本的丰富性、深刻性、条理性被颠覆了。在网络虚拟世界里,用户不再追求人生的价值与传统的审美标准,满足于网络碎片化之后带给视听感官的强烈刺激,"多媒体、三维动画、数字化制作、环绕立体声,各种先进的摄影、录音编辑、播映设备的不断更新换代,将抽象的变为具象,将不可能的变为可能,把幻想、幻觉,对人的内心世界的分析,对外太空的描述,统统都搬至荧屏上,熔高清晰度画面、强刺激的视觉冲击和完美的音响于一炉,不断提升并满足人们的审美期待和视觉要求。"[1] 即时通信工具切割了时间,搜索引擎使知识碎片化,社会化网站使人与人之间的关系碎片化。五是网络传播全球化。网络传播是一种全球化传播媒体,是一种跨文化的交流与传播,它将不同文化、不同地域、不同习俗的人连接在网络系统之中。从技术上看,网络传播是数字化技术和光纤通信技术相互融合的结晶,它将世界各地各类网络,将分散在各地的电话、电视、电脑数据库等通信系统,按统一的通信协议联结起来,组成了一个全球的大容量、高速度的电子数字信息系统。网络传播完全打破了国界,联通了地球上任意一个可以联网的角落,使得受众以光速与世界联通。只要接入网络,天涯若咫尺,大大缩短了人们相互交往的时空距离。正如加拿大学者马歇尔·麦克卢汉(Marshall Mcluhan,1911—1980)所言:"今天,经过一个世纪的电力技术发展以后,我们的中枢神经系统又得到了延伸,以至于能拥抱全球。就我们这颗行星而言,时间差异和

---

[1] 张品良. 网络传播的后现代性解析[J]. 当代传播,2004(5):55.

空间差异已不复存在。"① 整个世界成为一个"地球村"。

3. 大众传播、对外传播与网络传播

郭庆光认为,大众传播是专业化的媒介组织运用先进的传播技术和产业化手段,以社会上一般大众为对象而进行的大规模的信息生产和传播活动。② 大众传播中的传播者是从事信息生产和传播的专业化媒介组织,传播方式是可以大量生产、复制和传播信息的先进传播技术和产业化手段,传播对象是社会上的一般大众,传播内容既有商品属性又有文化属性,传播过程具有很强的单向性。同时,大众传播也是一种制度化的社会传播。报纸、广播、电视等都是大众传播媒介。20世纪90年代末,蓬勃发展的互联网也加入了大众传播的行列。作为网络传播媒介,互联网是个人信息处理的工具,也是人际传播、群体传播和组织传播的手段,而大众传播是它的一个基本功能。互联网打破了专业传媒人士对于大众传播的垄断,使得普通大众也能作为传播者参与大众传播,从根本改变了大众传播单向性强的特点,变革了大众传播的结构。

对外传播以他国受众为传播对象,其行为主体通常表现为大众媒体,是以社会媒介的形态出现在公众面前,追求形式上的客观中立,是一种"你听他说"式的多向传播,传播内容平衡兼顾,以受众关心的题材为主,强调客观性。③ 陈律认为:"对外传播自诞生之日起,便含有内在的价值取向,所谓完全脱离价值观的对外传播是不存在的。但是,由于对外传播需要深入别的文化圈,就必须考虑其价值观是否为受众所理解和接受,这将直接影响传播的质量和效果。"④ 所以,在张振华看来,对外传播要"讲究含而不露、引而不发,讲究软包装、硬内核,讲究软着陆、硬效果,讲究润物细无声、潜移默化。切忌耳提面命、穿靴戴帽,切忌硬、直、透、露,切忌拔高、溢美,堆砌形容词、大话、空话、套语"⑤;胡占凡认为,要"改进表达方式和语态,多用'植入式'方式解决'水土不服'问题"⑥。乔木提出,中国的对外传播要处理好三个关系,即

---

① [加]马歇尔·麦克卢汉. 理解媒介——论人的延伸 [M]. 何道宽,译. 北京:商务印书馆,2000:37.
② 郭庆光. 传播学概论(第2版)[M]. 北京:中国人民大学出版社,2011:99.
③ 孙宝国. 对外传播三组概念辨析 [EB/OL]. 人民网,2014-04-15.
④ 陈律. 加强核心价值观的对外传播 [N]. 光明日报,2013-08-24.
⑤ 张振华. 求是与求不——广播电视散论 [M]. 北京:中国国际广播出版社,2007:333.
⑥ 胡占凡. 新形势下主流媒体如何有效引导舆论 [J]. 电视研究,2014(1):4-6.

传播的主体与客体、中国的成就与问题、同世界各国的共同点与差异性。①

(二) 网络传播模式

1. 社会传播过程的直线模式

传播学奠基人之一拉斯韦尔在《传播在社会中的结构与功能》(1948) 一文中，从政治传播的角度，把社会传播解析为五个主要环节或要素，即著名的"5W"（图2-1）：谁、说什么、通过什么渠道、对谁说、产生了什么效果。②这个过程模式虽然明确勾勒出了传播学研究的五个主要领域（控制研究、内容分析、媒介研究、受众研究和效果研究），对构建传播学的基本理论框架具有重要作用③，但也存在明显的单向性和直线性特点：忽略了传播行为的复杂性，忽略了传播要素之间的关联，忽略了传播过程中外部环境的影响，忽略了信息反馈。

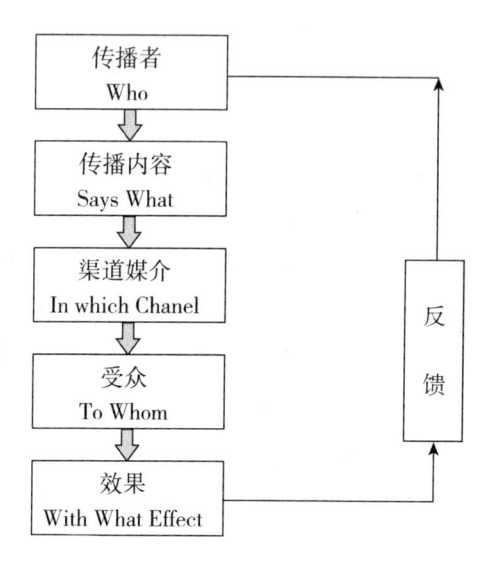

图 2-1 拉斯韦尔"5W"模式

大约与拉斯韦尔同时，美国的两位信息学者香农和韦弗在《传播的数学理论》(1949) 一文中提出了一个过程模式，称为传播过程的数学模式或香农—韦

---

① 乔木. 中国对外传播的理论创新和实践指导——首届中国全球新闻传播研讨会观点述评 [J]. 对外大传播, 2006 (12): 4.
② 郭庆光. 传播学概论（第2版）[M]. 北京：中国人民大学出版社, 2011: 99.
③ 郭庆光. 传播学概论（第2版）[M]. 北京：中国人民大学出版社, 2011: 99.

弗模式①（图2-2）。该模式是描述电子通信过程的。第一环节是信源，由其发出讯息，再由发射器将讯息转为可传送的信号，经过传输，由接收器把接收到的信号转成讯息，将之传递给信宿。其间，讯息可能受到噪音的干扰，产生某些衰减或失真。这一模式导入了噪音的概念，开辟了文理结合的方法考察传播过程的新范式。但是，这个模式描述的是一个直线单向的电子通信过程，仍然缺少反馈环节，不能完全应用于社会传播。

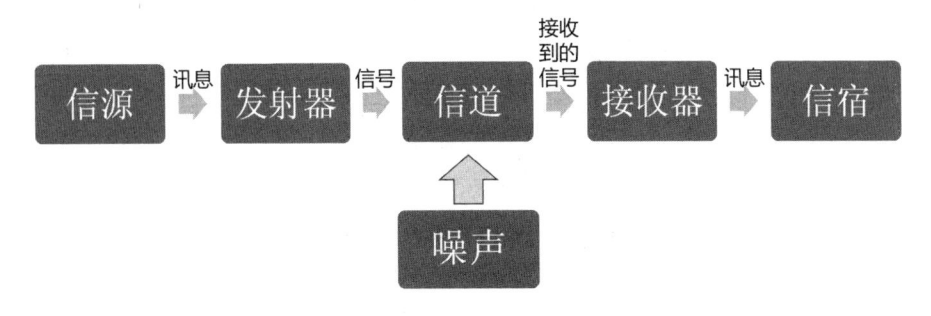

信源 →讯息→ 发射器 →信号→ 信道 →接收到的信号→ 接收器 →讯息→ 信宿

噪声

图 2-2　香农—韦弗模式

2. 社会传播过程的循环和互动模式

为克服直线传播模式的局限性，一些传播学者开发出了其他类型的过程模式，如奥斯古德和施拉姆的循环模式、施拉姆的大众传播过程模式，在一定程度上揭示了社会传播过程的相互联结性和交织性，具有一些系统模式的特点。

20世纪50年代，美国社会学家德弗勒在香农—韦弗模式的基础上，提出了互动过程模式（又称大众传播双循环模式，图2-3）。该模式认为，在一个闭路循环传播系统中，受传者既是信息的接收者，也是信息的传送者。该模式对电子通信反馈的要素、环节和渠道做了补充，使传播过程更加符合人类传播互动的特点。同时，对噪声概念进行了拓展和深化。噪声不仅对讯息、信号产生影响，而且对传达和反馈过程中的任何一个环节或要素都会产生影响。这对社会传播研究产生了重要影响。该模式适用范围比较普遍，包括大众传播在内的各种类型的社会传播过程，都可以通过这个模式得到一定程度的说明。该模式未能超出从过程本身或从过程内部来说明过程的范畴。从辩证法的观点来看，事物的运动过程不仅取决于过程的内部因素或内部机制，还会受到外部条件或外部环境的制约和影响。在德弗勒的模式中，唯一提到的一个外部影响因素是

---

① 郭庆光. 传播学概论（第2版）[M]. 北京：中国人民大学出版社，2011：99.

"噪声",但是,影响传播过程的外部条件和环境因素的全部复杂性,并不是一个简单的"噪声"概念能说明的。①

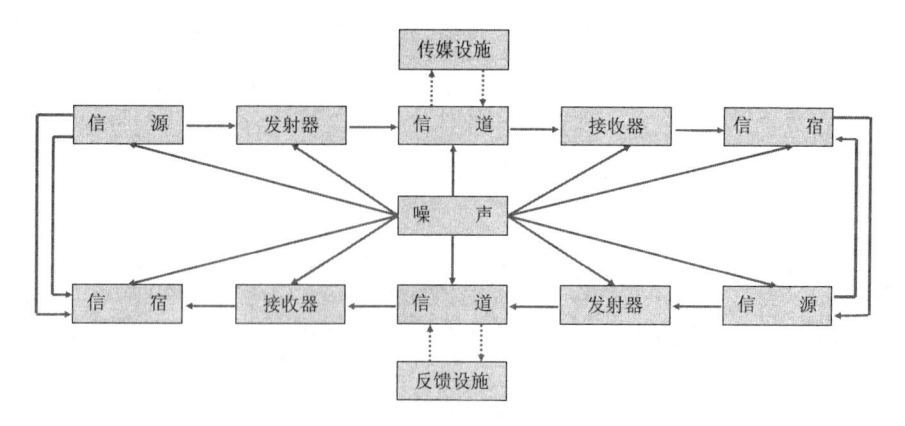

图 2-3 德弗勒互动过程模式

3. 网络传播模式

在信息时代之前,大众传播基本模式是"中心—边缘"式的单向公共传播,占据中心的是专业化的传媒组织,传播渠道被中心牢牢掌控,内容生产可以受到严格把关和控制,受众反馈和回应困难。所以,早期传播模式具有很强的单向性、直线式的特点。

网络传播是以互联网和移动互联网为平台、以比特为载体、以去中心化的非线性传播模式颠覆了传统大众传播的模式。然而,构成网络传播的信源、信道、信宿等核心要素并没有发生变化,变化的只是这些核心要素存在的方式、表现的形式和作用的形态,以及信息传输的方式和形式。同时,反馈变得即时,环境变得复杂。此外,不需要单独设置反馈设施,因为网络传播载体本身就需要具体即时反馈功能。因此,本课题在德弗勒互动过程模式的基础上,按照网络传播的规律和特点,构建以下网络传播模式(图 2-4)。

此模式有三个尝试:一是体现网络传播的信源与信宿关系转换。网络传播最突出的特点就是信源与信宿界限模糊。在网络传播中,作为网络传播主体的信源通过互联网、移动互联网及其应用等信道发出信息,网络传播参与者通过电脑、平板电脑、智能手机等终端接收信息,并在第一时间作出反馈、发出相应信息。信宿反馈信息的过程,又成为一次从信源到信宿的网络传播过程,所

---

① 郭庆光. 传播学概论(第2版)[M]. 北京:中国人民大学出版社,2011:53-54.

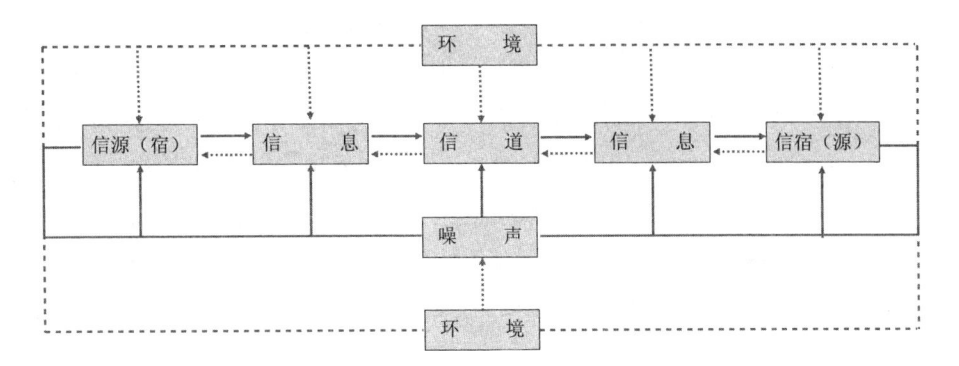

图 2-4　网络传播模式

以,在这个过程中,信宿转化为信源,信源转化为信宿。与传统大众传播模式不同,在网络传播中,传统意义上的信宿也可以主动发送信息,通过各种互联网应用等信道,传递给传统意义上的信源。二是取消德弗勒互动过程模式中的传媒设施和反馈设施。在网络传播中,互联网、移动互联网及其应用,电脑、平板电脑、智能手机等终端设备信道,本身就是传媒设施和反馈设施的统一体。因此,本模式将此两类设施并入信道,不再单独设立。三是引入环境要素。由于网络传播主体涉及任何一个上网者,绝大多数信息得不到把关和控制,所以,网络传播活动比其他大众传播更容易受环境的影响,并且这种影响覆盖网络传播的每一个要素和环节。

(三) 对外网络传播

网络传播本身就具有国际性,从这个意义上讲,网络传播理论上都有对外传播的功能。但是,由于传播对象和传播目的不同,对内网络传播和对外网络传播有明显的区别。对外网络传播是特定国家或地区通过网络开展的对外传播。在传播主体上,既可以是政党、政府、社会团体、企业、传统媒体,也可以是网络用户个人。在传播对象上,主要针对其他外国(或地区)网民(本文指国外网民)开展传播,寻找思想共识,谋求价值认同,树立良好形象。在传播内容上,既有只适合互联网媒体传播的内容,又有涵盖通过网络传播的传统媒体内容。在传播方式上,既有网站、电子邮件、即时通信、社交媒体等互联网应用,又有手机APP、手机浏览器等移动互联网应用。对外网络传播和对内网络传播在语言使用、内容选择、风格设计等方面有显著区别。在语言使用上,对外网络传播主要使用对象国语言;在内容选择上,符合国家外交政策的整体战略要求,体现与对象国的交流意图,有利于形成良好国家形象;在网络设计上,网站网页设计和传播风格要符合对象国受众的阅读习惯和消费心理。

在我国对外网络传播中，要把握好总体要求，重点突出"三化"。一是文化。文化是一个国家、一个民族的灵魂。中华文化积淀着中华民族最深层的精神追求，包含着中华民族最根本的精神基因，代表着中华民族独特的精神标识，是中华民族生生不息、发展壮大的丰厚滋养，也是我们走向世界的核心优势。[①]中华文化既是历史的，也是当代的，既是民族的，也是世界的。[②] 把中华优秀文化推向全球，在世界舞台上展示中国人独特而悠久的精神世界，让中华文化"活起来""热起来"，是中国作为一个和平发展的大国在经济全球化时代应当担负的责任。在对外网络传播中，不能仅仅停留在中国文化具象的符号层面，更要讲好符号所代表的中国故事、传递符号体现的中国价值。要研究对象国受众心理和消费习惯，用好网络载体，变宣传为传播，变单向为互动，变广种为精耕，让国外受众对中华文化产生好奇、逐步理解、逐渐接受。二是变化。长期以来，西方媒体利用传播霸权，对我国进行歪曲、矮化、丑化宣传，让西方受众对中国了解不客观、不真实。当前，中国经济社会发展取得举世瞩目的成就，在世界舞台上的地位和影响正与日俱增，已经成为世界经济增长的新引擎。在这种背景下，外国受众更想了解一个发展变化的中国，一个真实而全面的中国，这给对外网络传播提供了历史契机。我们要抓住这个重大机遇，向世界全面、客观、准确、生动地传播中国在各方面的成就，在思想观念、思维方式、精神状态等方面的变化，让外国受众了解和理解一个发展变化的中国；在对外信息传播中传递中国价值、体现中国理念，用世界眼光来衡量、审视中国，不讳言发展中的矛盾和问题，让国外受众了解和理解一个复杂多元的中国，推动中国更好地走向世界、融入世界。三是转化。近年来，我国对外传播取得重大进步，但传播理念、传播技巧、话语体系、技术手段等与大国地位和国际水准、现实需要和时代要求相比，仍存在严重滞后，找不准站位、对不准频道、发不准声调、讲不好故事等现象仍然存在，"有理说不出""说了传不开""传开叫不响"的问题依然没有很好解决。对外网络传播需要跨国界、跨文化、跨语言，要尊重传播规律、讲究传播艺术、注重传播技巧，转化传播方式，转化话语体系，用好故事载体，用海外受众乐于接受的方式、易于理解的语言，让外国受

---

① 杨振武. 把握对外传播的时代新要求——深入学习贯彻习近平同志对人民日报海外版创刊30周年重要指示精神 [N]. 人民日报，2015-07-01.
② 习近平谈治国理政（第2卷）[M]. 北京：外文出版社，2018：352.

众愿意看、看得懂、看得进。

二、对外网络传播的特点和优势

鲍德里亚（Jean Baudrillard，1929—2007）认为，当代的媒介社会是一个仿像的世界。在这个仿像世界里，因特网充当了最后的媒介，成为其他媒介的终结者。① 今天，网络传播已经成为覆盖面最广、受众最多、参与度最高、互动性最好的传播形式。2016年年底，全球最大的社会化媒体专业传播公司We Are Social发布了"2016年数字报告"，2016年，全球网民达到34.2亿人，相当于全球人口的46%；社交媒体用户23.1亿人，相当于全球人口的31%；手机用户达到37.9亿人，相当于全球人口的51%；移动社交媒体用户19.7亿人，占全球人口的27%。② 在全球网民中，数量最多的是中国。截至2017年12月，我国网民规模达7.72亿，全年共计新增网民4074万人。互联网普及率为55.8%，较2016年年底提升2.6%；手机网民规模达7.53亿，较2016年年底增加5734万人。网民中使用手机上网人群的占比由2016年的95.1%提升至97.5%，网民手机上网比例继续攀升。③

互联网把联网计算机、智能手机联结成覆盖全世界的公共传播系统，"开放、平等、协作、分享"互联网精神得到普遍尊重和遵循，形成"世界一网、地球一村""人人都有麦克风、人人都是摄像机"的传播奇观。④ 与传统传播易受对象国的意识形态、法律法规、信息管理制度、新闻传播制度、人文习俗等制约相比，网络在对外传播中的优势十分突出。⑤

第一，交互、融合、便捷。"媒介即是讯息。"⑥ 在网络传播中，受者与传

---

① 李建华．"美丽中国"对外网络传播的破局与重构［J］．四川大学学报（哲学社会科学版），2016（2）：68-75．

② We Are Social．2016年全球互联网、社交媒体、移动设备普及情况报告［R/OL］．中文互联网数据资讯网，2016-12-18．

③ CNNIC．第41次中国互联网络发展状况统计报告［R/OL］．中国互联网络信息中心，2018-03-05．

④ 李建华．"美丽中国"对外网络传播的破局与重构［J］．四川大学学报（哲学社会科学版），2016（2）：68-75．

⑤ 李建华．"美丽中国"对外网络传播的破局与重构［J］．四川大学学报（哲学社会科学版），2016（2）：68-75．

⑥ ［加］马歇尔·麦克卢汉．理解媒介——论人的延伸［M］．何道宽，译．北京：商务印书馆，2000：33．

者或者受者与受者之间可以进行直接双向交流，受者拥有了更多的主动性。①同时，传统媒介传受之间的界限也被打破，传者也是互联网海量信息的受者，每一位网民也能够上传信息，成为传者，特别是自媒体出现之后这种特征得到强化。② 无论是传受信息、发起对话还是分享知识，网络传播都比传统传播更便捷、更快速、更全面。网络传播的这些优势对于超越国界，调动起受众的关注度、积极性和能动性，意义十分重大。③

第二，多样、选择、窄播。传统媒体提供的内容相对单一，传播形式受到自身媒体属性制约。网络传播的数字化信息容量无限、内容无所不包，并且十分便于复制和传输，极大增强了信息的多样性和用户的选择性，因而大幅摊薄其他媒体受众份额，形成网络媒体"一家独大"的局面。在浩瀚的网络信息中，那些突出小群使用者需求的内容，虽然关注度不高，但总会受到对此感兴趣用户的欢迎和喜爱，这就是"长尾效应"（Long Tail Effect）。"窄播"（narrowcasting）是其中的代表，这种传播方式针对特定小众化人群，通过专门化的网站（网页）、社交媒体、博客、播客、网络电视等载体，以满足其特殊信息需求。通过对外网络传播可以为国外网民提供丰富多样的内容信息，总会受到特定人群的关注，总会收到相应的传播效果。

第三，集体行动、网络合作。克莱·舍基（Clay Shirky）认为，网络的力量在于它使构建群体的努力变成一件"简单得可笑"的事情。④ 互联网可以使人与人之间超越传统的种种限制，超越国界的重重阻碍，灵活而有效地通过多种社会化工具把不确定受众联结起来。更为重要的是，网络传播允许人们分享兴趣、经验，把不确定的陌生人邀约起来，按约定时间、地点、方式组织离线的集体行动，以实现网上达成的共同目的。网络传播的这种构建国外网民群体并促成网络集体行动的优势，是其他任何传统媒体无法企及的。

---

① 李建华."美丽中国"对外网络传播的破局与重构［J］.四川大学学报（哲学社会科学版），2016（2）：68-75.
② 李建华."美丽中国"对外网络传播的破局与重构［J］.四川大学学报（哲学社会科学版），2016（2）：68-75.
③ 李建华."美丽中国"对外网络传播的破局与重构［J］.四川大学学报（哲学社会科学版），2016（2）：68-75.
④ ［美］克莱·舍基.人人时代——无组织的组织力量［M］.胡泳，沈满琳，译.北京：中国人民大学出版社，2014：7.

第二节 网络传播与美丽中国的内在契合性

尼葛洛庞帝指出:"数字化生存有四个强有力的特质,将会为其带来最后的胜利。这四个特质是:分散权力、全球化、追求和谐和赋予权力。"① 网络传播是对权力的分散,也被赋予权力;是对全球化的促进,也是实现和谐世界的重要途径。在信息全球化和中国生态文明转向的历史背景下,互联网技术与生态发展内在契合的网络传播是美丽中国对外传播中影响范围最广、最为有效的传播方式。

一、媒介演进与文明样态的当代性契合

从媒介演进历史来看,我们先后历经口语传播、文字传播、印刷传播和电子传播四个时代,"这个过程,是人类使用的传播媒介不断丰富的历史,也是社会信息系统不断发达、不断趋于复杂化的历史"②。以网络传播为代表的新型传播形式,把人类的传播活动带进了一个全新的时代,从根本上改变了以往大众传播的面貌。作为信息的DNA,"比特"取代了"原子",成为现行社会的信息载体和思考基础。数字时代,知识不再静躺在书籍之中,不再内隐于人的头脑之中,而是化身为开放流动的"比特",在网络中产生,在网络中跳转,知识的形态及其传播方式已打上"网络化"烙印。在网络时空中,知识无须刻意遴选、屏蔽或排除,点击率决定了它们的位置,知识的传播摆脱了传统上单向度与线性化传播的路径依赖,被网络赋予了更快的流动性、更强的联结性、更高的交互性。借助网络新思维、新技术、新工具,在科学计算可视化、数据可视化与信息可视化基础上,一个知识可视化时代已经到来。与早前用物化的"原子"——书籍、报纸、杂志、硬盘、光盘等来承载信息不同,知识的存储、传输与接收以"比特"的方式传播并借助可视化技术呈现,只要轻轻一点,它们就能通过网络以光速传播出去。

从人类社会发展进程来看,我们经历原始文明、农业文明、工业文明,正

---

① [美]尼葛洛庞帝. 数字化生存 [M]. 胡泳,范海燕,译. 海口:海南出版社,1997:269.
② 郭庆光. 传播学教程 [M]. 北京:中国人民大学出版社,1999:28.

在转向生态文明。这是一种以人与自然、人与人、人与社会和谐共生、良性循环、全面发展、持续繁荣为基本宗旨的社会形态。生态文明强调人的自觉与自律,强调人与自然环境的相互依存、相互促进、共处共融,既追求人与生态的和谐,也追求人与人的和谐,而人与人的和谐是人与自然和谐的前提。农业文明带动了封建主义的产生,工业文明推动了资本主义的兴起,而生态文明将促进社会主义的全面发展。生态文明作为对工业文明的超越,代表了一种更为高级的人类文明形态;社会主义思想作为对资本主义的超越,代表了一种更为美好的社会和谐理想。两者内在的一致性使得它们能够互为基础,互为发展。生态文明是人类对传统文明形态特别是工业文明进行深刻反思的成果,是人类文明形态和文明发展理念、道路和模式的重大进步。中国作为全球最大的发展中国家,改革开放以来,长期实行主要依赖增加投资和物质投入的粗放型经济增长方式,导致资源和能源的大量消耗和浪费,同时也让中国的生态环境面临非常严峻的挑战。美丽中国是中国面对资源约束趋紧、环境污染严重、生态系统退化的严峻形势做出的科学判断和重大抉择,必将引领中国走向生态文明这个最新文明样态。

网络传播与美丽中国都是自身演进的最新形态,二者在发展趋势上具有内在契合性。

二、人人传播与普遍关注的广泛性契合

在互联网时代,出版不再是一种稀缺资源,媒体不再掌控机构特权,大规模业余化的旗帜被高高举起,社会化工作清除了公众表达的障碍,任何人在任何时间都可以发布任何事情,这是人人都是"自媒体"(We Media)的时代。[1] 截至 2021 年 6 月,美国主要社交网络门户 Facebook 每日活跃用户人数平均值为 19.1 亿人,月活跃度达到 29.0 亿人[2]。中国社交巨头腾讯公司旗下 QQ 移动端月活跃账户数 2018 年达到峰值 7.00 亿户,虽然至 2021 年第一季度已降至 6.06 亿,但是腾讯微信及 WeChat 的合并月活跃账户达到 12.4 亿[3]。小程序自 2017

---

[1] [美]克莱·舍基. 人人时代——无组织的组织力量[M]. 胡泳,沈满琳,译. 北京:中国人民大学出版社,2014:45.
[2] Facebook 财报:2021 年 Q2 营收 291 亿美元 净利同比增长 101%[EB/OL]. 中文互联网数据资讯网,2021-07-29.
[3] CNNIC:第 48 次《中国互联网络发展状况统计报告》[EB/OL]. 中文互联网数据资讯网,2021-08-27.

年1月诞生以来即快速发展,至2021年,日活跃用户突破4.5亿①。在社交网络中,一个话题一旦受到关注,就会在数量庞大的用户群里极速传播,产生覆盖面广、渗透力强、互动性好、影响力大的传播效果。

随着环境污染问题对人类生存和发展的威胁越来越大,生态问题逐渐成为人类最关注的问题。20世纪60年代以来,世界范围内的环境污染与生态破坏日益严重,环境问题和环境保护逐渐为国际社会所关注。为促进全球环境意识、提高政府对环境问题的注意并采取行动,1972年6月5日,联合国在瑞典首都斯德哥尔摩召开了联合国人类环境会议,通过了《人类环境宣言》,并提出将每年的6月5日定为"世界环境日"。反映了世界各国人民对环境问题的认识和态度,表达了人类对美好环境的向往和追求。此后,每年6月5日,联合国都选择一个成员国举行"世界环境日"纪念活动,发表《环境现状的年度报告书》及表彰"全球500佳",并根据当年的世界主要环境问题及环境热点,有针对性地制定"世界环境日"主题。中国从1985年6月5日开始举办纪念世界环境日的活动,以"青年、人口、环境"为主题。此后,每年的6月5日全国各地都要举办纪念活动。2018年,新成立的中华人民共和国生态环境部确立的世界环境日主题是:"美丽中国,我是行动者。"随着人类改造自然能力的不断提高,环境恶化、生态破坏不断加剧,生态问题的关注度持续提高。美国皮尤研究中心(Pew Research Center)2014年"全球态度项目"调查结果显示,环境灾难排在对人类最大威胁的第二位,而大多数中国人称污染和环境问题是最大威胁。② 面对日益加重的全球生态危机,人们开始警醒和反思,并开始了全球性的环境保护运动。美国人盖洛德·尼尔森和丹尼斯·海斯在1970年发起世界地球日(The World Earth Day),旨在发起世界性的环境保护活动。2009年,第63届联合国大会通过决议,将每年的4月22日定为"世界地球日"。如今,地球日的庆祝活动已发展至全球192个国家,每年有超过10亿人参与其中,是世界上最大的民间环保节日。各种环境保护组织纷纷成立,最有代表性的组织包括:①世界环保组织(IUCN),成立于1948年,由全球81个国家、120个政府组织、超过800个非政府组织、10000个专家组成,该组织共有181个成员国,实际工作人员已超过8500名。②世界自然基金会(WWF),是在全球享有盛誉

---

① 2021年中国即时通信用户规模及代表性平台分析:微信日活用户突破4.5亿[EB/OL].搜狐网,2022-04-26.
② 沈姝华.44国民调凸显威胁人类生存5大问题 中国人最关注污染[EB/OL].新浪网,2014-10-23.

的、最大的独立性非政府环境保护机构之一，在全世界拥有将近500万支持者和一个在90多个国家活跃着的网络。③全球环境基金（GEF），是一个由183个国家和地区组成的国际合作机构，其宗旨是与国际机构、社会团体及私营部门合作，协力解决环境问题。④国际绿色和平组织（Greenpeace），以保护地球、环境及其各种生物的安全及持续性发展，并以行动作出积极的改变为己任，旨在促进实现一个更为绿色、和平和可持续发展的未来。⑤地球之友（Friends of the Earth），成立于香港地区，是著名的环境非政府组织之一，主张将环境问题与社会问题及发展问题联系起来，既扩大了活动领域，也扩大了影响。

传播方式的人人参与和传播内容的全球普遍关注，使得美丽中国与对外网络传播具有天然的内在一致性。①

三、中国对外传播生态重构与生态环境重建的统一性契合

一个国家对外传播的能力，在很大程度上决定着国家影响力。随着国际地位的提高，中国越来越重视对外传播。迄今为止，中国已逐步建立了常规的对外传播机制，并取得了一定的成就，但也面临众多困难和挑战，在国际传播体系中仍处于弱势地位。一是西方国家对中国的社会制度和意识形态存在偏见。西方几大主流通讯社发出的新闻占了每日国际信息流通量的80%，而相当一部分西方媒体总是对中国社会制度和意识形态抱有固执的偏见，戴着有色眼镜观察和解读中国，在报道时选择性地放大中国的问题和不足，也选择性地忽视中国取得的巨大成就和为人类发展做出的突出贡献。因此，国际媒体中的中国国家形象仍非常复杂甚至负面。正如美国学者托马斯·博克（Thomas Bork）所说："美国民众并无可靠渠道了解中国的实际情况，美国的媒体和官方舆论设定了关于中国的认识、思想和解释，民众对这些看法的接受和认可终将支持统治阶级的利益。"② 西方媒体的长期负面和偏颇报道，让本国民众逐步形成了对中国的偏见，对中国的对外传播造成了思想和观念上的对立。二是对外传播总体实力与西方存在巨大差距。少数西方发达国家，凭借着强大的经济、技术和资本实力，控制着当今世界的信息生产和传播，造成了绝大多数发展中国家对其依附，甚至被迫忍受形象歪曲。据统计，世界上有三分之二的新闻信息源来自

---

① 李建华."美丽中国"对外网络传播的破局与重构[J].四川大学学报（哲学社会科学版），2016（2）：68-75.
② [美]托马斯·博克，丁伯成.大洋自彼岸的中国梦幻——美国"精英"的中国观[M].北京：外文出版社，2000：3.

只占世界人口七分之一的西方发达国家,世界上每日传播的新闻有约80%来自西方的主要通讯社;西方发达国家流向非西方国家的信息量是发展中国家流向发达国家的100倍。①"信息自由"只是少数发达国家根据自己的意志选择和传播信息的自由,大多数发展中国家的相关权利被剥削。三是在国际传播秩序中处于弱势地位。在全球传播领域,由于西方国家先期掌控了媒介平台和传播技术,并将自身的意识形态、价值标准、生活方式归化为"常识",引导其他国家的受众自觉认同"普世标准",进而构建和巩固前者在价值观和意识形态上的合法性,这也是西方国家推行包括"话语霸权"在内的"全方位宰治"的重要手段。② 今天,西方发达国家仍然垄断着国际信息的生产和流通领域,"双头(美英)主导、西强东弱"的国际传播格局依然未变。发展中国家在信息生产与传播中居于弱势地位,无法与发达国家进行平等交流与对话,更无法实现真正意义上的全球传播。长期以来,广大发展中国家围绕建立"公正、均衡、平等"的全球传播新秩序与发达国家之间展开了旷日持久的斗争,但最终受主客观因素局限都无疾而终。令人欣慰的是,在中国对外传播中,网络传播异军突起,打开了新局面。2017年12月28日,世界媒体实验室(World Media Labs)在纽约发布了2017年(第五届)世界媒体500强榜单。在这个榜单中,美国占据了世界排名前10中的9家,另外一家非美国媒体则是来自中国的互联网媒体巨头——腾讯公司(排名第9)。而在互联网新媒体榜单中,排名前10媒体的所属国构成与总榜单有着很大的不同,虽然美国仍然一家独大,有6家(Google、Facebook、Netflix、Altaba、Electronic Arts、LinkedIn),但优势不是那么绝对了。中国有三家互联网媒体进入前10,分别是排名第3的腾讯、排名第4的百度、排名第7的网易,总体实力仅次于美国。剩下的一家是来自南非的Naspers有限公司。老牌传媒帝国英国无一网络媒体进入前10。所以,中国迫切需要进一步加强对外网络传播,改变传统媒体在对外传播中的困局,形成有利于重塑中国国家形象的国际舆论。

工业革命以来,人类社会物质财富的生产和创造能力超出地球承载力,造成资源的巨大耗费与环境的严重污染,相继出现"温室效应"、大气臭氧层破坏、酸雨污染、有毒化学物质扩散、人口爆炸、土壤侵蚀、森林锐减、陆地沙

---

① [美]罗伯特·福特纳.国际传播——"地球都市"的历史、冲突与控制[M].刘利群,译.北京:华夏出版社,2000:180.
② 史安斌,张耀钟.构建全球传播新秩序:解析"中国方案"的历史溯源和现实考量[J].新闻爱好者,2016(5):13.

漠化扩大、水资源污染和短缺、生物多样性锐减等全球性环境问题，爆发全球生态危机。有的西方学者以中国出现雾霾、水体污染、资源瓶颈等问题为由，指责中国是全球生态危机的制造者。事实上，全球生态危机的思想根源不在中国，而在西方。西方人类中心主义主张人类以自己为中心，一味强调人类利益至上，把自然当作人类无限索取的对象，必然导致全球生态危机；唯科技论者对科技盲目崇拜，以为人类可凭借先进技术肆无忌惮地控制、征服自然，结果是自然以自己的方式报复人类；唯增长论者主张片面追求经济快速增长、物质条件迅速改善，却忽视了发展的全面性、可持续性与生态系统的可承受性。[①] 发达国家在工业化进程中，忽视环境污染、生态破坏问题，出现了1930年比利时马斯河谷烟雾事件、1943年美国洛杉矶光化学烟雾事件、1952年英国伦敦烟雾事件、1956年日本水俣病事件等重大环境事件。直到20世纪70年代，西方发达国家纷纷投入巨资治理污染问题，同时也将重污染企业逐步转移到发展中国家，完成"先污染后治理"的艰难历程。中国遵循人类、社会、自然和谐发展的客观规律，吸取西方的深刻教训，早在20世纪80年代，便提出走可持续发展道路，坚决不重蹈发达国家"先污染后治理"的覆辙。党的十八大更是把"生态文明"理念提升为国家战略，建设美丽中国，这被视为中国走出资源困境、重建生态环境的根本途径。习近平总书记在党的十九大报告中，把建设美丽中国上升到了"千年大计"的高度，89次提到"环境"以及相关词汇，而在十八大报告中是74次。相比之下，"经济"这个词，从五年前高达104次降到了现在的70次。党中央制定了《关于加快推进生态文明建设的意见》，为资源节约、生态保护、环境治理提供了行动纲领。党的十八大以来，生态环境治理明显加强，2016年京津冀、长三角、珠三角地区PM2.5平均浓度比2013年分别下降33%、31.3%和31.9%；2016年单位国内生产总值能耗、水耗分别比2012年降低17.9%和25.4%；森林覆盖率持续提高，年均新增造林600亿平方米，恢复退化湿地2亿平方米；率先签署应对气候变化的《巴黎协定》，认真落实减排承诺，成为全球生态文明建设的重要参与者、贡献者、引领者。[②]

通过网络对外传播美丽中国，一方面是在重构对外传播生态，另一方面也是在重塑中国国家形象。

---

① 王英. 全球生态危机的根源在西方[N]. 人民日报，2015-05-19.
② 杨伟民. 建设美丽中国[M]//党的十九大报告辅导读本. 北京：人民出版社，2017：372-373.

第三章

美丽中国对外网络传播现状分析

进入21世纪以来,以互联网、数字化和大数据为基础的传播技术革命,催生了社会信息化、新闻国际化和舆论大众化,以自由发表、民主讨论、平等对话、多向互动为特征的新媒体发展势不可挡。传播新技术将全世界重新链接成一个"地球村",在政治多极化、经济全球化、文化多元化的大背景下,经过长期努力,中国特色社会主义进入"新时代",这也使得美丽中国对外网络传播处于新的机遇期,需要我们把握时代脉搏,总结现实经验,认清差距不足,分析查找原因,从而调整传播策略,规划建设并更好地向全世界传播推广美丽中国。

第一节 新时代的美丽中国对外网络传播

党的十九大报告明确提出,中国特色社会主义进入了"新时代",这是对中国发展新的历史方位的全新界定。对外传播作为一项全局性、战略性的系统工作,必须要准确把握"新时代"的丰富内涵,从国内国际两个层面准确理解这一论断,立足当下,着眼全球,不断加强和改进工作方式,提高和改善传播效果。

一、新时代是美丽中国对外传播的重要机遇

中国特色社会主义进入"新时代",这是对中国发展新的历史方位的科学判断,是一个宏观性、全局性的重要政治论断。"新时代"是从党的十八大开启的,党的十九大确立了"新时代"的指导思想,提出了"新时代"党的历史使命,描绘了"新时代"的宏伟蓝图,作出了"新时代"的战略部署,明确了

"新时代"党的建设的新要求。① 全面认识和准确把握"新时代"丰富的概念内涵和启示意义,对我们当前和今后一个时期做好美丽中国的新闻报道和对外传播工作,不断改善中国国家形象,提升全球传播能力都具有积极的指导意义。

"新的时代条件"是个大势。习近平总书记在十九大报告中指出,当前我国社会主要矛盾已转化为人民日益增长的美好生活需要和不平衡、不充分的发展之间的矛盾,这是我们党针对新时期社会情势所提出的一个重大政治论断,对于把握我国发展新的历史方位、明确面临的主要问题和任务,意义重大。我们要依据"新时代"中国社会主要矛盾发生变化的思路,来理解宣传思想文化工作中基本矛盾出现的变化。根据这个基本判断,清华大学史安斌教授等人指出,当前我国对外传播工作的基本矛盾,则是民众对大力提升中国国家形象和全球文化领导力的美好期盼与当前我国传播内容、方式和手段上不平衡、不充分发展现状间的矛盾。② 美丽中国对外网络传播正是为解决这个基本矛盾,有效提升中国国家形象和文化软实力而做出的有益探索。同时,"新的时代条件"下,国际政治经济格局也在不断发生转型和重构,面对新的全球化进程,中国在其中发挥着重要的作用,也承担着更多的责任和义务。在国家层面服务于国家的形象构建、软实力提升和话语权争夺,在文化层面旨在推进中华文明与世界其他文明的沟通与对话。③ 由此可见,美丽中国作为一个具有时代性、科学性、实践性的理念,"新时代"正是实现其对外网络传播的大好历史机遇期。

二、互联网是美丽中国对外传播的重要渠道

技术是改变传播方式的决定力量,从雕版印刷到活字印刷,从蒸汽技术到现在的数字化,科技发展史一再证明,每一次技术进步都不仅带来传播业的革命,更对人们的生产方式、生活方式带来巨大的变化,给社会带来新的发展前景。美丽中国的对外传播紧密结合并利用了当今社会最先进的互联网和数字化技术,努力实现更有效的信息传播。

网络不是"围城"。在这里,外面的人想进去,而里面的人却不想出来。在这样一种魔力的驱使下,从1988年开始,互联网的用户数量一直以每年翻一番

---

① 冷溶."中国特色社会主义进入新时代"这一重大政治论断是十九大报告的一大亮点[EB/OL]. 人民网,2017-10-26.
② 史安斌,张耀钟. 2018年对外传播理论与实践创新前瞻[J]. 对外传播,2018(1):9.
③ 刘肖,董子铭."人类命运共同体"思想对外传播的"时度效"研究[J]. 中国出版,2017(6):26.

的爆炸速度在增长,毫无疑问,网络正在改变我们的现实世界,网络也将创造我们的未来世界。① 一般而言,网络技术的核心主要包括硬件和软件两个层面。前者是基础,如果硬件条件落后,则信号覆盖范围达不到,信息终端市场进不去,更遑论信息内容的接收反馈,新闻品质的高低与否。所谓"软件"其实就是应用技术,这个才是关键。比如,对于积累的数据资源的处理,对于媒体平台用户黏性、活跃粉丝的维持,对新兴传播手段的运用,对国家的价值观和理念,对文明和文化的传承与传播等,可以说,技术应用能力对信息时代传媒软实力的强弱具有决定性意义。因此,互联网、云计算、大数据等技术变革,不仅改变了信息传播的方式,压缩了信息传递的时空距离,也依托强烈的交互性拉近了人们之间的距离,是美丽中国理念的全球跨文化交流与对外传播的重要渠道。

(一)网络传播范围的广泛性突破了地理国界线,有利于美丽中国直达普通民众

传统媒体时代信息渠道是一种稀缺性资源,谁掌握了渠道谁就占据着话语权的制高点,拥有绝对权威。信号的发射、传输和接收都离不开渠道,地理的国界线是传统媒体时代一道不可逾越的"无形的墙"。不同民族、国家基于此可以有效实现对信息传播的控制,以此强化自身特定的价值观。比如,美国本土的国民是听不到向全世界发送广播信号的"美国之音"节目的,甚至有超过一半的美国人压根不知道它的存在。这固然与美国的法律明令禁止收听和其采用的是短波广播技术有着密切关系。

互联网的普及与发展将现代社会打造成为一个信息自由流动的社会。根据著名学者曼纽尔·卡斯特(Manuel Castells)的论述,信息的流动已经成为当今社会组织的中心,它联结并整合世界各地,将基于特定区域或地点的"位置的空间"(space of places)转换成重构空间与距离概念的"流动的空间"(space of flows)。② 在这一新的空间形式中,"开放、平等、协作、分享"的互联网精神得到普遍尊重和遵循,形成"世界一网,地球一村","人人都有麦克风、人人都是摄像机"的传播奇观。③ 信息的自由流动也使得以服务国家利益和塑造国

---

① 郭良. 网络创世纪——从阿帕网到互联网[M]. 北京:中国人民大学出版社,1998:1.
② CASTELLS M. The Information Age: Economy, Society and Culture, 3 Volumes[M]. Oxford: Blackwell, 1998: 418.
③ 李建华. "美丽中国"对外网络传播的破局与重构[J]. 四川大学学报(哲学社会科学版),2016(2):68-75.

家形象为目的,依靠举国动员来发起、依赖行政权力来推进、企图向世界强行宣传与推广特定文化价值观的国际传播,向基于全球受众信息交流的自发需要、超越一国立场并关注全球人类共同话题的全球传播转变。① 全球传播时代的特征之一即消除了地理和信息的国界线,使所有的信息通过网络传输可以直达每一个上网的普通民众,并满足他们日益增长的多元化、分层化、个性化、对象化的信息获取需求。

(二) 网络传播强烈的交互性成就了社会化媒体,利于扩大美丽中国的公众参与的范围

网络媒体的发展使得全球传播的格局和态势发生了根本性的变革。从国家层面而言,各国之间争夺的不再仅仅是信息,而是话语权、首发权;从每一个具体的个人层面来看,互联网用户变成了信息的生产者和整合者,自由使用社交媒体在各种应用平台上生产信息、整合信息、传播信息。互联网用户开始拥有传播新闻信息和表达自我意见的权力。

所谓社交媒体(Social media,也译作社会化媒体②),它是一种将互联网的互动性展现得最为充分并为全世界网民广泛共享的网络应用,作为互联网上基于用户关系的内容生产与交换平台,它包括了国外的 Facebook、Twitter、Instagram、Myspace 以及国内的微博、微信、博客、QQ、人人网等。社会化媒体作为媒介化社会的传播载体,它在任何地域都带来传播者与受众间关系的巨大转变及传播权力"深层次的结构调整"③。美国皮尤研究中心 2015 年 10 月发布的调查报告显示,美国有 65% 的成年人在使用社交媒体,其中 18~29 岁的青年人的社交媒体使用率高达 90%。④ 中国网民的社交媒体使用量在逐年攀升,但和美国仍有差距。据统计,"Facebook 和 Google 的全球活跃用户分别达到 22 亿和 20 亿,而腾讯的微信和阿里巴巴的电商活跃用户则分别为 10 亿和 7 亿"⑤。社

---

① 史安斌,王曦. 从"现实政治"到"观念政治"——论国家战略传播的道义感召力[J]. 人民论坛,2014 (12):24.
② 赵云泽,张竞文,谢文静,等."社会化媒体"还是"社交媒体"?——一组至关重要的概念的翻译和辨析[J]. 新闻记者,2015 (6):63.
③ 李良荣,郑雯. 论新传播革命——"新传播革命"研究之二[J]. 现代传播,2012 (4):34.
④ Pew Research Center. Social Media Usage:2005—2015 [EB/OL]. Pewinternet,2015-10-08.
⑤ 中国互联网与美国差距逐渐减少,人工智能或在五年内赶上美国 [EB/OL]. 新浪网,2018-06-03.

会化媒体能够拥有数量众多的网民用户，除了自身的草根性、一定的公开性与自我表达等特征外，最吸引网民之处在于其强烈的互动性。传受合一、传受互动正是网络作为新媒体与传统媒体最大的区别之一。美国未来学家唐·泰普斯科特（Don Tapscott）将"互动"提高到一种文化核心的地位，他认为："网络世代的文化核心就是互动……反观网际网络，由于它所依靠的是分散式或共享式的传递系统，而不是层级式系统，网络世代在网际网络上的确找到了权力，这种分散式或共享式的权力正是互动文化的核心。"① 据统计，35岁以下青少年是使用社交媒体的主力军，他们同时也是未来网络社会的主力军。美丽中国最适合社交媒体传播，通过Facebook、Twitter等社交媒体平台传播相关信息，很容易形成"围观"，并与粉丝和其他关注者积极互动。

在扩大公众参与方面，美丽中国的对外网络传播还可以采用一种更加柔性的手段，实现传播者与受众对信息的共享——通过发动更多的对象国网民作为"记者"参与，在一定程度上避免传统媒体时代意识形态领域的直接冲突。据《环球时报》报道称，美国国会下属的美中经济与安全审查委员会（USCC）在2017年11月公布的一份报告中，首次点名新华社分支机构在美国的迅速扩张"承担了情报机构的一些作用"，是中国对美国"信息战"的一部分。同时报告建议，鉴于中国对外宣传工作不断加强，甚至利用驻外媒体机构进行情报搜集和信息战，美国有必要规定在美国的中国国营媒体从业者根据美国《外国代理人登记法》进行登记。② 这样的境况一方面警醒我们，应尽早在驻外机构中建立风险管理机制，应对可能出现的复杂局面；另一方面也从侧面提醒我们，建立在共同生态价值基础上美丽中国的对外传播，应利用网络媒体的强交互性优势，扩大普通公众的参与范围。

（三）网络传播技术的适配性融合了各类型媒体，利于提高美丽中国的传播效果

日新月异的网络技术，对信息传播模式产生了重大影响。第一，将传统媒体时代以及"前网络媒体"时代各类型的媒体融为一体，导致传播体系的重组、重构；第二，使人的行为方式发生了变化，为进一步提高传播效率，迫使网络技术更加快速地更新升级。

---

① [美]唐·泰普斯科特. 数字化成长：网络世代的崛起[M]. 陈晓天，袁世佩，译. 沈阳：东北大学出版社，1999：112.
② 萧师言. 美污蔑中国媒体驻美记者搜集情报 俄媒：美国是要增加新敌人？[N]. 环球时报，2017-11-17.

当前，全球新闻传播界都在积极倡导的一种新趋势，即所谓 CMC（computer mediated communication），就是以电脑技术为中介的一种传播，是研究电脑化、数码化的信息传播技术。当前运用较为普遍且具有新意的技术之一就是 H5——HTML5 的简称，即标准通用标记语言（HTML）的第五次修改版，其在信息传播领域的特点主要表现为适配性高、包容性强、应用面广、传播便利等。H5 新闻的出现是融媒时代新闻报道的一个重要创新，不仅推动了新闻报道模式的变革，也大大提高了新闻报道的可读性。当前，在新闻领域，H5 主要运用于可视化新闻、互动性新闻和解读性新闻中。在运用 H5 报道新闻时，可以重点使用图片，使静态图片产生"推""拉""摇""移"的视频镜头效果。H5 使用门槛较低，几乎是零门槛。融合性强，实现跨平台传播无障碍。媒体融合要求推动传统媒体和新兴媒体在内容、渠道、平台、经营和管理等方面的深度融合。传播互动性强，传播链条中的不同主体可以轻松实现互动，大大提升传播效果，在传播者、传播对象、报道对象和新闻的主体间搭建起沟通的桥梁。[①]

美丽中国的对外传播处于网络技术发展的上升期，一定要紧跟传播技术变革，用读者乐于接受的方式，利用 H5、虚拟现实、直播、微视频等互联网展现形式和技术手段做好内容产品，让中国故事更可视、更酷炫、更好看，让美丽中国的理念在世界各地落地生根，发芽成长。

三、建设美丽中国是应对风险社会的新理念

互联网技术的发展与更迭固然是美丽中国对外传播不可或缺的技术支持，但这仅仅是在"术"的层面，如果要真正通过网络实现全球传播，并为全世界的网民所接受，更为重要的是在"道"的层面得到世界的认同。从这个意义上讲，建设美丽中国不仅是一种超越意识形态分歧的新考量，也是全球化时代应对风险社会的新理念；美丽中国对外网络传播也不仅是一种国家形象的新塑造，更是网络外交的新视野。

2015 年 6 月，世界权威学术期刊 Science 网上数字版——Science Advances 发表的一份研究报告指出，由于气候变化、污染和地表植被破坏等原因，地球正在步入最新一轮的"大灭绝时期"，而人类将率先遭遇灭绝。[②] 这份研究报告再

---

① 崔丽，何俊涛. 融媒时代 H5 在新闻报道中的作用与应用 [J]. 传媒，2018（1）：44.
② 刘曦. 研究称地球步入新一轮"大灭绝时期"：人类首当其冲 [N]. 广州日报，2015-06-22.

次告诫世人：人类面临的最大威胁不是现代战争，不是重大瘟疫，也不是意识形态斗争，而是生态环境破坏。① 早在1986年，德国著名社会学家乌尔里希·贝克（Ulrich Beck）就在《风险社会》一书中宣告了风险社会的到来，随后二三十年的全球社会发展实践从各个维度、层面印证了他的这一观点。21世纪以来，中国的发展情境也在不断印证着贝克的预言。从2003年"非典"开始，禽流感、甲型流感等公共卫生危机，雾霾、水污染、土壤污染等生态环境危机，大地震、泥石流等天灾，产品、企业、产业和经济增长模式危机，拆迁、征地、民生未济、社会保障缺位引爆的群体性事件，民主、法治、公平、正义诸领域关涉政治信任和决策合法性的重大危机，加之道德心灵、人文教化和精神信仰危机，以及来自国际社会的政治、经济、外交和文化压力，在辉煌的现代化图景上投下了阴影。党的十八大报告明确提出："我们面临的风险挑战前所未有。"②

为了应对全球化带来的种种危机，为了破解可持续发展难题，实现中华民族永续发展，党的十八大首次提出美丽中国新理念，努力建设尊重自然、顺应自然、保护自然的生态文明，并将其全面融入经济建设、政治建设、文化建设、社会建设的各方面和全过程。依托网络平台进行的美丽中国对外传播过程，是一个在全球范围内信息的自由沟通和交流的过程。其中虽然难免会体现价值观与意识形态的差异，但美丽中国对外传播的目的并不是强化这种差异，不是推广某种特定的价值观。它以"对话、合作、调适"——而不是西方强势媒体所奉行的"对抗、征服、垄断"——为其基本手段，更多依赖全球网民信息交流需要的主动或自发行为，既不必举国动员，也不需要行政手段推进。美丽中国的对外网络传播的目的是要做新理念的推行者和意见整合者，要在全球范围内持续拓展公共之善，逐步成就"从发展到美好"的价值共同体。

随着美丽中国被党和国家作为经济社会发展的新理念和生态文明建设的新转向，迫切需要国际社会了解、理解、认同美丽中国乃至支持、参与美丽中国建设。美丽中国就是天、地、人、自然、社会与人的身心之间达到均衡协调的一种美好社会状态。美丽中国不单是指"天蓝、地绿、水净"的自然生态之美，也包含科学发展之美、人文化成之美、民主法治之美、和谐幸福之美，它是由

---

① 李建华."美丽中国"对外网络传播的破局与重构[J]. 四川大学学报（哲学社会科学版），2016（2）：68.
② 胡百精. 说服与认同[M]. 北京：中国传媒大学出版社，2015：237-238.

绿色经济、和谐社会、幸福生活、健康生态构成的，集自然环境和社会环境于一体的动态的整体美，是推动人类文明发展的伟大善举。建设美丽中国这一宏伟目标，彰显了党和政府在当代中国面临日趋严峻生态环境和资源形势下，以生态文明为导向，致力于改善生态民生，积极打造绿色中国、生态中国的执政理念。美丽中国的核心理念是和谐生态价值观。和谐生态价值观是以对人类的终极关怀为起点，肯定人的物质文化生活需要，重视主体能动性、创造性的发挥，强调人——社会与自然在生态系统中的价值、权利、利益的平等性，是一种尊重自然、爱护生态、保护环境、人与自然协调和谐的发展观，① 也是一种深刻把握可持续发展时代潮流和当今世界绿色、循环、低碳发展新趋向，作出的战略抉择。

美丽中国是时代之美、社会之美、生活之美、百姓之美、环境之美的总和。建设美丽中国，核心就是要按照生态文明要求，通过建设资源节约型、环境友好型社会，建设生态文明，先进的生态伦理观念是价值取向；发达的生态经济是物质基础；完善的生态文明制度是激励约束机制；可靠的生态安全是必保底线；良好的生态环境是根本目的。② 积极探索在发展中保护、在保护中发展的环境保护新道路。建设美丽中国是全社会共同参与、共同建设、共同享有的事业。③

四、美丽中国的复杂性是对外网络传播的挑战

梁启超在1901年发表的《中国史叙论》一文中，首次提出了"中国民族"的概念，并根据时间顺序纵向地将中国民族的演变历史划分为三个时代，即"上世史""中世史"和"近世史"，它们又分别对应"中国之中国""亚洲之中国"和"世界之中国"。时至今日，中国早已与世界融为一体，中国的进步与世界发展密不可分。但是面对复杂的国内外局势，特别是在虚拟的网络空间中，如何向世界准确、清晰地展现复杂的美丽中国之内涵，成为美丽中国对外网络传播当前面对的一大挑战。

---

① 易小兵. 中国共产党软实力提升的三重维度——基于美丽中国建设的视角 [J]. 广西社会科学，2014（11）：11.
② 周生贤. 充分发挥环保主阵地作用 大力推进生态文明建设 [J]. 中国科学院院刊，2013（3）：220.
③ 周生贤. 构筑共同参与大格局 [N]. 人民日报，2012-11-15.

(一) 外部局势的复杂性

《中国和平发展》白皮书中指出："当前国际形势的基本特点是世界多极化、经济全球化、文化多元化、社会信息化。粮食安全、资源短缺、气候变化、网络攻击、人口爆炸、环境污染、疾病流行、跨国犯罪等全球非传统安全问题层出不穷，对国际秩序和人类生存都构成了严峻挑战。"[①] 在这样复杂的国际局势面前，中国政府带领中国人民克服重重困难，使经济继续保持了稳定的增长，中国的国际地位也在稳步提高。但是和平发展与快速崛起的中国，由于意识形态差异以及西方传媒掌握的媒介霸权、文化霸权，在西方国家媒体的国际新闻报道中正遭受着"光荣孤立"。"光荣孤立"一词由外交学术演化而来，借用于新闻传播领域，所谓"孤立"即是指在国际新闻报道中，西方某些国家操控话语霸权，把中国有意隔离开来，从而使之处于孤立状态；"光荣"一词则继承了一个崛起中的国家所有的光环而引人注目的特质。[②]

面对复杂多变的国际局势和处于被"光荣孤立"状态的国际传播话语霸权之下，美丽中国的对外传播注定不会一蹴而就。特别是来自欧美等发达国家对中国的发展有一种根深蒂固的偏见和歧视，他们不希望看到一个强大的中国，更不希望由中国倡导和主导的观念、思想、意识在世界上被广泛传播。时任外文出版发行事业局局长的周明伟教授曾指出："虽然美国说我们欢迎一个强大的中国、繁荣的中国，不管他嘴巴上怎么说，中国已经无法回避地坐在了同他面对面的位置，美国不会小看你。就美国的历史来说，他有很多不光彩的记录，他打朝鲜、越南、阿富汗、伊拉克，没有一个打得漂亮，但他所有的大国战略，与大国的交锋，没有一次打输的。二战结束以后，要让欧洲永远站不起来，因为几次大战都是资本主义国家之间的战争，他让欧洲传统上的世界强国永远站不起来，他实现了。让苏联解体，他实现了。日本也是如此。"[③] 以美国为首的西方国家会从包括信息流通、网络安全等各个方面来阻止中国思想、中国理念的传播。美丽中国的对外传播并非一个孤立的信息传播过程，其中伴随着经济、政治、文化、社会等种种因素的相互作用。中西方国家之间政治制度、社会制度的差异，价值观和话语体系的不同乃至网络管理政策的区别，都形成了美丽

[①] 国务院新闻办公室. 中国的和平发展白皮书 [R/OL]. 人民网, 2011-09-06.

[②] 蒋晓丽, 刘肖. "光荣孤立"与中国国际新闻报道策略 [J]. 西南民族大学学报 (人文社科版), 2006 (7): 117.

[③] 周明伟. 向世界说明一个快速发展又复杂多元的中国 [M] // 史安斌. 清华新闻传播学前沿讲座录. 北京: 清华大学出版社, 2016: 48-49.

中国对外网络传播的挑战。

(二) 碳排放权的复杂性

发展权既是一项独立的人权，也是实现其他人权的前提。1977年，联合国将发展权归入一种新的人权，成为"第三代人权"。1986年，联合国大会通过了《发展权宣言》，指出："发展权利是一项不可剥夺的人权"。碳排放权也属于发展权。碳排放是基于温室效应的一个概念，由于温室气体主要是二氧化碳，所以碳就成为这一概念中的关键词汇。世界各国关于碳排放权的争夺暗战一直没有停止过。对于碳排放，发达国家与发展中国家最大的争议点在于，是以人均碳排放作为衡量指标还是以地域面积作为衡量指标；是以人均历史累积碳排放作为衡量指标，还是以未来人均碳排放可能存在的当量作为指标。衡量指标的不同意味着发达国家与发展中国家的发展利益诉求不同。发达国家对于碳排放权的争取意图在于未来和发展中国家享有同样的碳排放权，这看似公平合理，但忽略了历史累积碳排放，这对于发展中国家显得失去了公允。因为发达国家一定程度上来源于过去野蛮、粗狂式的能源开发利用，实际上是为了经济发展而基本完全忽略全球环境安全需求的一种绝对适用模式。对于发展中国家而言，人均历史累积碳排放的概念更有利于争取发展的发言权，强调了发达国家在温室效应上的历史责任，特朗普的"大呼上当"实际上是对发展中国家拥有碳排放权的"不满"，更是对过去的历史责任不负责。国际气候制度的谈判与磋商，就减排责任分担、碳排放权分配等所制定的各类方案，事实上，主要围绕如何处理好各国在碳排放上的历史责任、现实发展需求及未来发展趋势需求的关系展开的。

中国承诺的到2030年左右碳排放达到峰值是基于单位国内生产总值的概念提出的，实际上也是体现了发展中国家在温室效应问题上的发展优先原则。发达国家已经实现了工业化，发展中国家尚处于工业化进程之中，二者从国际公平的碳排放角度讲是不一致的。研究显示，2011年全球碳排放最多的国家和地区包括中国（28%）、美国（16%）、欧盟（11%）和印度（7%）。中国过去一个时期的碳排放较高的重要原因之一是中国的出口贸易产品技术增值空间太小，造成了高耗能及碳排放量过大。尽管总量偏高，但中国的人均排放量仅为6.6吨，只相当于美国人均排放量17.2吨的38.4%。即使与欧盟人均排放量7.3吨相比，中国的人均排放量水平仍然更低。但是，从2000年开始，西方国家就一直在炒作中国的污染问题，多次要求中国在"大气排放框架协议"上签字，而那份协议的内容是"大气的排放空间以国家为单位计算"。我们始终坚持一个观点：中国愿意比西方承担更多的责任，我们可以承诺中国人均大气污染物排放空间只占西方人均大气污染物排放空间的80%。如果西方愿意，我们就可以和他们签订"大气排放框架协议"。但西方却不愿意，他们坚持要按国为单位计算。可那样的话，中国人恐怕连基本的生存都无法实现了。由于中国政府始终不肯在这个放弃发展权的条约上签字，所以西方便一直炒作雾霾话题，裹挟民意向中国政府施压，要逼中国政府就范。

（三）美丽中国的复杂性

本书第一章论述了"美丽中国"提出的时代背景，重点阐述了这一概念的科学内涵、思想渊源等问题。向世界说明美丽中国，不仅在于展示中国"美丽"的自然风光，传播生态文明自然之美；更要讲清楚中国融入生态文明理念之后在物质文明、精神文明、政治文明等方面的"美"，以及社会生活和谐之美。特别是在全球多极化趋势不断发展的今天，中国的国际地位日益凸显，与世界的联系日趋紧密，复杂变化的中国和内涵丰富的"美丽"足以让各国对中国都刮目相看。

自1978年改革开放以来，中国经济保持了40多年的高速增长，并在2010年成为仅次于美国的世界第二大经济体，这样举世瞩目的经济增长，不仅改变了这个世界上人口数量最大的国家的面貌，而且对世界经济的发展也做出了巨大的贡献。从对外贸易来看，中国已经同全球绝大部分国家建立了互利互惠的贸易体系，在增进相互的认同和理解，推动国家友好合作，和平共处方面发挥着积极的作用。但是，伴随着经济持续、快速增长，中国的发展也遭遇了如发达国家一样的现代化过程中曾面临的"通病"——社会财富在激增的同时却出现了严重的贫富两极分化；拜金主义、功利主义甚嚣尘上而理想道德、信念价值日渐衰微；各种社会矛盾越来越尖锐；掠夺式发展导致的能源短缺、环境破坏问题日益严重，诚如网友调侃美丽中国的建设只能始于"沙逼北京、猪投上海"之足下。这样的情境会让不了解真实状况的外国网民想当然地认为中国政府是以浪费资源，牺牲环境，贬抑公民权利甚至透支未来福利的方式来换取经济发展的。事实当然并非如此。但中国毕竟有13亿人口，这庞大的数字对于绝大部分外国人来说，是难以理解的，他们无法想象这么多人在有限的土地上如何生存和生活，他们感觉到的可能只是一种潜在的地缘政治和环境的威胁。所以，近年来国际社会对于中国的各种看法此起彼伏——崛起论、威胁论、崩溃论、傲慢论等不一而足。这既出于他们的恐惧、抵触、敌视、矛盾,也与中国复杂的情况有很大的关系。国际社会提出某一种观点,或我们驳斥某一种看法,虽然起源是某一个具体事件,但背后反映的仍是现实中国的复杂状况。

建设与对外传播美丽中国的主体是中国,中国自身的复杂性在一定程度上决定了美丽中国的复杂性。我们要用发展的眼光,联系的观点看问题,向世界说明一个全面的、多样的、真正的美丽中国。

(四) 向世界说明美丽中国的复杂性

美丽中国本身是复杂的,向全世界客观展示多元多样且不断变化的中国深层之美,更是一个充满不确定性的复杂过程。

从中华人民共和国成立到改革开放,特别是党的十八大以来,我国发展取得了举世瞩目的成就,我们经历了从站起来、富起来到强起来的历史性飞跃,迎来了实现中华民族伟大复兴的光明前景。这些巨大成就的取得不仅让全世界刮目相看,也让很多国家觉得不可思议。这就需要我们去揭示现象背后的"秘密",去解释说明我们的努力。但不可否认的是,在这一过程中也出现了一些不那么"美丽"的地方,比如,盲目追求经济发展而导致对资源的过度开发;比如,由于结构、历史和现实发展等客观原因而造成的矛盾和问题……面对同样一个中国,我们努力向世界展示积极向上、充满阳光和希望的一面,展现全国人民齐心协力建设美丽中国的生动画面,但问题和矛盾同样不可回避,更需要我们向世界说明,这个"说明"的过程本身就是复杂的。

2008年发生的几件大事注定会在中国历史上留下深刻的印记,对这些事件的报道传播则最能体现这一过程的复杂性。8月,举世瞩目的第29届夏季奥林匹克运动会在北京成功举办,它以"绿色奥运,科技奥运,人文奥运"为理念,不仅体现了一个国家体育本身的竞技能力,也直接反映了一个国家在组织世界上最大规模的文体交流活动过程中,它所体现的经济上的力量、技术上的创新、社会组织动员能力。全世界都公认这是一届"最壮观""最好"的奥运会,它的成功举办首先就得益于政府强大的组织实施能力。但在这一年的年初,面对2月南方部分城市的几场大雪,接近1/5的交通都瘫痪了。国外的公众一定会问,国家和政府的社会组织与动员能力在哪里?同样是在这一年,5月发生的汶川大地震,中国呈现给世界的是一个感天动地的抗震救灾场面,它所表现的崇高的道德、友爱、人性,应该说得到了世界的肯定、尊重。但同样这个国家,同样这一年,又爆发了"三鹿奶粉丑闻",为赚一些蝇头小利,部分不法商人竟然让奶粉带毒。国家的良知和道德何在，政府的监管和法律何在？类似的例子还有很多。这些都是现实的中国，是一个矛盾的存在。事实上，我们即使不可能让所有网民洞若观火，对中国的一切了如指掌；也要避免信息的偏差、疏漏，导致他国人民被蒙蔽双眼，一叶障目不见泰山。因此，向世界说明美丽中国的复杂性更是美丽中国对外网络传播的艰巨挑战。

第二节　美丽中国对外网络传播实践

美丽中国绝非仅限于美丽的大自然，它还包括了融入生态文明理念之后的物质文明科学发展之美、精神文明人文化成之美、政治文明民主法治之美，以及社会生活和谐幸福之美等。我们应当遵循网络传播规律，不断拓展传播主体范围，充分挖掘传播渠道优势，区别对待网民个体差异，塑造新时代美丽中国国家形象。

一、美丽中国对外网络传播实践概览

党的十八大提出建设美丽中国的理念以来，全国深刻领会这一理念的丰富内涵，积极展开行动确保将其落到实处，取得了举世瞩目的成就，在国际上产生了广泛而深远的影响。在《联合国防治荒漠化公约》第十三次缔约方大会上，中国获"未来政策奖"；在《蒙特利尔议定书》第二十九次缔约方大会上，中华人民共和国生态环境部被授予"保护臭氧层政策和实施领导奖"；在第三届联合国环境大会上，塞罕坝林场建设者荣获联合国环保最高荣誉——"地球卫士奖"……这些世界级"绿色大奖"，代表国际社会对美丽中国建设成就的肯定和赞赏。联合国环境规划署执行主任埃里克·索尔海姆说，中国现在正处于一个转折点，致力于建设一个更加绿色的家园。[①] 中国不但着力解决自身环境问题，还积极参与全球生态环境治理，在全球生态文明建设中发挥着重要参与者、贡献者、引领者的作用。在美丽中国对外网络传播方面，通过转变观念、转换方式，力求构建立体化、现代化、全媒体的传播体系，展现美丽中国的国家形象，提高国家文化软实力和影响力。

---

① 赵鸿宇．塞罕坝机械林场向全世界诠释美丽中国［EB/OL］．人民网，2017-12-12．

(一) 美丽中国对外网络传播的抽样调查

为了解美丽中国对外网络传播的整体状况,课题组进行了两类抽样调查。一类是以"美丽中国"作为关键词的百度搜索结果统计分析。由于网络具有全球性,网络的中文信息也在全球范围内传播,美丽中国主题信源(新闻、视频、音频、图片等),国外受众也都可以浏览。美丽中国主题涉及范围广泛,关键词很多。为便于实践操作,课题组以"美丽中国"作为代表性关键词开展网络调查。同时,统计这类结果对于把握美丽中国传播主体图谱及其作用发挥,很有必要。另一类是以"Beautiful China"为关键词,对 Facebook、YouTube 等有代表性的主流网络平台的搜索结果进行统计分析。Facebook 是世界排名领先的照片分享站点,2020 年 7 月,排名福布斯 2020 年全球品牌价值 100 强第五位。YouTube 是全球最大的视频网站,流量全球排名第三,仅次于 Facebook 和 Google。统计分析以上两个平台以"Beautiful China"为关键词的相关信息,具有较强的代表性。

1. 以"美丽中国"作为关键词的百度搜索结果统计分析

课题组运用网络爬虫(Pathon)技术,以"美丽中国"作为关键词,对截至 2020 年 8 月 10 日的百度搜索结果进行了统计,结果如下(表 3-1)。

表 3-1 以"美丽中国"为关键词搜索到的信息发布统计表

信息发布网站	发布数量(条)	占比(%)
央视网	140	22.61
人民网	42	6.78
中国林业网	42	6.78
中国网	31	4.99
江苏网	24	3.88
新华报业网	20	3.23
凤凰网	15	2.42
求是网	15	2.42
杭州网	14	2.26
新华网	13	2.10
共产党员网	13	2.10
光明网	12	1.94

续表

信息发布网站	发布数量（条）	占比（%）
河北网络广播电视台	11	1.78
中国经济网	11	1.78
中工网	10	1.62
新浪网	10	1.62
中国文明网	9	1.45
央广网	9	1.45
中国日报网	7	1.13
浙江在线	7	1.13
中国青年网	6	0.97
中国军网	6	0.97
中国西藏网	6	0.97
中国新闻网	6	0.97
东方网	5	0.81
人民政协网	5	0.81
环球网	5	0.81
深圳新闻网	5	0.81
大众网	5	0.81
国家发改委网	4	0.65
中国共产党新闻网	4	0.65
网易	4	0.65
四川在线	4	0.65
21cn	3	0.48
云南网	3	0.48
余姚新闻网	3	0.48
海外网	3	0.48
经济日报网	3	0.48
大江网	3	0.48

续表

信息发布网站	发布数量（条）	占比（%）
中国青年报	3	0.48
国际在线	3	0.48
金羊网	3	0.48
西部网	2	0.31
舜网	2	0.31
国家发展门户	2	0.31
广州日报网	2	0.31
搜狐网	2	0.31
腾讯网	2	0.31
甘肃日报网	2	0.31
和讯网	2	0.31
国家机关事务管理局	2	0.31
中国发展门户网	2	0.31
海关总署	2	0.31
鲁网	2	0.31
未来网	2	0.31
绿色中国网	2	0.31
中华网	2	0.31
南海网	1	0.16
中安在线网站	1	0.16
群众新闻网	1	0.16
上海热线	1	0.16
绿色中国网络电视	1	0.16
黑龙江日报网	1	0.16
千龙网	1	0.16
黑龙江新闻网	1	0.16
中国质量新闻网	1	0.16

续表

信息发布网站	发布数量（条）	占比（%）
红网	1	0.16
国家发改委	1	0.16
华龙网	1	0.16
芒果TV	1	0.16
华夏经纬	1	0.16
中国煤矿安全生产网	1	0.16
天津日报	1	0.16
河北网络广播电视网	1	0.16
半月谈网	1	0.16
中青看点	1	0.16
江边网	1	0.16
河北日报	1	0.16
文明风	1	0.16
旅新网	1	0.16
北方网	1	0.16
中国法院网	1	0.16
今日头条	1	0.16
中国教育新闻网	1	0.16
中国警察网	1	0.16
今日中国	1	0.16
东北网	1	0.16
宁波网	1	0.16
中国人大网	1	0.16
今日中国网	1	0.16
中国台湾网	1	0.16
贵州广播电视台	1	0.16
中华人民共和国教育部	1	0.16

续表

信息发布网站	发布数量（条）	占比（%）
进贤新闻	1	0.16
东南网	1	0.16
京报网	1	0.16
河北新闻网	1	0.16
公益中国	1	0.16
参考消息	1	0.16
总计	619	100

数据截至2020年8月10日

从统计结果来看，"美丽中国"主题网络信息发布主体99家，发布信息619条（图3-1）。发布信息最多的前10家为：央视网、人民网、中国林业网、中国网、江苏网、新华报业网、凤凰网、求是网、杭州网、新华网。前10名中，国家网络媒体6家，江苏省网络媒体2家，省会城市网络媒体1家，香港特别行政区网络媒体1家。从发布网络信息的数量来看，央视网发布了140条，信息数量最多，占总数的比例高达22.62%，是第二名的3.33倍。人民网和中国林业网并列第二位，各42条，占比6.79%。而中国林业网是国家林业和草原局官网，也是美丽中国建设的主要主管部门。中国网位列第四位，发布了31条，占比5%。值得注意的是，位列第五和第六位的分别是江苏网（24条）和新华报业网（20条），均来自江苏省，一个是江苏省人民政府官网，另一个是地方报业集团官网。江苏网络媒体能够在美丽中国网络传播中有如此亮眼表现，至少表明两点：一是江苏省对美丽中国建设的重视程度很高，做了大量工作；二是对美丽中国网络传播的重视程度很高，单就"美丽中国"这一关键词来看，其网络信息数量超过了许多国家级网络媒体。凤凰网（15条）与求是网并列第七位，表明凤凰网对中央建设美丽中国决策部署的契合度很高。杭州网（14条）是唯一进入前10名的省会城市网络媒体，位列第九位，表明在"美丽中国"网络传播（含对外网络传播）方面，杭州走在全国各大城市的最前面。

第三章 美丽中国对外网络传播现状分析

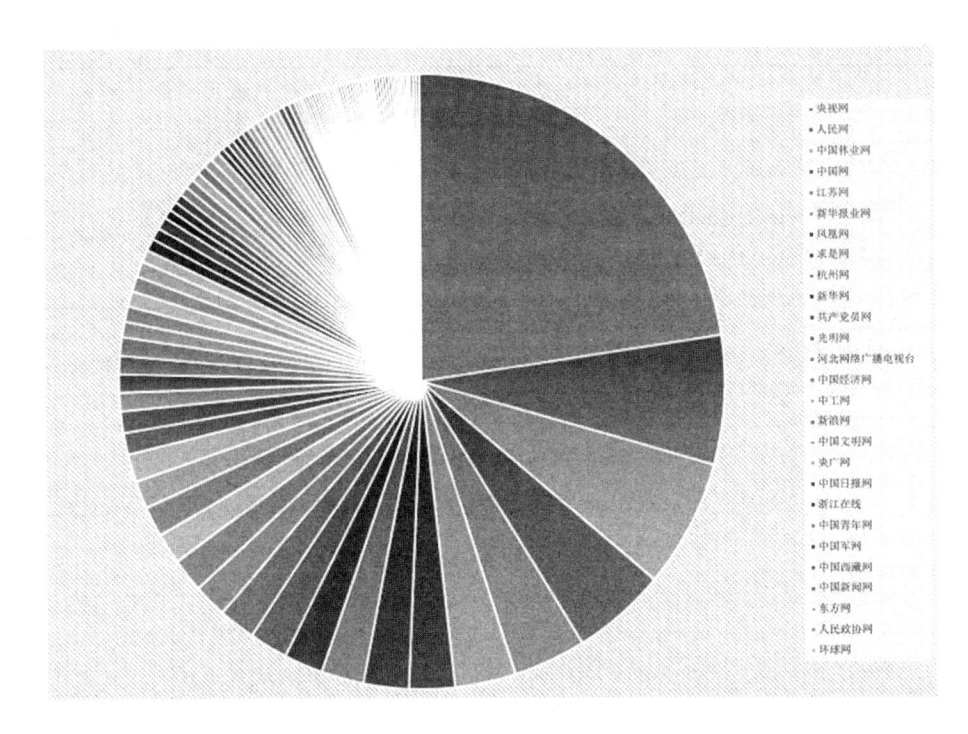

图3-1　发布含有"美丽中国"关键词信息的网络媒体及信息数量

2. Facebook、YouTube 上以"Beautiful China"为关键词的数据统计分析

课题组运用网络爬虫（Pathon）技术，以"Beautiful China"作为关键词，对全球影响力最大的 Facebook、YouTube 等网络媒体中，观看次数超过 100 万的传播主题进行了统计，结果如下：

（1）YouTube 上以"Beautiful China"为关键词的数据分析（表3-2）

表3-2　YouTube 上以"Beautiful China"为关键词的搜索结果

序号	URL	标题	观看次数	发布时间
1	https：//www.youtube.com//watch？v=-5qhNRmMilI	Beautiful Chinese Music - Bamboo Flute	1953万	8年前
2	https：//www.youtube.com//watch？v=pM2w6MzMsac	乌兰托娅 套马杆（高清）A beautiful Chinese song！	1732万	10年前

续表

序号	URL	标题	观看次数	发布时间
3	https：//www.youtube.com//watch？v=nCInTnaTnxA	·China tallest ·women so amazing n beautiful	1021万	1年前
4	https：//www.youtube.com//watch？v=WSQLPf9Vb7I	Beautiful Chinese Music - Guzheng & Bamboo Flute, Instrumental Zen For Relax	927万	2年前
5	https：//www.youtube.com//watch？v=-xF4v5lU5hA	Beautiful Chinese Cabbage Farm and Harvest in Japan - Japan Agriculture Technology	916万	1年前
6	https：//www.youtube.com//watch？v=KVRMDbGhT24	在心中永远有你 In my heart will always have you ▶ Beautiful Chinese Romantic Music ft Night Sky	891万	3年前
7	https：//www.youtube.com//watch？v=aBQXvoKQ3EA	China Anne Mcclain - 'Beautiful' Music Video	851万	8年前
8	https：//www.youtube.com//watch？v=m8zawQ6VVE8	I Like You So Much, You'll Know It（我多喜欢你，你会知道）- (Lirik video dan terjemahan)	712万	1年前
9	https：//www.youtube.com//watch？v=pTsX05bsKDA	China（Leah Li）｜100 Years of Beauty - Ep 15｜Cut	565万	4年前
10	https：//www.youtube.com//watch？v=VsW9yk6y2ao	AEE Unmanned Aircraft System - F50 Keep the Beauty of Zhangjiajie China	547万	7年前

续表

序号	URL	标题	观看次数	发布时间
11	https：//www.youtube.com//watch?v=rIKib5Bymz8	A Love So Beautiful｜THEME SONG｜ENGLISH/PINYIN LYRICS｜致我们单纯的小美好 Chinese Drama	541万	2年前
12	https：//www.youtube.com//watch?v=vindWE_XnWs	Beautiful Chinese Music - Chinese Zither and Bamboo Flute 2	520万	7年前
13	https：//www.youtube.com//watch?v=w8Ej8gFpcpg	［Sub Indo］A Love So Beautiful｜Chinese drama｜Full eps【ENG SUB】致我们单纯的小美好 01｜A Love So Beautiful EP01 胡一天、沈月校园甜宠爱恋，融化少女心!【ENG SUB】致我们单纯的小美好 02｜A New Beautiful Chinese Love Story ♥｜Unexpected｜Korean Mix Hindi	508万	3个月前
14	https：//www.youtube.com//watch?v=q29_5MJQbdM	China Tourism - Ancient Fenghuang town	500万	4年前
15	https：//www.youtube.com//watch?v=cVgxC7Qo9CA	心雨 Heart Rain ▶ Beautiful Chinese Romantic Music	482万	3年前
16	https：//www.youtube.com//watch?v=N6dWQLhTkQM	The Best Chinese Music Without Words（Beautiful Chinese Music）｜Part 1	459万	5年前
17	https：//www.youtube.com//watch?v=NOCeQcb2JS4	［EASY LYRICS］A Love So Beautiful - I Like You So Much, You'll Know It（OPENING SONG）	459万	2年前

续表

序号	URL	标题	观看次数	发布时间
18	https：//www.youtube.com//watch？v=rqZbR16Qs1o	Chinese Music – Imperial Dynasty	439万	7年前
19	https：//www.youtube.com//watch？v=Gq3mW43kpkU	Beautiful Relaxing Music：Japanese Music, Chinese Music, Romantic Music, Meditation Music★106	424万	3年前
20	https：//www.youtube.com//watch？v=KmTmKdHOzGk	Beautiful Chinese music Instrument – Endlesslove［10 different songs］	417万	5年前
21	https：//www.youtube.com//watch？v=Ar7nVbjAsEw	Beautiful Chinese Music – Bamboo Flute 2	356万	7年前
22	https：//www.youtube.com//watch？v=Jrnc7H4_RWQ	Beautiful Chinese Music – Broken Hopes and Dreams	338万	4年前
23	https：//www.youtube.com//watch？v=TMnWD_9fJ2U	Mejores Videos de Tik Tok｜Douyin China｜Chinese Girls Are Beautiful Ep. 2｜Viable Fashion	304万	11个月前
24	https：//www.youtube.com//watch？v=LtHF9iih8rw	Beautiful Chinese Music – Bamboo Flute 4	280万	7年前
25	https：//www.youtube.com//watch？v=8JU_1zVF8rc	2,000 Year Old 'BEAUTIFUL' Chinese Mummy STILL Has GREAT HAIR	269万	3年前
26	https：//www.youtube.com//watch？v=vCpVw08WBK0	Beautiful Chinese Music – Big Fish	268万	4年前

续表

序号	URL	标题	观看次数	发布时间
27	https://www.youtube.com//watch?v=8GV7bzn5QoY	Beautiful Chinese Music - Tranquil Departure	265万	6年前
28	https://www.youtube.com//watch?v=DNJfC9qtRuE	Beautiful Chinese Umbrella Dance	236万	8年前
29	https://www.youtube.com//watch?v=p1e68fqMkME	China From Above	235万	3年前
30	https://www.youtube.com//watch?v=lTdumGJF9oo	Beautiful Chinese Classical Dance【5】《采薇舞》A-1080p	229万	3年前
31	https://www.youtube.com//watch?v=Js6hQ6hb9Uc	A Love So Beautiful - EP17 ｜ First Kiss［Eng Sub］	226万	2年前
32	https://www.youtube.com//watch?v=NUlyJT3RxQA	"Avatar" Mountain & Wulingyuan Scenic Area, Zhangjiajie, China in 4K Ultra HD	213万	2年前
33	https://www.youtube.com//watch?v=rQTjdOIncUo	Beautiful Chinese Music.	213万	7年前
34	https://www.youtube.com//watch?v=XbVvdrijpNs	Chinese beauty captain unarmed the bomb to save the beautiful hunter！Hunter soldier 21	198万	10个月前
35	https://www.youtube.com//watch?v=tBNkeXmq4IQ	10 Best Places to Visit in China - Travel Video	190万	1年前

续表

序号	URL	标题	观看次数	发布时间
36	https：//www.youtube.com//watch？v=K-WgENSRPCk	Yangtze River Cruise, China in 4K Ultra HD	172万	2年前
37	https：//www.youtube.com//watch？v=gYJEFCFdAaw	Beautiful Chinese Music – Harvest of Tea	160万	3年前
38	https：//www.youtube.com//watch？v=8hIrStY3aYg	"A Flute Girl" Most Beautiful Chinese Flute Music "Endless love"	156万	3年前
39	https：//www.youtube.com//watch？v=dZffx3eQO20	The Four Most Beautiful Chinese Women Ever	149万	6年前
40	https：//www.youtube.com//watch？v=dZffx3eQO20	［Sub Indo］A Love So Beautiful｜Chinese drama｜Fulleps【ENG SUB】致我们单纯的小美好01｜A Love So Beautiful EP01 胡一天、沈月校园甜宠爱恋，融化少女心！【ENG SUB】致我们单纯的小美好02｜A Love So Beautiful EP02 胡一天、沈月校园甜宠爱恋，融化少女心！Most Beautiful Chinese Music You will ever hear -2- 梅花邪红	139万	10年前
41	https：//www.youtube.com//watch？v=WcUil9fhTEQ	2 Hour Chinese Bamboo Flute Music｜World's Most Beautiful BGM	128万	2年前
42	https：//www.youtube.com//watch？v=7tBFhD0zKjQ	Beautiful Chinese Music – Wind Moon and Fireflies	122万	6年前

续表

序号	URL	标题	观看次数	发布时间
43	https：//www.youtube.com//watch？v=3oxRgEQGuII	Beautiful Chinese music_Instrument-Endless love［zither］	114万	5年前
44	https：//www.youtube.com/watch？v=DAKxkMMO8gc	Beautiful Chinese Music-The Best Instrumental Bamboo Flute	113万	3年前
45	https：//www.youtube.com//watch？v=-GH1mSjge9M	Ideal Girl：Beauty Standards in China vs. the West	110万	6年前
46	https：//www.youtube.com//watch？v=2VHeZxDTeqw	Beautiful Chinese Classical Dance【24】《丽人行》宗楠-480p	105万	2年前
47	https：//www.youtube.com//watch？v=2VHeZxDTeqw	Beautiful Chinese Music SelectedPlaylist Beautiful Chinese Music-Bamboo Flute Chinese Music-Traditional Style（Style 6）Beautiful Chinese Music-故梦 The old dream（Emotional Vocal and instrument Mix）	105万	4年前

数据截至2020年8月10日

统计结果显示，YouTube上以"Beautiful China"为关键词的信息，观看次数超过百万的共有47个（表3-2）。从类型来看，主要为音乐，共有37个，占总数的79%；其次是旅游，共有4个，占比11%；最后是舞蹈，共有2个，占比4%。从中我们可以发现，在跨文化网络传播中，音乐、舞蹈等形式，无须语言翻译，无须共同的文化背景，就可以直接进行沟通，最容易得到受众的认同。从观看次数排名来看，最多的是"Beautiful Chinese Music-Bamboo Flute"，观看次数达到1953万人次；而观看量超过500万的主题形式，均为音乐（见图3-

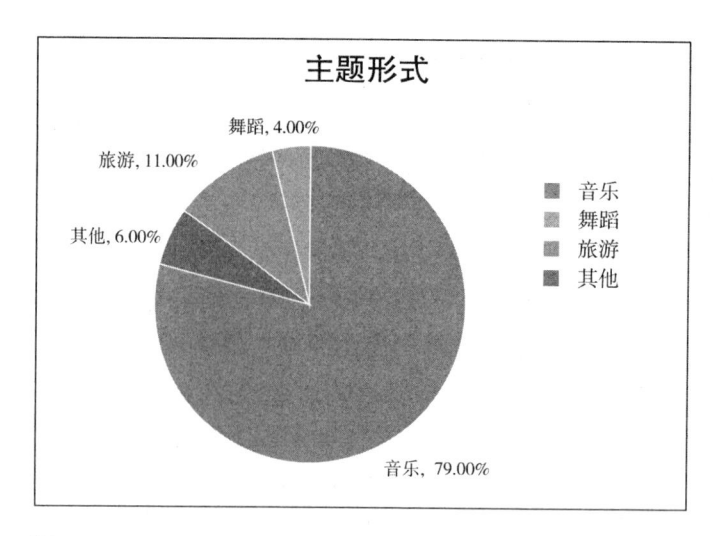

图3-2 YouTube上以"Beautiful China"为关键词的主题形式

2)。从发布时间来看，最早的是10年前发布的，最新的发布于3个月前，大多为四五年前发布的。表明党的十九大以来，YouTube上关于美丽中国传播主题的有影响力的信源还是偏少。从发布主题来看，绝大多数信源都不是官方发布的。这启示我们，在去中心化的社交媒体时代，流量多少并不由官方决定，而是由受众的欢迎程度决定。

(2) Facebook上以"Beautiful China"为关键词的数据分析

课题组对Facebook上以"Beautiful China"为关键词的相关数据进行了统计，截至2020年8月10日，播放量超过10万的信息共有15个（表3-3）。与YouTube数据相比，Facebook信息有很大的不同：一是受关注度差异较大。YouTube上超过百万浏览量的信息多达47条，而Facebook上仅有5条播放量超过百万，二者的关注度相差很大。但是，CCTV发布的"China's beautiful roads take you to breathtaking view"，播放量高达2950万次，甚至超过了YouTube上排名第一的"Beautiful Chinese Music - Bamboo Flute"（1953万次），这非常难得。这也充分说明，作为官方推出的美丽中国作品，同样能够受到西方网民的高度关注和热烈欢迎。二是信息发布者有较大不同。YouTube上超过百万浏览量的信息主要是由普通注册用户发布，而Facebook上有不少是中国对外网络传播的主要媒体发布，如排名第一的CCTV，排名第五的中国日报，排名第八的新华社，排名第十一的人民日报。

表 3-3 Facebook 上播放量超 10 万的 "Beautiful China" 关键词的信源

序号	URL	标题	用户	时间	播放量
1	https://www.facebook.com/cctvcom/videos/451300425763343/	China's beautiful roads take you to breathtaking view	CCTV	2019年12月22日	2950万
2	https://www.facebook.com/648251982358033/videos/476216686630314/	The Most Beautiful Place in China	Verrell Bramasta	2019年1月7日	1013万
3	https://www.facebook.com/feedytrip/videos/1633294430151014/	That beautiful Giant from China	Feedy Trip & Eat	2019年5月18日	830万
4	https://www.facebook.com/1019521611179460/videos/720058502077823/	多么奇怪的生物……看起来怪物有多大	Beautiful CHINA	2019年5月9日	627万
5	https://www.facebook.com/chinadaily/videos/501318204033088/	Beautiful scenery in South China	China Daily	2019年10月7日	109万
6	https://www.facebook.com/scmp/videos/2309763009296211/	Beautiful chopstick 'houses' in China	South China Morning Post	2019年7月5日	39万
7	https://www.facebook.com/angstylife/videos/234473901201850/	Most Beautiful Fruit – Amazing China Agriculture	Emotional Quotes	2019年4月25日	38万

续表

序号	URL	标题	用户	时间	播放量
8	https://www.facebook.com/XinhuaTravel/videos/970830236695661/	Beautiful lotus pond in Henan, central China	Xinhua Culture&Travel	2019年7月5日	26万
9	https://www.facebook.com/sweetlove274/videos/867566907049755/	Mejores Couples... Street Fashion Tik Tok China Beautiful Chinese girl funny video lovers	Sweet Love 274	2019年3月10日	25万
10	https://www.facebook.com/pagehappyeveryday/videos/310000820396533/	Cute Street Fashion Tik Tok – Beautiful Street Style Douyin China Ep. (54)	Happy Everyday	2019年6月18日	22万
11	https://www.facebook.com/PeoplesDaily/videos/389934595128900/	A glimpse of beautiful #China in 24 hours	People's Daily, China	2019年3月7日	21万
12	https://www.facebook.com/MajboorLog.pk/videos/2072030737782621/	· Hot Chinese Girls Tik Tok · Mejores Videos de Tik Tok · Chinese Girls Are Beautiful · Douyin China ·	Majboor Log	2019年2月3日	17万

续表

序号	URL	标题	用户	时间	播放量
13	https://www.facebook.com/DIYnCraft/videos/834107963766258/	The Most Beautiful Places In China	DIY&Craft	2019年5月5日	16万
14	https://www.facebook.com/chinaculturalcentreKL/videos/917055921421 04/	"美丽中国·与爱同行"征文比赛开始征稿 Call for entries to "Beautiful China – The Love Journey" Essay Writing Contest 2020	China Cultural Centre in Kuala Lumpur	2019年6月1日	13万
15	https://www.facebook.com/372506133358690/videos/571559373432740/	Beautiful China. https://m.youtube.com/channel/UCgWykytA_–h8uOIJacN9ewQ	Interesting world	2019年2月8日	12万

数据截至 2020 年 8 月 10 日

此外，课题组也试图分析研究 Twitter 上的相关数据。但由于该平台采用的是动态数据，爬虫技术爬取结果与本主题相关度不大，只好放弃对这一平台的统计分析。

（二）美丽中国对外网络传播活动的特征

1. 政府新媒体矩阵是美丽中国对外网络传播的压舱石

中国的各级政府门户网站是政府信息网络化传播的集大成者，是网民获取信息的权威信源。政府信息是现代信息社会主要的权威资源之一，当它能够被方便地存储、加工、传输、使用时，才能成为变革社会的力量。政府门户网站则是现代通信和网络技术与政府信息的典型结合，是美丽中国实现对外传播的一条速度快、成本低、内容全、效率高的便捷途径。而强互动的、强黏性的、强开放性的微博、微信等新媒体平台，也各有与其风格路线相对应的用户群体与传播优势，它们与政府门户网站相互推送、相互作用，共同构成了各级政府的新媒体矩阵。从课题组调研情况来看，中国林业网、江苏网、杭州网、浙江在线、东方网、深圳新闻网、大众网、四川在线、云南网、余姚新闻网、大江网、西部网、千龙网、红网、舜网、鲁网、东南网、进贤新闻等各级政府门户网站，在"美丽中国"关键词信源中占有一定比例。其中，中国林业网、江苏网、杭州网信源数量排在前 10 位（见表 3-1）。

作为美丽中国建设最直接的主管部门，中华人民共和国生态环境部是政府门户网站中当之无愧的对外网络传播的领头羊。2018 年 3 月，为整合分散的生态环境保护职责，统一行使生态和城乡各类污染排放监管与行政执法职责，加强环境污染治理，保障国家生态安全，建设美丽中国，十三届全国人大一次会议表决通过了关于国务院机构改革方案的决定，将中华人民共和国生态环境部的职责，国家发展和改革委员会的应对气候变化和减排职责，自然资源部的监督防止地下水污染职责，水利部的编制水功能区划、排污口设置管理、流域水环境保护职责，农业农村部的监督指导农业面源污染治理职责，国家海洋局的海洋环境保护职责，国务院南水北调工程建设委员会办公室的南水北调工程项目区环境保护职责整合，组建中华人民共和国生态环境部。[①] 美国世界政治评论网站（http：//www.worldpoliticsreview.com）2018 年 3 月 28 日刊登美国安全中心能源经济与安全项目研究员尼尔·巴蒂亚题为《环境政策集中管理会加快中国社会的环保进程吗？》的文章。文章称，作为全球温室气体排放大国之一，

---

① 王尔德. 推动美丽中国建设［N］. 21 世纪经济报道，2018-03-14.

中国对于国际社会应对气候变暖成功与否起着至关重要的作用。当然，中国能够实现自己的环境抱负，对中国人民的长远健康同样至关重要。特别是在美国不承担领导责任的情况下，中国对亚洲的政治、经济影响力将决定世界半数以上人口的经济、能源安全发展轨迹。中国整个领导班子明显表达了建设"生态文明"的政治意愿，设立新的环保部门只是落实这一意愿的第一步。① 新组建的中华人民共和国生态环境部对其官网进行了全新改版，设有部长信箱、网上举报、监督平台等监督举报平台，在语言上有简体中文、繁体中文和英语三种语言可供选择，同时与微博、微信、电子邮箱建立链接，从而构建起了以官网为核心，同时着重建设"双微"——微信、微博两个渠道，辅以电子邮箱、在线互动的新媒体矩阵。课题组注意到，中华人民共和国生态环境部官网还专门设立了"无障碍"阅读模式，可以设置声音、语速、配色、字体等，实现了无障碍轻松阅读。

中国首个政府门户网站是1996年由海南省政府创建的，大规模的政府网站建设始于1999年我国实行的"政府上网工程"。2007年国家顶级域名.cn实施"国家域名腾飞计划"，进一步使得.cn域名跨越式增长。中华人民共和国中央人民政府网站（www.gov.cn，即中国政府网）是我国的第一门户网站，它于2006年1月1日正式开通，是我国"政府上网工程"的标志性建设成果。截至2018年6月1日，全国正在运行的政府网站22206家（含中国政府网）。其中，国务院部门及其内设、垂直管理机构政府网站1839家，省级政府门户网站32家，省级政府部门网站2265家，市级政府门户网站518家，市级政府部门网站13614家，县级政府门户网站2754家，县级以下政府网站1183家。② 这些网站中绝大多数都对美丽中国的相关信息有公开报道。例如，四川省人民政府网站以"美丽中国"为关键词进行站内搜索，可以找到663条相关信息；以"美丽四川"为关键词，可以找到1474条相关信息。2018年5月18日，该网站发布了《"美丽中国长江行"生态篇四川站活动聚焦宜宾绿色发展》的相关内容，以图文并茂的形式对"万里长江第一城"宜宾的绿色发展实践活动进行了集中展示。在北京市人民政府的门户网站"首都之窗"中，搜索"美丽中国"可以找到包括音视频在内的上千条相关信息，包含了"低碳绿色发展""走近野生动

---

① 美媒称中国生态环境部"史上权力最大"只为实现两个目标[EB/OL].参考消息网，2018-03-30.

② 张维.二季度300人问责190人被约谈[N].法制日报，2018-08-07.

物""中国茶文化""中国礼仪文化"等丰富内容。作为中国地方新闻网站第一品牌的"红网"（www.rednet.cn），是湖南省委、省政府重点建设的新闻网站和综合网站，围绕"美丽湖南"进行了形式多样的新闻报道和信息宣传。关于美丽中国的新闻报道超千条，特别是集中开展了"美丽中国长江行"专题报道，仅以"美丽中国长江行"为标题的新闻报道就多达205篇。这些信息一般都有对应的英语信息，不仅为美丽中国的对外网络传播搭建了平台，更积累了丰富的技术经验和优质资源。

为深入了解地方政府通过新媒体矩阵对外传播美丽中国的状况，课题组调研了贵州省、重庆市及下辖万州区等地。

贵州省非常重视互联网传播。2017年，贵州省网信办共组织活动30余次，共400多家媒体5000余名记者参与采访报道，全年网络中关于贵州省的信息有1亿余条，其中94%为正面报道。在"美丽贵州"对外网络传播方面，中共贵州省委宣传部外宣办与CNN、BBC等国外媒体建有合作协议，而网信办则与中国日报网合作较多。其中，贵州省政府英文网站由中国日报网承建，同时中国日报网协助贵州省互联网信息办公室开通Facebook及Twitter的贵州省专页。通过这些平台，贵州省在对网络传播方面有所建树。第一，争取中央网信办的支持。如在贵阳举办中国国际大数据产业博览会，推送一些相关的中文或外文文稿。第二，与人民网、中国日报网等中央网站及新浪网、腾讯网等商业网站合作。如在贵州省举办生态文明贵阳国际论坛期间，邀请上述媒体前来采访报道。第三，加强与"网络大V"的合作。如2018年4月，中共贵州省委宣传部举办"我有贵州半亩茶"活动，即通过转发抽奖的形式认领贵州半亩茶，并在收获季节前去采摘。通过与"网络大V"的合作，将贵州茶叶推广出去。第四，依托相关国际性活动进行传播。通过举办中国国际大数据产业博览会、生态文明贵阳国际论坛等活动，配合宣传贵州省近年来发展所取得的成就，向全世界展示贵州省的风土人情，同时配合省委省政府的战略部署，对大扶贫、大数据、大生态三大战略行动进行对外宣传。第五，贵州省网信办自行组织相关品牌活动，如"看贵州"系列、"多彩贵州"等主题活动。第六，贵州省网信办推出相关新媒体产品，如手机游戏、沙画、VR等形式。目前，省网信办组织制作的手游形式宣传片《多彩贵州——多娃彩妞寻宝记》已上线，画面新颖别致，生动有趣。将来还将推出外文版本。2018年中国国际大数据产业博览会组织了法新社、美联社、欧新社、日本共同社、富士电视台、拉美南方电视台、荷兰国际新闻电视台等国际知名媒体记者前来采访，传播范围覆盖美国、日本、德国、法国、荷兰、葡萄牙、印度等地，数博会稿件在 13 个国家发布，外媒发布总量达到 264 篇次。此外，《中国日报》海外版、Facebook、Twitter、新华网海外频道等媒体，均对数博会进行了强力推广，针对人工智能大赛等重点论坛进行海外直播，数博会水墨宣传片登上纽约时代广场大屏。海外专业社交媒体领英的权威数据显示，借助数博会成功召开之势，贵阳成为领英平台上首个专业关注人群超过万人的国内省会城市。新华网、Facebook、Twitter、YouTube 账号对"2018 数博会开幕式"和"数博会无人驾驶全球挑战赛"进行了视频直播报道；《中国日报》官方双语微信、Facebook、Twitter 账号及贵州英文网和贵安新区英文网对"人工智能全球大赛总决赛"进行网络直播；新浪北美和新浪香港对"人工智能全球大赛总决赛"和"2018 数博会开幕式"进行视频直播，覆盖海外华人8000 万人次。领英数博会官方账号发送推文 98 篇，在全球范围内覆盖人群 137 万人次。

重庆华龙网于 2000 年成立，是国务院新闻办公室批准组建的首批省级重点新闻网站，由市委宣传部主管，是重庆日报报业集团媒体融合发展的战略转型平台。华龙网也是重庆首个拥有新闻采访权的网络新闻媒体和"十媒一体"的全媒体网站。华龙网日均影响受众超过 3000 万人次，手机报集群用户超过 1000 万，APP 集群用户超过 400 万，Alexa 全球排名 1000 左右，在全国省级重点新闻网站中保持排名前三，被转载指数排名第一。华龙网始终坚持"世界小点、重庆大点"的奋斗目标，紧紧围绕"新闻·门户·网站"发展战略，始终坚持正确舆论导向，积极打造以华龙网为龙头、以移动互联网为核心的现代传播体系。点进华龙网，与众不同的排版和一目了然的重点毫无疑问是华龙网受到喜爱的原因。细节决定成败，华龙网巧妙的细节设计满足了信息社会人们对于重点资讯快速掌握的要求，同时舒适的色彩与精美图片搭配又迎合了大众的口味。重庆市政府新闻办官方微博自 2011 年开通以后，现已拥有新浪、腾讯、新华三个政务微博，共发布微博信息 4 万余条，粉丝总量达到 320 万，已经成为新闻发布、信息公开、形象展示和便民服务的重要平台。"重庆微发布"政务微信于2014 年正式开通，它是由中共重庆市委宣传部、重庆市人民政府新闻办主办，人民网承办的重庆地区官方微信门户。微信中设置了美丽重庆板块，及时传递身处重庆的重要信息，展示良好重庆形象。走在"一带一路"倡议前沿的重庆，作为中欧班列的枢纽城市，举办了"2017 感知中国·重庆篇"的活动，前往哈萨克斯坦和德国宣传，重点强调了通过互联网平台，实现重庆与阿拉木图、杜塞尔多夫在经济、文化、科技等方面信息的共享，形成外宣媒体联动和商业务实合作，促进中欧城市之间的进一步合作。与此同时，重庆的城市宣传片也在当地电视台、网站和大型户外 LED 屏幕进行了播放，大幅度提升了重庆的知名度，也让别国居民感受到了重庆的魅力。

万州区一直在大力推进区级政务新媒体的发展——万州区微信公众号"微万州"、官方微博"万州发布"、万州手机报、手机客户端"看万州"APP。微信公众号"微万州"拥有 60 多万的粉丝量，于 2014 年底建立，并在 2015 年、2016 年连续两年被今日头条评为"最具影响力的区域性微信公众号"——这个奖项在全国只评十个，而西南片区只有"微万州"一个入选，还在 2017 年被人民日报授予"政务传播创新奖"。聚焦"美丽万州"，万州区新媒体大力发展"发现万州之美"之类的活动——最美司机、最美老师、最美大学生、最美医生护士、最美乡村、最美旅游景点、老百姓最喜欢的美食、老百姓最喜欢的农产品等，树立典型，弘扬和践行社会主义核心价值观。"微万州"微信公众号入驻今日头条后，今日头条也经常转发"微万州"的稿件，大大提高了"微万州"的影响力和粉丝量；手机上的 QQ 浏览器也经常转发推荐万州电视台"平湖万州"的一些资讯，在全国几百个区县级电视台的微信公众号中，"平湖万州"排名前五，在新媒体建设方面可谓走在前端；在对外宣传方面，万州区原创稿子相对较多，且转发率很高——区网信办做过一个统计，每月有 150 条左右的万州区原创稿子被市级以上如黄龙网、腾讯网等大型网站转发。但真正有针对性地对境外受众进行"美丽万州"传播方面，万州区仅仅停留在赴泰国等地开展城市宣传推介，没有能够有效开展对外网络传播。

总的来看，以政府门户网站为核心，微博、微信为主干的新媒体矩阵，不但是展示成就的重要窗口，是塑造形象的重要窗口，也是对外传播信息、交流互动的重要窗口，能够担负起连接国内与国外、政府与公众的桥梁作用，让美丽中国走出中国、走向世界。

2. 主流媒体网站是美丽中国对外网络传播的排头兵

主流媒体的新闻网站是由政府相关部门主管、主持建设，一般依托某一家或某一集团的传统新闻媒体，以提供各类信息为主的网站，它与政府门户网站的最大不同在于往往前者不具备电子政务的功能。主流媒体新闻网站始终处于信息发布的最前沿，也是美丽中国对外网络传播的排头兵。课题组调研发现，在"美丽中国"关键词信源中，主流媒体新闻网站占据了主导地位。信源数量排在前 10 位的就有央视网、人民网、中国网、新华报业网、凤凰网、求是网、新华网 7 家（见表 3-1），是当之无愧的排头兵。

<<< 第三章　美丽中国对外网络传播现状分析

以新华社、《人民日报》和央视网等为代表的主流媒体引领媒体融合新时代，跨越最初仅将新闻产品搬上移动终端的阶段，不断创新技术，综合运用文字、图表、音视频、VR全景等多种手段，打造适合网络传播的融媒体新闻产品。① 近年来，围绕中国南海发现可燃冰、"蛟龙号"深潜、我国自主研制的大飞机试飞、"天舟一号"发射成功、中国发射首个X射线太空望远镜等重大科技事件，各主流媒体的传统媒体和新媒体报道同步发力，《用地球上最大的"耳朵"聆听宇宙》《引力波探测，你知道中国有多大能量吗？》《中国新发射卫星有望揭开暗物质之谜》被众多海外媒体转发。此外，依托技术和资源优势，主流媒体网站通过创意短视频和海外社交媒体直播等形式，实现内容和形式创新，在海内外引发热烈反响②，有力地推动了美丽中国对外网络传播的进程。为深入了解我国主要对外网络媒体在美丽中国传播方面的做法，课题组分别对新华网、央视国际网、中国网等进行了调研。

新华网（www.xinhuanet.com）是国家通讯社新华社主办的综合新闻信息服务门户网站，是中国最具影响力的网络媒体和具有全球影响力的中文网站。作为新华社全媒体新闻信息产品的主要传播平台，拥有31个地方频道以及英、法、西、俄、阿、日、韩、德、藏、维、蒙等多种语言频道，日均多语种、多终端发稿达1.5万条，重大新闻首发率和转载率遥遥领先国内其他网络媒体。③ 新华网是全球网民了解中国的最重要的窗口，致力于为全球网民提供权威及时的新闻信息服务，用户遍及200多个国家。在美丽中国对外网络传播方面，重点打造了"美丽边疆行"，以新闻纪实的手法，关注自然、关注民生、关注变化，节目通过外景记者真实生动的旅行体验，为观众展现出一个发展变化中的真实的中国边疆形象。同时，重点制作反映中国美丽心灵的人物视频，通过一系列中国普通老百姓的正能量视频，宏观展现中国人的生活面貌，宣传中华民族的传统美德。

央视国际网络有限公司成立于2006年4月28日，是中央电视台网络新媒体业务的平台，是中央电视台以电视节目为主的各类信息进行网络传播和推广的独家授权机构，拥有国家主管部门颁发的信息网络转播全业务资质，包括网络电视、手机电视、IP电视、公交移动电视等。④ 自中央提出美丽中国之后，平

---

① 郭丽琨. 开辟中国外宣新境界［J］. 对外传播，2017（12）：8.
② 郭丽琨. 开辟中国外宣新境界［J］. 对外传播，2017（12）：8.
③ 王雪青. 新华网A股网上路演成功举行［N］. 上海证券报，2016-10-18.
④ 夏珑纪. 乐视网与央视虎作互联网电视［N］. 东方早报，2012-01-12.

台设置了美丽中国图片专栏，分为自然和人文两个方面，主要聚焦当代中国的大好河山、城市人文风貌和城市建设等，展示了中国的好面貌，激发了网友的爱国热情，引导了网络正能量。频率为一周两刊，并且特殊日期会有特别策划刊物。2017年八一建军节，恰逢建军九十周年，央视国际网做了三期特别策划。和之前图片由摄影师直接拍摄不同，这三期专栏的图片都是由西藏阿里军分区边境战士刘晓东拍摄，主题为"中印边境战士镜头中的藏西秘境"①，展示了藏西"生命禁区"内的原生态美景。由于当时中印边境冲突是热点事件，引起了全世界的关注，这组图片也因此获得了极高的点击量，被中央作为八一宣传的典型案例。2018年，央视国际网开展了"新时代·幸福美丽新边疆"活动，走访新疆各地，展现新时代风貌，以媒体行走记录的方式作出报道。这次活动覆盖了国内的绝大部分媒体，在国内和国外都有很好的宣传。除了图片展示外，央视国际网为了符合当下的短视频潮流，也出了两期视频主题活动，取得了不错的反响。

中国网是国务院新闻办公室领导，中国外文出版社发行事业局管理的国家重点网站。自2000年成立以来，陆续实现了用中、英、法、西、德、日、俄、阿、韩、世界语10个语种11个文版，24小时对外发布信息，访问用户覆盖全球200多个国家和地区，成为中国进行国际传播、信息交流的重要窗口。在美丽中国对外网络传播方面，重点打造了《中国三分钟》（*China Mosaic*）栏目。这是一个可硬可软的栏目，投放平台主要是Facebook，时间很短，大概两三分钟的时间，表达一个中国观点，阐明中国立场。这个平台可以在境外产生舆论和互动，让境外的网民真正参与进来。网站还专门设立了讲中国故事的栏目，比如《视相》《真相》和《Hi中国人》。《视相》栏目获得过中国新闻奖的一等奖。《Hi中国人》有点像东方时空讲述老百姓的故事，讲述一个人的故事，从中反映出当代中国人的精神风貌，勇敢、勤劳、奉献的美好品质。还有以中国传统文化角度切入的视频栏目《何以中国》（外文栏目、英音中字）。还有一个栏目叫《中国范儿》，讲中国的文化符号，对大熊猫、粽子、端午节、高铁和神舟系列飞船这些当代中国的形象符号进行逐一介绍。针对不同国家的人选择不同的话题角度，设立了专题性的促进中外文化交融沟通的栏目。例如中日热点大家谈，每一期专门邀请一位国内的日本学专家或者日本的中国学专家，阐释一个我们关心的问题或者他们关心的问题。针对拉美地区的栏目叫《彭瑞话中

---

① 刘晓东. 中国边境战士镜头中的藏西秘境[EB/OL]. 央视网，2017-09-05.

国》，会结合当时中国发生的热点事件介绍中国人对事件的普遍观点和态度。Facebook 上还有一档栏目叫《China U and A》，也叫《中国随便问》，对关注集中的问题进行逐一回答。中国网将境外社交媒体平台作为对外传播的重要渠道，除了主打的 China@.cn 外还会做一些专题账号，如主打旅游的账号 Discover China，这个账号的互动率粉丝量已经明显超过 BBC、CNN 这两个国家级媒体。还有一个热点的专题账号叫 Chinese in China，成为大西洋网站等的新闻源。该网站会和 Facebook 等这样的平台了解他们的用户习惯，做出自身的产品。在中国网看来，最好的产品还是短视频，它的影响力和效果都是非常突出的。现在，中国网致力于把短视频做成系列化，比如我们会找一些在华生活的外国人，一个国家一个人，去聊文化差异、文化整合等话题，容易引发国际舆论进行讨论。

特别值得一提的是由官方网站（www.lovelycn.cn）、手机 APP 和微信公众号联合构成的美丽中国传播矩阵。这是由国家文化产业发展基金专门设立的美丽中国专项，由人民日报社、新华通讯社、中央广播电视总台、光明日报社、经济日报社、中国日报社、中国新闻社七家中央媒体联合创办的"中国搜索"承担建设的美丽中国网络传播平台，是宣传解读美丽中国发展新理念、集中展示地方实践经验成果、传承发扬中华优秀传统文化最权威的官方平台，也是发动群众参与美丽中国建设的互动共享平台。它包括了"资讯""热图""热播""生态城市""特色小镇"等多个栏目，以文字、图片、VR 等多种形式，从"绿色中国""人文中国""美味中国""生态中国""创新中国""精准扶贫""阅读中国"等不同侧面全方位展现美丽中国的最新建设情况。

3. 社交媒体是美丽中国对外网络传播的助推器

美丽中国对外网络传播不仅要依靠政府、主流媒体等组织的力量，更要充分运用网络技术的最新成果，占据社交媒体平台，并调动普通网民的积极性，发挥社交媒体助推器的作用，让美丽中国的建设理念在全世界能够开花、结果。

社交媒体账号的主要注册者是一个个独立的网民，虽然作为个体，他们的影响力有限，但积少成多、聚沙成塔，当数以万计的网民都在关注某一个话题时，其传播力和影响力是无与伦比的。特别是在遇到自然灾害、事故灾难、公共卫生事件、社会安全事件等突发事件时，社交媒体不仅成为热点的第一引爆点，也是新闻报道的舆论主战场，更是信息传播的舆情放大镜。例如 2015 年 8 月 12 日 23 时左右，天津港发生特别重大火灾爆炸事故，最先就是由网民通过社交媒体将此事曝出。从事故发生到 13 日 16 时，根据中青舆情监测室的统计数据，相关舆情总数 57305153 条，其中微博 56587458 条，新闻 689476 条，微信18949条,论坛7394条,博客1876条。① 这一事件也引发了包括国外社交媒体在内的国际社会的强烈关注,这是我们在建设和传播美丽中国过程中的小插曲,但也从一个侧面证明了社交媒体的巨大力量。

必须指出的是,上述统计数据仅针对国内的社交媒体,但信息的发布主体并非全都是网民个体,同时也包含了政府组织、主流媒体等机构。因此,为了使社交媒体在美丽中国对外网络传播过程中更好地发挥助推器的作用,传统新闻媒体必须牢牢占据这一平台,积极拓展国际传播新渠道。特别是以新华社、《人民日报》和中央广播电视总台等为代表的主流媒体,要在打造权威内容、建设优势品牌的同时,不断优化受众结构,通过社交媒体吸引更多的国内外年轻网民。据统计,截至2017年10月,中国国际电视台(CGTN)在Facebook和Twitter两平台账号的粉丝总数超过5715万;《人民日报》在两平台账号的粉丝总数达到4386万;新华社粉丝总数突破4000万;《中国日报》的关注度达2796万。特别是CGTN在Facebook上的粉丝量已经领先于BBC News、CNN International、RT和Al Jazeera English等国际主要传播机构账号。CGTN的YouTube频道不仅上传多个资讯视频,还提供24小时视频直播服务。② 再例如,中国国际广播电台,其境外社交媒体粉丝数也十分庞大,截至2017年10月,中国国际电视台43个文种在境外社交媒体开设账号111个,粉丝数超过5200万。面向南亚地区受众的泰米尔语在Facebook账号粉丝数超过120万,超越BBC成为海外泰米尔文媒体中粉丝最多的账号。③ 由此可见,单就新媒体平台上粉丝的关注度而言,中国的几大主流媒体在社交平台上的表现已经在某些方面超越西方传统的老牌主流媒体,包括BBC和CNN。④ 这也意味着我们的主流媒体在社交媒体平台建设方面,已经跻身世界媒体第一方阵。与此同时,国内众多的各级政府和商业机构的网站也纷纷出手登录微博、微信、Facebook、Twitter等国内外的社交媒体平台,他们强大的传播力是美丽中国对外网络传播的重要助推器。

4. 主题活动是美丽中国对外网络传播的重要载体

事件是传播的重要节点,是吸引注意、形成议题的重要载体。美丽中国被

---

① 中青舆情监测室.天津爆炸事故过去24小时舆情全纪录[EB/OL].中青网,2015-08-14.
② 戴元初.日益走近世界舆论场中心的中国力量——2017中国媒体国际传播实践述评[J].对外传播,2017(12):5.
③ 杨骁.理念创新带动媒体融合[N].中国新闻出版广电报,2017-11-22.
④ 戴元初.日益走近世界舆论场中心的中国力量——2017中国媒体国际传播实践述评[J].对外传播,2017(12):5.

作为诸多国际活动的主题，网络媒体以此为内容，开展了系列对外传播活动。

（1）美丽中国重大事件对外网络传播

50多年来，塞罕坝林场建设者们在荒漠上徒手种下了约7.5亿平方米人工森林，铸就了一个荒漠变绿洲的奇迹。2017年7月至8月，《人民日报》、新华社、中央电视台、《现代快报》等十多家媒体的多位记者深入塞上高原，追寻塞罕坝三代人的精神根源，见证并记录这段用半个多世纪创造的生态奇迹。报道刊出后，塞罕坝瞬间冲上了多个平台的热搜榜。2017年12月5日，在肯尼亚首都内罗毕的联合国环境署所在地，中国塞罕坝林场建设者因把茫茫荒漠变成郁郁葱葱的林海，赢得联合国环境大会"激励与行动奖"。颁奖期间，中国国际电视台通过信号，向全球直播联合国环境大会的颁奖盛况。《人民日报》在英文客户端上，连续发出了5篇英文报道。《人民日报》也发布了消息和评论。新华社在颁奖期间，也是第一时间通过英文和中文报道，发出多篇消息和颁奖现场特写。12月6日，中央电视台在新闻联播中，以《为世界贡献更多绿色奇迹 塞罕坝林场建设者荣膺"地球卫士奖"》为题，报道了塞罕坝获奖的消息，并同时在CGTV中播出。中国国际广播电台用中文、英文和斯瓦希里语（肯尼亚当地语言）报道了颁奖盛况。《现代快报》制作英文视频《大山里的三代人，从联合国拿了个全球大奖》，以全球视角，解读塞罕坝为何会得此大奖。再加上全片英文解说，被网友点赞为"有国际范儿"。《现代快报》于12月6日推出的两部短视频，也在网上走红，这两部短视频被《人民日报》、新华网、央视网、《中国日报》等网站和客户端，以及新浪、腾讯等商业网站转载。上线一天，两部短视频的播放量超过1000万。尤其是《现代快报》记者"用生命拍摄出来"的短视频——《冲破极寒·生命奇迹塞罕坝》，更是让网友震撼。外国网友也对塞罕坝50多年来"荒原变绿洲"的奇迹点赞。英国网友说："给中国这么美的森林点赞，这个方法可以拯救地球！"印度网友说："世界上很多自然林都被烧毁了，中国在人造林上做得真好！"柬埔寨网友说："完美诠释了有志者事竟成！这也给出了一个保护地球资源的好方法"。韩国网友金渊俊说："看到塞罕坝林场的今昔对比照，真是令人惊叹。塞罕坝林场几代人艰苦创业，将沙地变成了林海。这真是应了一句中国的老话：锲而不舍，金石可镂。很是钦佩！他们用爱为塞罕坝增添了美丽的色彩，希望人与自然能够更加和谐相处。"[①] 一位叫作鲁本的网友在Facebook上留言说："这些造林工程和植被保护工作真是太棒了，

[①] 贾延宁. 在万顷林海中实现人生价值［N］. 河北日报，2017-08-26.

可以净化人们的生存环境，带来新鲜的空气，祝一切顺利！"来自非洲的网友卢库洛·曼苏尔·伊迪留言说："中国的这些护林造林工作是我们学习的榜样，他们的经验值得借鉴！"① 有的外国网友则对塞罕坝产生了浓厚的兴趣：一名叫作阿尔连科的俄罗斯网友问道："太漂亮了！可以去那里旅游吗？"另一名网友看了塞罕坝的视频后给朋友留言说："有这么美的地方必须要去，亲爱的，看来三天的中国之行时间还不够啊……"塞罕坝故事对外网络传播实践，堪称借助事件对外网络传播美丽中国的典范之作。

（2）美丽中国旅游推介活动

由中国国家旅游局（现为国家文化和旅游部）主办、四川省旅游发展委员会承办的"熊猫走世界—美丽中国"（Beautiful China, more than pandas）大型全球旅游营销活动，是建构美丽中国的一次成功尝试。2016年9月2日，"熊猫走世界-美丽中国"活动在德国柏林正式启动，以"四川，不仅仅有熊猫"（Sichuan, more than pandas）为主题，热情地向柏林市民推介四川的自然风光、人文历史、美食民俗等旅游特色和亮点。此后，活动陆续在全球开展，吸引了大量游客和当地民众的互动参与，反响异常热烈。通过"走出去"与"请进来"相结合的方式，以熊猫元素为着力点，开展了一系列境内外营销推广活动。境外方面，先后在捷克、奥地利、泰国、尼泊尔、美国、日本、摩洛哥、韩国、芬兰、墨西哥等国家设立站点，通过旅游推介会、熊猫主题展览、熊猫路演、熊猫彩绘等一系列丰富活动，积极建立"熊猫"品牌旅游形象，展现中国和四川的旅游资源及产品，吸引全球游客看熊猫、游中国。境内方面，通过在全球范围内征集熊猫粉丝等形式，邀请包括美国、泰国、墨西哥、澳大利亚、捷克、马来西亚、日本、韩国、奥地利等国家以及我国台湾、香港、澳门等地区的旅游爱好者、社交媒体达人、知名旅行商等前来考察、采风，让他们亲身感受到天府之国深厚的文化底蕴和优美的自然风光，并通过他们的渠道把四川旅游推向了全世界，收到显著成效。统计数据显示，2018年1—9月，四川实现旅游收入8168.48亿元，同比增长13.9%。其中，全省接待入境游客280.1万人次，同比增长8.2%，实现外汇收入10.94亿美元。尤其值得一提的是，全省在1—9月接待外国游客213.28万人次，同比增长14%，市场份额达到全部入境游客的76.1%，比重比去年同期提升3.8%。人民网、腾讯、新浪等境内网络媒体和境外网络媒体争相报道。130多家中外媒体的关注报道，成功掀起了一场四川旅游

---

① 贾延宁. 在万顷林海中实现人生价值［N］. 河北日报，2017-08-26.

热。人民网四川频道开设了专题网页，设置了《权威报道》《活动回顾》《外媒聚焦》《美图集锦》《四川频道首页》五个栏目。但是，比较遗憾的是，该主题网页仅汇集了2017年的相关内容，没有2016年的活动信息，2018年仅收集了走进芬兰的活动。特别是，没有英语或其他外语内容，《外媒聚焦》栏目里面居然空空如也。事实上，ABC、News9、NBC、NBC-2、Fox、CBS、910News、KRGV等国外媒体及其网络版均对活动开展了相关报道。类似的美丽中国旅游推介活动较多，比如："美丽中国·2018全域旅游年""美丽中国，魅力长江""美丽中国——万里长城""美丽中国——世界遗产""美丽中国·诗画浙江""欢乐春节·美丽中国"。这些活动在国外开展推介活动，都会掀起一阵阵中国热，产生美丽中国议题。但在网络传播方面，针对国外网民的宣传还没有很好地开展起来，更没有形成线上线下交相辉映的格局。

这是一个对话的时代，网络的开放性、交互性造就了美丽中国对外传播不能回避"对话性"要求。无论信息传播的主体是谁，无论通过什么样的方式传播，也无论传播的对象是谁，围绕美丽中国的信息产品本身就是一个互动的文本，其传播过程就是与网民共同书写故事的过程。在对话的语境下，各级政府、主流媒体和参与社交媒体的网民一起齐心协力，已然拉开了美丽中国对外网络传播的大幕。

二、美丽中国对外网络传播实践活动的特点

美丽中国对外网络传播实践活动类型多样，无论是形式、内容，还是主体、渠道都已经初步构建了一个立体、交叉的传播体系，传播的规模效应初见成效。

第一，重视利用自身网络平台。目前，我国在对外网络传播中，初步形成了"8+24+X"的传播格局（"8"即新华网、人民网、央视国际网站、中国网、国际在线、中国日报网、中青网、中国经济网等8家国家重点建设的外文新闻网站，"24"即千龙网、东方网等24家地方新闻外文网站，"X"即政府网站和腾讯、新浪等商业网站英语频道以及重点涉外单位外文网站）。[①] 这样的体系和格局也在美丽中国对外传播中发挥着重要作用。从课题组开展的网络抽样调查来看，仅以"美丽中国"为关键词的信源为例，新华网、人民网、央视国际网站、中国网、国际在线、中国日报网、中青网、中国经济网8家重点网站是重

---

① 李建华."美丽中国"对外网络传播的破局与重构[J]. 四川大学学报（哲学社会科学版），2016（2）：68-75.

要的信源供给者。江苏网、杭州网、浙江在线、东方网、深圳新闻网、大众网、四川在线、云南网、余姚新闻网、大江网、西部网、千龙网、红网、舜网、鲁网、东南网、进贤新闻等17家地方新闻网站也提供了诸多信源,腾讯、新浪等商业网站也有贡献(见表3-1)。这些信源大多有相应的英文版。

第二,美丽中国信源偏重于新闻报道和信息发布。从传播内容上看,关于美丽中国的中文报道一般都能翻译成外语(以英语为主)版,并及时在相关网络平台上进行发布。同时还注重形式的多样性,根据内容结合文字、图片、影像以及其他新技术,创新性地进行报道。例如,央视与英国BBC电视台联手摄制的6集纪录片《美丽中国》总长约6个小时,拍摄时间历经3年,摄制组行程跨越26个省、直辖市和自治区,拍摄了50多个国家级的野生动植物和风景保护区,86种中国珍稀野生动植物,还有30多个民族的生活故事,拍摄的高清影像素材总长超过500小时。从极北的赫哲人的生活,到云南的亚洲象,从中华民族的标志长城,到西南边陲的苗族村寨,从青藏高原的藏羚羊,到秦岭的野生大熊猫……片中80%的画面都是自然取景,即使对很多中国人来说,也是第一次看到中国鲜为人知的一面。该片画面优美,制作精良,许多珍贵影像都来之不易,在全球60个国家180多个机构播出后,受到普遍好评。在第30届艾美奖新闻与纪录片大奖颁奖典礼中,该片荣获最佳自然历史纪录片摄影奖、最佳剪辑奖和最佳音乐与音效奖。比较遗憾的是,在现有成果中,这样的精品力作较为稀缺。

第三,美丽中国对外传播信息量大。自党的十八大提出美丽中国后,各大对外网络媒体纷纷开展美丽中国对外传播。百度搜索中,"美丽中国"搜索结果多达61600000条,"Beautiful China"搜索结果16200000条(截至2020年8月10日)。中国网英语频道发布与"Beautiful China"相关信源24388条,人民网英语频道发布5474条。各地方相关网站和网民个人发布的相关信息更是不计其数。

第四,借助西方主流网络媒体取得初步成效。中国越来越重视借助西方主流网络媒体开展美丽中国传播,也取得了一些成效。课题组调查表明,截至2020年8月10日,Facebook上"Beautiful China"相关信源148条,其中,发布者明确标明为我国网络媒体或政府部门的信源15条,占比10.1%。这些信源供给主体包括:新华网、CCTV、《人民日报》《中国日报》、中国文化中心、中国驻比利时大使馆。其中,CCTV发布的"China's beautiful roads take you to breathtaking view",播放量达到2950万,高居Facebook上"Beautiful China"相关信源榜首,是第二位(Verrell Bramasta发布的"The Most Beautiful Place in China",

播放量1013万次）的2.9倍。YouTube上观看次数超过3万次的"Beautiful China"相关信源338条（见表3-2）。但从爬取数据来看，没有一条信源明确标明发布者为中国媒体或中国政府。相较而言，国外主流网络媒体发布的美丽中国信源过少，对信息落地率产生较大制约。

第三节 美丽中国对外网络传播的不足及成因分析

近年来，中国对外传播自主意识明显增强、投入力度持续加大，整体实力和水平提升显著，对外网络传播体系已经基本成型，各传播主体开展了大量美丽中国对外网络传播活动，取得了较为显著的传播成效。同时，还应该清醒看到，美丽中国对外网络传播是一项系统工程，虽然我们通过网络对外开展了大量美丽中国传播活动，但是传播内容吸引力不强，热点、焦点和话题曝光度不足，表达方式不能很好适应网络传播需求，自身网络平台传播力不足、美丽中国的国外网民接触率较低，国外网民的信任度不高，不能引起他们的情感共鸣。美丽中国对外网络传播局面之所以打不开、效果欠理想，除了美丽中国提出时间不久，国家层面的顶层设计尚未形成，整体传播战略和具体传播策略未提出之外，还有一些具体的原因和表现。

一、多元主体认知不一，信源策划设计不足

从信源的角度看，美丽中国对外网络传播存在着策划设计不足的问题，这与多元化的传播主体在观念与认知上存在差异有一定关系。一直以来，我国的对外传播都受到"对内宣传"观念的影响，所谓的国际传播更多是一种"内销转出口"式的对内宣传的外宣版。这种被"窄化"了范围、缺失了互动性的对外传播，只注重传播的出发点和动机，不讲求传播的实际效果。如果说在传统媒体时代，由于受技术条件的限制，这种操作方式尚能够发挥一定的作用，那么在现代互联网技术的高速发展之下，在全球传播已然让世界成为一个"地球村"的信息社会，带有强烈"外宣"色彩的对外传播，反而突显了面对挑战之后的被动"应对"姿态，体现的是传统传播策略的路径依赖，很容易导致传播失衡，误入歧途。不适应新媒体技术发展趋势，也就无法满足美丽中国国家形象的塑造需要。

信息爆炸的社会里，信息不再稀缺，稀缺的是注意力。精心设计的信息，能够吸引受众关注进而了解、理解信息。从课题组对 Facebook 和 YouTube 的调研来看，关注度高的美丽中国信源，最受欢迎的是音乐、舞蹈之类，其次是自然景观、风土人情类视频，文字很少甚至没有。在美丽中国对外网络传播中，由于缺乏足够的策划设计，我们传播的信息比较庞杂，信息之间缺乏关联性和连续性；叙事方式上普遍采取将中文报道翻译成外文的方式，不适应国外网民的信息消费需求，针对性和有效性不强，吸引力不足。换言之，就是目前存在的一些美丽中国对外网络传播行为，往往是以"我"为主，自说自话，认为只要出发点、动机是好的，是正向的，根本不考虑传播效果，结果却沦为"自娱自乐"。各省级政府门户网站，信息内容99%以上都是中文，英文占比最高的也没有超过0.5%（见下表）。

表3-4　各省按编码类型分的网页比例

	中文	繁体中文	英文	其他
安徽	99.5%	0.3%	0.0%	0.1%
北京	99.2%	0.5%	0.2%	0.2%
福建	99.4%	0.1%	0.3%	0.2%
甘肃	99.7%	0.0%	0.1%	0.2%
广东	99.0%	0.6%	0.2%	0.2%
广西	99.7%	0.2%	0.1%	0.1%
贵州	99.8%	0.1%	0.1%	0.0%
海南	99.4%	0.5%	0.1%	0.0%
河北	99.3%	0.3%	0.2%	0.2%
河南	99.6%	0.1%	0.1%	0.2%
黑龙江	99.4%	0.2%	0.3%	0.1%
湖北	99.3%	0.3%	0.2%	0.2%
湖南	99.6%	0.1%	0.3%	0.1%
吉林	98.8%	0.6%	0.5%	0.1%
江苏	99.4%	0.2%	0.2%	0.2%
江西	96.7%	0.3%	0.3%	0.2%
辽宁	99.7%	0.2%	0.2%	0.2%
内蒙古	99.8%	0.1%	0.1%	0.1%

续表

	中文	繁体中文	英文	其他
宁夏	99.8%	0.0%	0.1%	0.0%
青海	99.8%	0.0%	0.1%	0.1%
山东	97.5%	1.2%	1.2%	0.2%
山西	98.3%	1.4%	0.1%	0.3%
陕西	98.5%	0.1%	1.2%	0.3%
上海	98.9%	0.9%	0.1%	0.1%
四川	99.6%	0.1%	0.1%	0.1%
天津	98.9%	0.7%	0.2%	0.2%
西藏	98.6%	0.0%	0.5%	0.9%
新疆	98.9%	0.5%	0.1%	0.4%
云南	99.2%	0.1%	0.1%	0.7%
浙江	97.9%	1.5%	0.4%	0.2%
重庆	99.5%	0.3%	0.1%	0.2%
全国	99.1%	0.4%	0.3%	0.2%

数据来源：中国互联网络信息中心（CNNIC）：《第41次中国互联网络发展状况统计报告》。

在调查中，我们发现信源策划不足，一方面体现在地方政府缺乏有效的顶层设计和宏观规划。例如，某一个省及其下辖的地级市乃至区（市）县，在对外传播"美丽XX（省）""美丽XX（市）"的过程中，存在形象不统一的问题，不同级别、不同部门的传播各自为政，有一种内容上的杂乱无章感。另一方面也体现在传播方式上。第一，冠以"媒体行"的对外传播最为常见，具体而言就是当地的报社、广播电台、电视台等打着美丽中国的旗号走出国门进行一些带有公益性质的宣传活动，同时制作完成基本新闻报道。第二，通过节日庆典、各类会议等形式，借鉴经贸活动所做的"文化搭台、经济唱戏"的方式，在美丽中国的主题"掩饰"下做旅游推广活动。第三，传播信息零散。由于缺乏整体的长远规划，为更好地迎合外国网民的兴趣，有些地区在美丽中国的对外传播中存在着奇观化、戏剧化的倾向，既不能有效地展现该地区在美丽中国建设中的努力和成绩，更没有展现出自觉自信的东方大国气质，仅仅只是满足他国公众的一种猎奇心理，在一定程度上反而强化了"东方文化奇观"的刻板印象。第四，以活动为依托的对外传播资源配置效率低下。由于缺少统一的安排和部署，在某一个时间段内进行了集中的活动和报道，而在其余的更多时间则几乎没有任何关于美丽中国的消息，客观上也导致了传播效果不理想。

信源策划设计不足的典型表现就是传播内容的"以译代传"，未能形成国际化的话语体系。作为我国对外传播战略的重要组成部分，美丽中国的对外网络传播是一项覆盖全球的长期活动。但目前尚未形成参与国际传播的话语体系，"中国特色"的传播样态广泛存在于各种各类对外报道中。研究发现，美丽中国对外网络传播的信息中有很大部分内容是国内各级领导干部的讲话、政策文件或消息报道的直接翻译，缺少故事性和情节性，没有将其转换成适合国外网民接受心理的原创性信息。同时，话语表述方式呈现出较强烈的"自我意识"主体性，这很容易给外国受众一种生硬感，也无形中增加了他们接受信息的疏离感。这种传播信息的混乱，不仅偏离了美丽中国对外网络传播的目标，也在一定程度上影响了战略推广的准确性。

信源策划设计不足的一个代表性的例子，就是2011年《中国国家形象·人物篇》的发布。1月17日，60秒的广告短片《人物篇》正式在美国纽约时代广场亮相，这是中国第一次向世界公开、自信地展现自己的"软实力"。在《人物篇》中，由50多位来自中国科技界、金融界、体育界、文艺界等各个领域的杰出人才，按照一组组的群像出现，向世界展现中国面孔，阐释国家形象。宣传片播出以后，迅速被转载至网络并引起巨大反响，短时间内网络点播量持续攀升，国内外网友们热烈讨论，对短片的讨论引发了较为突出的正反两种评论。当时，美国《新闻周刊》有评论写道："美国人并不了解《人物篇》中出现的绝大多数中国人，而且这些中国人脸上挂着标志性微笑，在时长60秒广告中，表现得非常乏味。"[①] 1月19日的《华尔街日报》写道："在宣传片里中国试图夸耀自己的物质实力，这不是力求消除误会，而让美国感到更加忧虑。"据英国广播公司全球扫描的调查显示，《人物篇》播出后，美国人中对中国持好感的人上升了7%；而对中国持负面看法的人，则上升了10%。[②] 这样的传播效果确实值得我们深思。新加坡纪赟教授的观点一针见血，他认为中国国家形象宣传片

[①] 邹晨雅，刘丹丹. 浅析国家形象宣传片对外传播效度低的原因——以近五年我国国家形象宣传片为例 [J]. 今传媒，2015（4）：33.

[②] 邹晨雅，刘丹丹. 浅析国家形象宣传片对外传播效度低的原因——以近五年我国国家形象宣传片为例 [J]. 今传媒，2015（4）：33.

其实说明中国还不了解世界,"我看了看最近的这一版宣传片,发现还是过去几版的老路数,拍得美轮美奂,看上去根本就是个不食人间烟火的天堂,却没有多少让人有归依感的人性温暖,而这一点却是西方文化中非常看重的。尤其是这一版,其中全是'中国人'眼中的名人,我猜除了姚明和章子怡,普通美国人大概认不出几个。你会仅仅因为一群你不认识的人在你面前晃一眼就改变你对一个国家的印象吗?当然不会。"他指出这次的宣传片其实还是以中国人自己的角度去拍摄广告,如果我们要让西方人了解中国,就要选择西方人的角度。"与其请这么一大群中国人自己眼中的名人在台上走秀,还不如放一张以前长江大洪水时,一位涉着齐胸深水的解放军士兵用头顶着一个塑料盆,而盆中的婴儿正在安然酣睡的照片。或者哪怕是普通一家人的平常生活,一张辛苦工作一天后回家时绽放的真诚笑脸,也会让没有来过中国的欧美人知道,可能政治制度不同,但那里生活的并不是一群异类,而是同样有血有肉的活生生的人。"①

由此可见,以信源缺乏策划设计为体现的"动机决定论"的传播理念必须扭转,应代之以"效果决定论"。动机再好,若不以传播效果为导向,不从信源处讲求策划设计,再"高大上"的动机,也是空中云霓。

二、多样渠道运用不力,信道建设存在缺陷

美国著名学者约瑟夫·奈在《硬权力与软权力》②一书中曾提出:"在信息时代,软实力不仅依赖于文化和理念的普适性,还依赖于一国拥有的传播渠道,因为它能够对如何解释问题拥有影响力。"③传媒是"把中国告诉世界,将世界引进中国"的桥梁,网络作为全球传播时代覆盖面最广、影响力最大的传媒之一,是美丽中国对外传播的优势渠道,也是提升国际传播能力的重要手段。国际传播能力的提升,包括国际话语权的提高、议程设置能力的提高、主流舆论引导能力的增强、中国形象和中国理念的有效传播、中国影视传媒产品的市场竞争力提升等多个方面。早在2009年,中央就已经将国际传播能力建设的意义提升到与国家安全、国际地位相关的战略地位。④但遗憾的是,网络传播技术高

---

① 纪赟. 中国国家形象宣传片说明中国还不了解世界 [EB/OL]. 人民网,2011-01-27.

② 这一组概念在国内也被译作硬实力与软实力。对于 power 一词的译法,国内研究多数并没有对此作出明确区分,本文多采用"实力"的译法,只有在引注时尊重原文的译法。

③ 胡鞍钢,张晓群. 国际视角下中国传媒实力的实证分析——兼与黄旦,屠正锋先生商榷 [J]. 清华大学学报(哲学社会科学版),2007(5):128.

④ 胡正荣,王润珏. "一带一路"建设中的传媒软力量建构——基于国家文化安全视角 [J]. 国际传播,2018(5):4.

速发展提供的多样化渠道,和美丽中国特色化内容传播之间还存在着一定程度的不匹配,客观上形成了信道建设的困境,也间接影响着我国国际传播能力的提升。

第一,对外网络传播仍以各类门户网站为主,包括政府部门和传统媒体的官网、商业门户网站以及部分社会组织或个人建立的网站。而在自媒体领域,特别是以Twitter、Facebook、YouTube等为代表的国外社交媒体平台的运用还不够充分。美丽中国的建设与传播应该坚持全球传播的理念,不仅依靠中国人(主要是媒体从业者)的"自说自话"或"我说你听",更重要的是如何带动各国民众一起参与其中,通过不同层面的"和声"和"共振",形成"复调传播"的多元格局。① 第二,网络传播的内容特色不鲜明,同质化现象严重。现阶段网络中关于美丽中国建设的相关信息多来自国家级媒体,传播资源有限,且以英语信息为主,语种相对单一。由于信息来源较少,各种媒介之间经常是相互转载,呈现的形式、视角,宣传的口径和报道的内容都缺乏鲜明的特色。第三,传播渠道重建立轻建设。课题组发现,很多省、市、县的政府和地方媒体都具有较强烈的对外传播意识,也建立了自己独立的网站并开辟专门的频道(或栏目)来进行美丽中国相关信息的报道。但由于目标不清、统筹不足,在有限的对外报道中以自我宣传为主,对网络渠道的运用还不充分、不到位,造成传播资源的浪费,导致传播效果不佳。

有学者在分析了2011—2016年间,西方主流媒体对河南省的报道和区域形象建构后提出,在营造区域的对外形象过程中,省政府要善用新媒体来积极设置议题,增强公共外交的社群传播效果。研究指出,随着网络和社交媒体的盛行,Facebook和Twitter在西方国家都是用户数量庞大并十分活跃的社交平台,信息传播的范围远远超过传统媒体。河南省在塑造对外形象时也应当用全球化的视野来传播本土的形象,在流行的国际社交媒体平台改进传播方式,比如制作高质量多门类的区域形象宣传片或纪录片,而不仅仅是传播河南的美食文化。要让世界认识河南,感受河南,从而提高对外传播的受众到达率。特别值得一提的是,在国际平台塑造和展示河南形象时,要加强与国际主流媒体的合作与互动,共同策划贴近国际受众的主题活动,构建全媒体传播矩阵,减少跨文化交流中的文化折扣现象,实现有效的传播。② 其实就国内情况来看,不仅是河

---

① 史安斌. 新时代国际传播能力建设的新思路新作为[J]. 国际传播,2018(1):11.
② 邓元兵. 区域形象:西方媒体的报道与我们的建构策略——以河南省为例[J]. 郑州大学学报(哲学社会科学版),2017(3):157.

南一省的对外传播与区域形象建构存在上述问题。研究结论指出的对策与建议的出发点，正是为了弥补网络传播渠道多样化与内容特色化之间的落差。

以互联网为"元渠道"的美丽中国对外传播是一个涵盖了多样化子渠道的传播过程，它既包括各级各类政府机构、新闻媒体、商业组织的门户网站，也包括各种各样的社会化媒体；既囊括了文字、图片、影音等传统报道方式，也涵盖了虚拟现实（VR，Virtual Reality）、增强现实（AR，Augmented Reality）以及 H5 等新型技术元素。但归根结底，技术只是渠道建设的一种辅助手段，要将特色化的内容进行合适的制作与包装，以充分发挥技术和渠道的优势。但是目前来看，多样化渠道与传播内容之间并不完全匹配，大量缺少特色性的信息充斥在网络中。由于缺少具有强大传播力、竞争力的传媒内容，使得美丽中国对外传播与国家形象塑造、公众期待之间还有一定的"剪刀差"。

"新时代"宏伟蓝图的全面铺开要求对外传播也能够在深度、广度、信度和效度上实现转型升级。因此，要把传统的机构媒体升级为像 Facebook、Twitter、腾讯这样的平台媒体，实现内容产制、分发和推送的全链条再造，搭建多样化的媒体平台，[①] 促进不同文化和文明之间的交流互鉴，让美丽中国的理念通过网络传播得到更多人的认同。

三、网民观念变动不居，信宿研究分析不足

传播不仅是将内容传递出去，更是追求传播的效果；不仅传者要做好内容的策划设计，更要分析面对的受众（信宿）的特点。"想当然"地将传播凌驾于对象/受众之上的行为，往往是自我欣赏，"看上去很美"，其实毫无传播效果可言。国内摄影批评家藏策记录说，有一次他与几个影友在山区看到一个老大娘抱着一筐柿子对着他们在笑。一位影友拍下来以后，马上起了个题目，叫《丰收的喜悦》。藏策走上前去问老大娘："你们丰收了吗？"老大娘说："没有。一家人一年的吃喝就靠这些柿子了。"藏策又问："那你刚才笑什么呢？"她说："我长这么大还没人给我照过相呢。见这么多人给我照相，于是就乐了。"[②] 这当然只是一则"摄影花絮"，倘若真有类似的"图片新闻"被刊发，可以预见的是，受众对媒体的信任反而会降低。

[①] 史安斌，盛阳. "一带一路"背景下我国对外传播的创新路径 [J]. 新闻与写作，2017（8）：13.

[②] 藏策. 超隐喻与话语流变 [M]. 天津：天津人民出版社，2007：261.

受众的认可和接受是传播成功与否的重要指标。对外传播面对的他国受众是多元化和异质性的，特色化的内容不仅意味着与传播渠道相适宜，更要换位思考，从对象国的受众接收习惯出发，才能最大范围地吸引受众关注并增强他们的好感度。如前所述，《人物篇》在时代广场播出后，也在网络中引发了热议。但由于这个视频集中反映的是当代中国各行各业的精英群体和富人群体，而不是普通老百姓，CNN 的评论认为：它带给美国人"更多的是恐惧，而不是友谊"。老套的和刻板的宣传方式也会让宣传效果适得其反。[1] 由此可知，当我们的传播报道试图将中国最"美丽"的一面展现在世界面前时，倘若缺乏设身处地地"换位"考虑，所谓的"特色化"内容其实并不具备说服力。

美丽中国的对外网络传播要吸引受众，必须深入研究受众，想方设法提供他们喜闻乐见的媒介产品。课题组的调查发现，我们对国外网民特点的分析不够深入，对目标受众的研究与针对性内容架构设计仍然不足，对他们的接受心理、审美趣味、网络接触和使用习惯、意见表达与反馈的研究和回应都不够充分。同时，由于中国和西方国家的体制、背景和目标不同，媒体运营机制也相去甚远，以此还有很多地方需要进一步加强研究。

北京大学国家战略传播研究院院长程曼丽教授在谈到不同国家对"一带一路"倡议的战略意图理解出现误读和偏差时认为，由于各国与中国的关系状态不同，对中国的认知、感受不同，难免出现惯性思维、对接困惑、认知落差、现实忧虑等问题[2]。其实这样一些问题在美丽中国对外网络传播中也依然存在。信源策划设计的不足加之对受众特性缺乏深入分析，国外网民的惯性思维会导致他们在接收美丽中国这一主题信息时出现认知上的困惑、误解乃至敌视，引发现实的忧虑。

所谓惯性思维就是一种思维定式，一般是由于之前的经历、活动、感知等造成的一种特殊的心理状态和思维倾向。当人们感受到类似的情境时，在思维定式作用下会迅速获取信息寻求解决办法；而当情景发生变化时，它会成为人们对新事物接收的阻碍。思维定式天然存在，这与人们接受的教育、生活的环境与成长的经历等都有直接的关系，研究国外网民的特性就必然包括对其思维定式的分析，从中寻找到与美丽中国传播的最佳对接点，避免认知困惑与落差，

---

[1] 何平华. 论传播语境、价值取向与国家影像的符号表达——兼谈"国家形象公关时代"的对外传播策力 [J]. 新闻记者，2011（8）：11-12.

[2] 程曼丽. "一带一路"对外传播重在释疑解惑 [J]. 新闻战线，2017（5）：32.

进而增强对这一理念的认同。

从课题组的调查来看，除中央级媒体外，各省、市、区政府和媒体的对外网络传播活动，几乎没有针对国外受众的需求和阅读习惯进行专门的深入分析，加之中国网络媒体在国外影响力有限，国外网民关注度较低，也部分导致了美丽中国的对外网络传播效果不佳。反而是一旦出现负面新闻，国外媒体的关注度会迅速升高。课题组在2016年5至6月期间，选取世界上访问量最大的视频播客类网站YouTube进行分析。美丽中国正面视频关注度一般很低，比如"China, Biodiversity, and the Environment"（中国生物多样性与环境）2个月的点击观看量仅有72次；负面视频"The Devastating Effects of Pollution in China"（中国污染的破坏性影响）的半年点击观看量就达到1135994次。①

与"一带一路"的对外传播相似，美丽中国对外网络传播必须有针对性地深入分析国外不同国家和地区的受众特性，突出受众的本位意识，淡化政治色彩和宣传色彩，减少无序性与单一性，引领传播导向。在传输信息的同时加强对境外信息的截取、分析与传递，形成内外互通，减少对外传播中的主观性和盲目性，②力求高质量的传播效果。

研究分析信宿的特点，需要区分对待传统意义上的受众和新媒体时代的受众——网民在观念与行为上的差异，特别是网民具备的一些独有特征，如将"极化"现象纳入其中。从技术变革与社会发展的视角考察，我们可以清晰地得出这样的结论——农民是农业社会的主体力量，市民是工业社会的基础力量，而网民则是信息社会不容置疑的主导力量。网络技术的迅猛发展将全球的网民都卷入了信息化的大潮，"地无分南北，人不分老幼"，无论什么国籍、年龄、性别，也不管宗教信仰、文化程度、学历背景，一旦接入互联网，人人都成为传播的"受众"。但同样是在网络社会，网民又被分为"难民""移民"和"原住民"，③这即是受互联网影响而出现的一种新的变化趋势，它深刻影响着人们的观念和行为，有学者将其称为"极化"现象。

---

① 李建华."美丽中国"对外网络传播的破局与重构[J].四川大学学报（哲学社会科学版），2016（2）：72.
② 杨蓉."一带一路"核心区对外传播对策研究[J].中国报业，2017（11）：11.
③ 这只是一种形象的说法，没有绝对的标准和科学的依据。所谓网络"原住民"即出生时网络已经普及，伴随网络的发展而成长，一般是指20世纪90年代以后出生的人。网络"移民"多指20世纪80年代以后出生的人，他们长大以后才接触网络。而20世纪70年代及以前出生的人，由于对网络接触较少，使用不频繁，操作略显困难，而被称为网络"难民"。

"极化"现象一方面体现为受众两极化。大数据分析显示，因受众年龄、行为习惯的差异，全球媒体受众正在清晰地走向15亿：35亿的两极分化：一端是15亿传统受众，主要集中在中老年群体中，具有较高的社会地位和影响力，倾向于使用并认同传统媒体，此类受众的认知、观点和态度已较为固化，难以被新的观点说服；另一端为35亿新兴受众，主要集中在年轻群体，他们热衷于使用以社交媒体为代表的互联网应用来获取信息，具有明显的反建制反传统思想。随着两大群体间分化愈发分明，传统受众精英化色彩愈发浓厚，新兴受众依托于互联网创造了新的大众话语体系，无时无刻不在挑战着精英阶层的传统话语体系。另一方面，"极化"也表现为受众的行为两极化。互联网虽然属于开放性空间，但点对点的传播结构事实上导致了以身份认同为特征的更为封闭的社区存在。研究发现，同样是35亿年轻受众，在这种社区"回音壁"之中，透过身份认同来选择重复接收同质性内容，他们的立场和观点呈现出与身份关联的分化，并在身份不断认同的过程中反复强化自我原有立场，对社会议题的理解越来越钻牛角尖，[1] 最终其观点不断走向极化和对立，而且这种极化的后果还塑造和反作用于他们的社会行为。正如2016年以来世界所看到的，在西方当前普遍激化的政治冲突背景下，他们的极化行为越发明显，对抗越发激烈。[2] 针对网络中的"极化"现象和行为，美丽中国对外网络传播更需要慎重考虑，拿出切实有效的解决方法，克服传播中"水土不服"的状况。

总而言之，美丽中国对外网络传播存在种种不尽如人意之处，这既是由于我们拥有多元化的传播主体，但又缺乏与互联网思维相匹配的传播观念；也因为存在多样化的传播渠道，却缺少与其相匹配的具有强大传播力、竞争力的传媒内容；同时还与全球化时代没有细分受众，导致传播内容与其接受观念不协调乃至产生抵触和冲突相关。这也迫切需要我们从信源、信宿和信道等方面多管齐下，多措并举，传播适销对路的信息产品，切实提高美丽中国对外网络传播效果。

---

[1] 夏倩芳，原永涛. 从群体极化到公众极化：极化研究的进路与转向[J]. 新闻与传播研究，2017（6）：18.
[2] 解冰，沈斌. 中国国际传播的盲区与突破[J]. 对外传播，2017（12）：47.

第四章

美丽中国对外网络传播的信源再造

习近平总书记在2015年召开的第二届互联网大会报告中指出,网络空间是美好的生活空间。互联网让世界变成了"鸡犬之声相闻"的"地球村",相隔万里的人们不再"老死不相往来"。可以说,世界因互联网而更多彩,生活因互联网而更丰富。[1] 但是理想的网络空间与现实的网络社会之间还有很大的落差,特别是当前全球新闻舆论场"美英垄断、西强东弱"的基本格局依然没有变,国际主流媒体对于中国根深蒂固的误解和偏见依然没有变,正确认识这两个"没有变",[2] 是未来中国更好实施对外传播战略的根本前提。美丽中国对外网络传播实践是挑战西方话语霸权的重要途径,我们要通过多种途径实现信源再造,不断提高美丽中国理念的传播力、影响力,以期为构建有中国特色国际传播新体系做出应有的贡献。

第一节 西方国际传播话语霸权

法国后现代学者米歇尔·福柯(Michel Foucault)曾提出"话语即权力",他认为历史的塑造掌控于权力和知识的拥有者手中。权力与话语的同构是现代社会的一个基本特征,构成了无处不在、"毛细血管"般的权力网络。与传统社会相比,现代社会倾向于将暴力机器安排到"幕后",而借由话语权施加更为软性、细密的统治。从"凝视"人的身体,到建构社会生活秩序,话语权的控制渗透了现代社会的所有领域。[3] 长期以来,世界传播领域话语体系为西方主导,

---

[1] 习近平在第二届世界互联网大会开幕式上的讲话 [N]. 新华网,2015-12-16.
[2] 史安斌. 新时代国际传播能力建设的新思路新作为 [J]. 国际传播,2018(1):9.
[3] 胡百精. 说服与认同 [M]. 北京:中国传媒大学出版社,2014:156.

发达国家既是世界话语的主要生产地，又是传播渠道的实际控制者，内容与手段的双重操控形成的话语霸权，不但塑造着人类社会和网络空间的现实图景，而且把控着全球舆论的生成及走向。

一、殖民主义与网络空间的"英美霸权"

伴随着互联网技术的不断进步，21世纪的人们生活在一个全球化的"地球村"中。然而，正如有些学者所指出的，全球化时代并不是一个主流媒体不断增加国外新闻报道的时代；相反，全球的新闻地图由一些"热点"地区和广大的"空白"地区所构成。① 这种新闻传播领域的"话语霸权"与英美国家漫长的殖民历史关联紧密。诚如爱德华·萨义德（Edward Said）所言，殖民主义不仅在"具体的政治、意识形态、经济和社会活动中"，且在"一般的文化领域"同样存在。殖民主义"不是简单的积累和获得的行为"，它"为强烈的意识形态所支持和驱使"。②

其实早在1980年，联合国教科文组织（UNESCO）在发表的报告《多种声音，一个世界》中就曾指出："个别传播大国对世界信息流通系统的支配是推行文化扩张主义的过程"。时至今日，这些相关论断在国际传播领域依然正确，国际舆论场仍为西方国家（和媒体）所主导。一个基本的判断是，美国及西方主要国家仍然占据全球信息流动的制高点，世界信息传播格局仍然处于不平衡的状态。③

国际新闻传播领域存在的"新闻业的英美霸权模式"（the hegemony of the Anglo-American model of journalism），正是以英美为代表的主要西方国家，凭借其压倒性的经济实力和统治性的政治地位，常常最广泛地出现在国际新闻和信息传播的"热点"领域，而一些贫穷、落后的亚非拉国家和地区，则由于对世界格局影响甚微，在全球的新闻地图上往往处于"空白"。只有当这些国家出现了战争、瘟疫或其他暴力危机等重大变故时，才会引起国际社会的微弱关注。曾有学者对此问题进行研究，结果显示，对于中国的报道，常常是当某个中国

---

① HAFEZ K. Global Journalism for Global Governance? Theoretical Visions, Practical Constraintsm [J]. Journalism, 2011（4）：483-496.
② [美] 爱德华·W·萨义德. 文化与帝国主义 [M]. 李琨, 译. 北京：生活·读书·新知三联书店, 2003：10.
③ 张磊, 胡正荣. 在互联网环境中重寻"世界信息与传播新秩序"[J]. 杭州师范大学学报（社会科学版）, 2014（5）：102.

领导人出访时，或地方局势出现动荡时（如台湾问题和西藏问题）才会出现。①

互联网虽然以倡导"开放、平等、民主、分享"等为理念，但网络空间的信息传播仍与技术的先进程度具有很大的关系，进而使"知识鸿沟"（Knowledge Gap）演化为网络社会的"数字鸿沟"（Digital Divide）。网络空间的信息传播依然存在"英美霸权"，且从门户网站、搜索引擎进一步扩展到社交媒体。国内有学者运用社会网络分析的方法对全球195个国家359家媒体基于社交网络的全球媒体传播格局及其影响力进行了研究，发现美国、英国依然处于新媒体全球传播格局的霸权位置，美联社、路透社、《纽约时报》、美国有线电视网（CNN）和英国广播公司（BBC）等传统媒体时代国际传媒巨头依然占据新媒体时代全球媒体传播格局的核心位置，拥有最强的社交网络影响力。美联社、《纽约时报》、美国有线电视网分列全球通讯社、报纸、电视台全球社交网络影响力第一名。②

美国学者认为，与19世纪掌握制海权、20世纪掌握制空权一样，21世纪掌握制网络权具有决定意义。美国虽然无论是在技术上还是在实力上都拥有制网络权的绝对优势，但是一刻也没有停止巩固和扩大其绝对的网络空间霸权。特朗普上台后，把美国战略司令部下属网络司令部升级为一级联合作战司令部，以加强美国在网络空间的行动能力。2018年，美国网络司令部和国土安全部先后发布《实现和维护网络空间优势：美国网络司令部指挥构想》与《网络安全战略》两份报告，对美国网络空间战略进行细化和落实，攻防一体是其鲜明特点。美国一方面强调网络空间是"国际公域"，鼓吹"自由、开放、共享"是网络空间的"普世价值"；另一方面却肆无忌惮地攻击其他国家的网络监管措施，妄图通过网络打破其他国家关防。美国《国家信息基础结构行动计划》中就公开叫嚣：开辟一个网络战场，用西方价值观统治世界，实现思想征服。为此，2018年7月，美国联邦通讯委员会正式通过决议，废除"网络中立原则"，这意味着美国在认为必要时随时可以对他国发起网络战，整个国际网络空间充满恐怖的阴云和无形的硝烟。

---

① 戴佳，史安斌. "国际新闻"与"全球新闻"概念之辨［J］. 清华大学学报（哲学社会科学版），2014（1）：46.
② 相德宝. 新媒体时代下的中国国际传播：体系建构、理念变革与实践创新［J］. 对外传播，2017（12）：17.

二、意识形态对立与西强我弱的国际舆论格局

在国际话语权的争夺战中,信源的控制与信息供给是关键的核心。二战结束以后,特别是"冷战"时期以来,以美国为主导的西方发达资本主义国家,对包括中国在内的东方国家有着一种根深蒂固的偏见,并且凭借其先进的技术优势控制着世界范围内信息的采集和传播,牢牢掌握着国际话语权。这一状况在21世纪的现代化信息社会,在网络空间中依然如此,西强我弱的国际舆论格局远未改变。西方发达国家控制了全球90%的媒体,他们通过垄断信源、掌控信道等方式从源头上控制信息的传播,并在信息处理过程中通过断章取义甚至刻意歪曲事实等方式,肆意"制造"一些非西方媒体的负面舆论,从而达到影响舆论走向的目的。

中西方意识形态之间的对立早已有之。中华人民共和国成立是中国崛起的前提,让我们不再"挨打";改革开放四十多年来,中国经济保持了持续的高速增长,解决了老百姓吃饱穿暖的问题,让我们不再"挨饿";然而我们始终没能摆脱"挨骂"的问题。要改变中国在国际传播中的逆差地位,走出"挨骂"的困局,只能通过不断壮大自己来与西方争夺国际话语权,提升在国际舞台上发声的能力,增强在国际舆论场中的议程设置能力。

虽然在全球化的今天,东西方之间两种社会制度的直接对抗已经不是主流,但从中国媒体在境外发展时,常常刻意被外媒贴上特定标签,暗示负面形象的做法,我们从中可以看出,意识形态的对立依然存在,最突出的表现之一就是故意提及共产党的英文名称。我们在介绍外国媒体时,从来不曾称呼"资产阶级"的CNN电视台,而"共产党专制"的定语却经常出现在国外媒体对我国媒体的介绍中。美国传播学者赫伯特·甘斯(Herbert J. Gans)曾指出:"对于国际新闻的报道通常不会严格遵循客观与超然的原则,而在国内新闻当中被认为是不合理、不恰当的鲜明价值判断却可以出现在对世界其他地方——特别是共产主义国家——的报道中。"[1]

西方国家对中国的误解根深蒂固,对中国发展抱有疑虑。他们难以理解,一个快速发展的大国会和平地崛起。尤其是面对中国这样制度和意识形态不同的社会主义国家,他们无论在心理上还是在行动上都难以适应。美国知名学者

---

[1] [美]赫伯特·甘斯. 什么在决定新闻[M]. 石琳,李红涛,译. 北京:北京大学出版社,2009:49.

约翰·米尔斯海默曾表示，要下定决心不惜一切代价来削弱中国日益显现的权力和影响力，而不仅仅只是对其进行简单的遏制。有人甚至抛出这样的论调：崛起大国往往是欲壑难填的。①国外媒体在转引中国官方媒体报道的消息时，虽然引用率不低，但是态度比较负面。西方主流媒体比较注重来自中国的信源，但在涉及中国媒体时，常会加上"中国官方的""政府运行"甚至是"共产党控制的"等定语，以此暗示其是政府宣传工具，降低报道内容的可信度。

西方国家凭借超强的传播能力，凭借对传播议程、文化观念、议题框架以及舆论市场的设置和主导，使目前中国在尚不具备足够强大的国际传播力时，我们发出的声音要么是完全无法传出去，即使传播出去，范围和影响力也十分有限。由于传播能力不足，无法形成强势传播，其效果往往达不到预期。

虽然西强我弱的国际舆论格局短期内不会彻底改变，但是随着新媒体的兴起，全球传媒的格局还是出现了一些新的变化。网络时代信息的传播已经没有国界，谁也无法彻底封锁境内外的消息，特别是面对一些重大突发事件，中国政府和主流媒体已经能够在第一时间做出应对和处理，并逐渐掌握了报道的方式和技巧；对于国际大事也能够及时进行权威解读并发表自己的观点与评论，中国的国际影响力和话语权正在不断提升，中国媒体的整体社交网络影响力跃居全球第三。新华社、《人民日报》成为具有全球网络影响力的网络节点。一些发展中国家通过加强内部相互连接，在全球媒体传播格局的位置从边缘走向核心，整体社交网络影响力增强。②

第二节 美丽中国对外网络传播挑战西方话语霸权

美丽中国对外网络传播是中国国际传播战略的重要组成部分，作为争夺国际话语权的有力抓手和关键环节，国际传播的成功与否直接关系到国家意识形态安全。党的十八大以来，以习近平同志为核心的党中央将国际传播置于前所未有的战略高度来对待。随着美丽中国网络传播实践的深入开展，不但在一定程度上消解着西方的话语霸权，进一步开拓了对外传播公共话语空间；而且它

---

① 张涛甫. 改变国际舆论场的"话语逆差" [N]. 解放日报, 2016-04-19.
② 相德宝. 新媒体时代下的中国国际传播：体系建构、理念变革与实践创新 [J]. 对外传播, 2017 (12): 17.

以"全民化"为目标,激活了个体网民,扩大了传播范围,有效实现了美丽中国思想传播的自组织,也意味着我国的国际传播已经从"规模导向"向"效果导向"转型,对构建具有中国特色国际传播新体系发挥了积极的作用。

一、霸权的消解:网络公共话语空间的新主题

国际传播不仅是一种沟通,一种跨文化的交流,更是一种国际话语权的争夺。美丽中国对外网络传播的积极作为,使全世界逐步接纳了这一观念,这对我国的国际传播逐渐在地区覆盖、阵地前移、本土化建设和舆论影响等方面取得积极成效发挥了重要的示范和带头作用。

十八届五中全会提出,加快建设资源节约型、环境友好型社会,形成人与自然和谐发展现代化建设新格局,推进美丽中国建设,为全球生态安全做出新贡献。[①] 美丽中国的理念与人类生态文明的价值取向相一致,美丽中国的互联网传播与网络的开放性、分享型及图像化等特性相吻合,美丽中国的对外传播可以避免意识形态的正面冲突,与网民的"使用与满足"心理相融合,这些都是我们开展国际传播的有利条件。

尽管当前西方通讯社仍然是各国媒体的重要信源(美联社、路透社等四大西方主流通讯社,占据世界新闻发稿量的4/5),但从西方主流媒体近年来对国际传播媒体文章转引数量的不断攀升,以及转引议题范围逐渐扩大的趋势来看,西方媒体的信源垄断局面正在被逐步打破,信息供需矛盾趋于缓解。[②] 特别是在一些不涉及意识形态冲突的非政治性信息方面,西方国家对中国提供的信息普遍持较为友好的态度。对与美丽中国建设相关的生态文明、绿色环保类信息,他们也往往较少含有敌意。我们应该以此为契机,不断创新美丽中国对外网络传播的手段和方式,塑造良好的中国国家形象。

自从党的十八大提出美丽中国的建设理念以来,中国的国际传播实践不断推陈出新,取得了较好的传播效果。根据皮尤研究中心2017年4月发布的调查结果,美国民众对中国持正面看法的比例创五年来新高(47%);其中,千禧一代(18~29岁群体)对中国的好感度(51%)远高于50岁以上的人群

[①] 新华社.中共中央关于制定国民经济和社会发展的第十三个五年规划的建议[EB/OL].新华网,2015-11-03.
[②] 解冰,沈斌.中国国际传播的盲区与突破[J].对外传播,2017(12):46.

<<< 第四章 美丽中国对外网络传播的信源再造

美国人对中国的态度变得更加消极

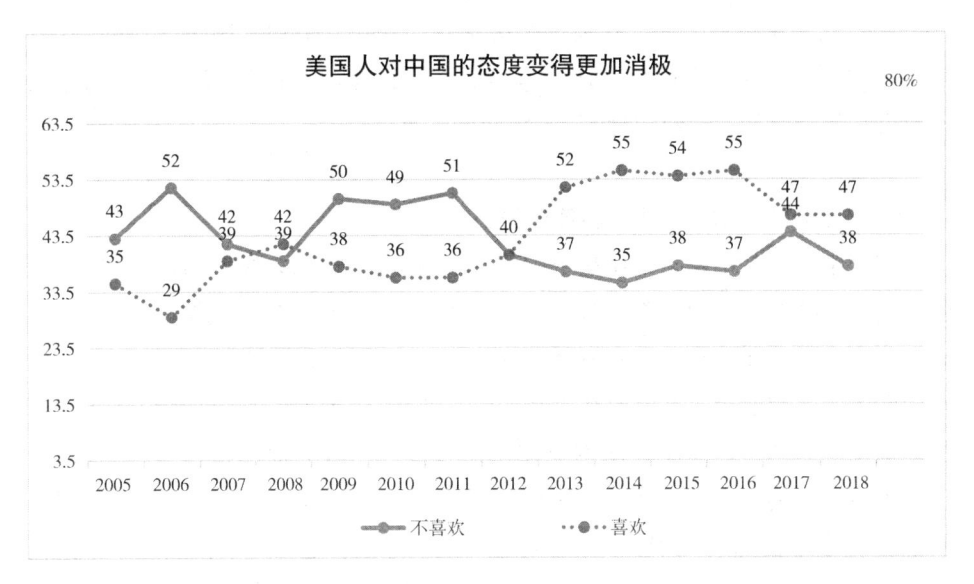

年份	不喜欢	喜欢
2005	43	35
2006	52	29
2007	42	39
2008	42	39
2009	50	38
2010	49	36
2011	51	36
2012	40	37
2013	37	52
2014	35	55
2015	38	54
2016	37	55
2017	47	44
2018	38	47

图 4-1　美国人对中国的态度变化

(36%),① 一改自 2012 年奥巴马第二任期以来美国对中国态度持续消极的状态。该中心在对 38 个主要国家的民众进行调查后发现,对中国持正面看法的比率平均为 43%。其中亚非拉等国民众对中国持有的正面态度保持稳定,而部分曾被视为"外宣瓶颈"的国家和地区也出现转机,菲律宾和英国、法国、希腊、荷兰、匈牙利等欧洲国家民众对中国持正面看法的比例都有显著提升,超过或接近全球均值。② 2018 年,特朗普发动了中美贸易战,这主导了世界两大经济体之间的关系,影响了美国民众对中国的态度。根据皮尤中心 2018 年 5 月 14 日至 6 月 15 日对 1500 名成年人进行的调查结果显示,对中国有好感的美国人由 47% 下降到了 38%。不过,从年龄层次来看,年轻人对中国的态度通常更积极。调查显示,大约一半 18~29 岁的人(49%)对中国表示了好感,远高于 30~49 岁的人(37%)和 50 岁及以上的人(34%)。③ 这说明,作为网络社会的原住民,网络传播对美国年轻一代影响深远,他们对中国的"刻板印象"相对较少,网

---

① Pew Research Center. 2017 年 4 月美国民众对中国好感度上升 7% [EB/OL]. 中文互联网数据资讯网,2017-04-06.
② Pew Research Center. 2017 年 4 月美国民众对中国好感度上升 7% [EB/OL]. 中文互联网数据资讯网,2017-04-06.
③ 美国皮尤中心. 过去一年,美国人对中国的态度更加消极 [EB/OL]. 搜狐网,2019-01-17.

络信息对他们建构中国形象起到了至关重要的作用。美丽中国与"一带一路""人类命运共同体"等理念一起构成了当前中国国际传播的主要议题，并日渐为全世界人民所认同，"大国外宣"工程初见成效。

二、激活的个体：美丽中国传播的自组织

美丽中国的对外网络传播是中国国际传播的重要组成部分，而在国际传播能力建设与提升过程中，业界和学界长期思考的一个关键问题就是，内容和渠道到底哪个更重要？在互联网发展的起步阶段，坚持"内容为王"是当时特定历史阶段的客观要求，有其时代的优越性。那时，内容的独创性是很多网站制胜的法宝。但由于数字化技术本身在复制和传播内容方面的低门槛和零成本，客观上造成了网络中"拷贝""洗稿"的现象层出不穷。很多研究者提出网络传播应该着力推进的"内容"和"渠道"双轨建设，这种想法固然很好，但在推行过程中又不同程度地存在着顾此失彼的现象。其中一个重要原因可能是，对内容和渠道之间、传统媒体和新媒体之间关系的认识没有完全到位。话语作为权力实现的工具，其本质是一种信源——信息表达和态度传递，但话语只有在广泛覆盖的情况下才可能抵达受众，渠道的价值在于控制着信息的覆盖和抵达率。从产业经济分布的角度来看，传统媒体时代的媒体传播是点对面的线性关系，从信息的采集到知识化（结构化）再到送达，是在产业链上内部流水线式地自动完成，内容与渠道呈现垂直整合的交融状态，二者共同构成媒体核心竞争力。西方国家也正是利用二者的这种密不可分的关系实现对传统内容和渠道的把控，建立起坚固的意识形态壁垒。近年来，我国国际传播媒体虽历经艰苦努力，但至今未能打破这个壁垒，实现传统领域话语权突围，困难根源也在于此。[1]

网络时代美丽中国的对外传播既不能纯粹坚守着"内容为王"的固有观念，也不能理想化地将互联网置于传播渠道的神坛，而应该致力于建立一种网站与网民之间更平等、更亲密的关系，营造更轻松、更舒适的氛围。事实上，互联网点对点的传播形态解放了每一个网民，也赋予其更多的话语权。与传统媒体时代的大众传播不同，生长、生活于网络环境下的网民很容易因为某个事件或者某个共同的话题、兴趣形成一种集群式传播，换言之，被激活的个体在新媒体语境下会成为美丽中国思想传播的自组织。

---

[1] 解冰，沈斌. 中国国际传播的盲区与突破[J]. 对外传播，2017（12）：47.

自组织理论的建立与发展始于20世纪六七十年代。1976年,"协同学"创始人、德国的赫尔曼·哈肯(Hermann Haken)给自组织下了第一个定义,即由一个大量子系统构成的系统在一定条件下,通过相互间的作用,最终使系统形成有一定功能的自组织结构,达到新的有序状态。[1] 从自组织在网络传播中的属性来看,学者朱海松认为,网络自组织是信息在网络传播的物质存在,是信息的根本属性,任何一个信息,只要放在网络上发布,在它的传播结构内部就携带着关于它的自组织、它的自我实现,它的所有蓝图以及传播形式和传播目的。[2] 社会自组织具有相对明显的特征,它往往是自发成立、自主发展、自行运作,具有一定的规模,是一个复杂的具有不稳定性的组织。其本身就是一个不断更新且又生机勃勃的复杂系统,内部各子系统处在一种连续变化的状态之中。网络受众是一个庞大的不均衡群体,他们的年龄、受教育程度、兴趣偏好、民族宗教以及思想观念都具有明显的差异,他们所需求的内容也是不断变化且复杂的,通过网络用户之间的复杂交流与互动,网络结构呈现出的是复杂的动态结构关系,并由此衍生出复杂的不稳定的自组织系统。[3] 具体来说,它虽然表面呈现出一种无中心化的特征,但有特色鲜明的主题;虽然没有准入门槛,但在内容方面以"求同存异"为主,过于相左的观点会被排挤在外。

从某种程度上说,美丽中国对外网络传播的自组织,正是围绕这一主题被激活的网民个体的集合,而自组织化就是美丽中国思想基于复杂网络环境下的集群式传播过程。自组织以"全民化"为目标,不仅要囊括更多个体网民成为美丽中国的传播主体,而且要通过全媒体化的手段,尽可能扩大其传播范围。在这一过程中,网民作为信源只是起点,围绕美丽中国的所有信息的知识化、结构化是在一个开放式的社会环境下完成的,信息被结构化成何种内容以及传播的数量、速度和规模,都取决于点状的接收者。以网络为代表的新媒体点对点的传播形态,不仅为我们打破西方传统媒体的信息垄断,突破西方媒体的话语封锁创造了条件;而且更重要的是,基于技术平台形成的自组织使网络本身正在从一种媒体发展成一种新的"网络社会",根据个性化的内容和服务需求,网民可以自主地对信息进行收集、加工和处理,并通过自组织的方式向他人或群体发布相关信息。以手机、iPad等为代表的各种终端设备,助推了网民的自

---

[1] 沈小峰. 混沌初开:自组织理论的哲学探索[M]. 北京:北京师范大学出版社,2008:39.
[2] 朱海松. 微博的碎片化传播[M]. 广东:广东经济出版社,2013:70.
[3] 武学军,张淋茜. 微博传播中的"自组织"[J]. 传媒观察,2016(3):35-36.

组织化程度，社会化媒体日益成为其获取信息、生活娱乐、交流互动的主要渠道。数据显示，我国国际传播媒体在社交媒体上的发文量、粉丝量等基础性指标近年来上升趋势明显，具有后发优势和较强的国际竞争力，客观上削弱了发达国家强势媒体的传统优势，新媒体正在成为我国实施舆论突围乃至弯道超车的重要渠道。[1]

从微观层面来看，"全民化"意味着要将国内外的媒体和个人纳入美丽中国对外网络传播的主体范畴中，要整合媒体资源，充分发挥民间/个人媒体的特殊作用。以核心区为中心，对国内、本省、本辖区涉外媒体资源进行统一规划与有效利用，建立起对外传播的有序状态。换言之，政府媒体应积极与民间媒体联合，引导它们的对外传播意识，扶持其中的优秀成员进入美丽中国的对外传播体系，努力淡化其官方背景，凸显客观的第三方身份，最大限度地符合外国受众的接受心理，以避免引发他们的抵触乃至排斥的情绪。国家有关部门还应该鼓励有影响的媒体采取一些特别的手段——包括但不限于独资落地境外，以及资本迂回等方式，与当地的主流媒体建立联系、实现联合，从而构建一个整体性的对外传播网络。与此同时，主动借力境外传播资源，拓宽对外传播渠道，谋求传播话语的本土化与国际化融合。借助国外主流媒体发布有关美丽中国的各类信息，有效拉近与媒体所在国受众的心理距离，提升传播力度。

从更广泛和长远的视角来看，吸引全世界网民共同参与是美丽中国对外网络传播的目标，特别是取得青年网民对这一理念的理解、支持并转化为具体的行动。美国数字新闻网站"石英"（Quartz）启动了一项吸引青年网民关注公共事务的行动计划——"新十亿"（The Next Billion）。该网站曾预测，互联网用户数量将在2012年到2016年间翻一番，从25亿人增长到50亿人。而根据2018年4月中国国际电子商务中心首次对外发布的《世界电子商务报告》显示，全球网民数量大约为41.57亿。从数量上看这部分用户的增长主要集中在亚洲和非洲地区。如果说前25亿是"意见领袖"，或者说"有影响力的人"，即各国的中产和精英，主要分布在西方国家；而后25亿则主要分布在西方外的国家或地区，以出生于1985年后的"千禧一代"草根和基层网民为主，是"容易被影响的人"。他们容易被影响和发动，形成"群聚效应"，是舆论场上的"新意见阶层"。因此，这些被称为"新十亿"的互联网用户在生活方式和媒介接触习惯上很有可能不同于前25亿网民，他们代表着更加多样的语言、文化、收入和技术

---

[1] 解冰，沈斌. 中国国际传播的盲区与突破［J］. 对外传播，2017（12）：47.

接入方式。① 中国青年网民是"新十亿"的中坚力量。"千禧一代"当中充满爱国的正能量和"文化自信"的磅礴力量，需要各级政府部门加强"顶层设计"和有效引导，把社交媒体和青年网民这个最大的"变量"转化为最大的"正能量"。

三、重构的格局：建设中国特色国际传播新体系

以互联网为代表的新媒体成为当下全球传播的主导力量，并推动基于新媒体的全球传播时代的到来。加强基于新媒体的国际传播能力建设，争夺新媒体时代的全球传播新秩序和话语权成为近年中国政府、学术界的重要理论和实践命题。②

党的十八大以来，以习近平同志为核心的党中央十分关注我国对外传播能力的建设，高度重视互联网、新媒体在国际传播领域的应用，在多种场合多次强调要加强国际传播能力建设，发挥好新兴媒体作用。2013年12月，习近平总书记在中央政治局会议上提出，努力提高国际话语权，精心构建对外话语体系，增强对外话语的创造力、感召力、公信力，讲好中国故事，传播好中国声音；2016年2月，习近平总书记在党的新闻舆论工作座谈会上指出，加强国际传播能力建设，增强国际话语权，集中讲好中国故事，同时优化战略布局，着力打造具有较强国际影响的外宣旗舰媒体。③ 他同时强调要借助新媒体传播优势，加强国际传播能力建设，加快构建舆论引导新格局，实现连接中外、沟通世界的传播使命。党的十九大上，习近平总书记更在报告中明确指出："推进国际传播能力建设，讲好中国故事，展现真实、立体、全面的中国，提高国家文化软实力。"上述这些相关论述站在全球传播的高度，扎根中国的国情和现实，不仅凸显了互联网等新媒体在国际传播中的重大作用，标志着新媒体国际传播战略思想的逐渐成形，也为新时代对外传播的理论重构和实践创新描绘了清晰的路线图，为构建具有中国特色的新型国际传播体系指明了方向。

新型国际传播体系，必然与媒体融合的大趋势相适应。互联网发展已经走过了门户网站时代（以流量为核心）、社交媒体时代（以用户为核心），正走向

---

① 史安斌，王沛楠. "新十亿"阶层的崛起与全球新闻传播的新趋势[J]. 国际传播，2016（11）：35.
② 相德宝. 新媒体时代下的中国国际传播：体系建构、理念变革与实践创新[J]. 对外传播，2017（12）：16.
③ 刘建明. 习近平48字箴言的理论创新与实践价值[J]. 中国记者，2016（4）：26-27.

智能媒体时代（以数据和场景为核心）。传统媒体与互联网经由深度媒体融合而共同走向智能媒体，未来的国际传播也将充分利用新的媒介体系。我国的国际传播主力军应当更加注重新兴媒体、新兴技术、新兴终端的运用，构建立体化、智能化、多层次、多领域、全方位、全流程的新型国际传播体系。适用多终端、善用大数据、立足多场景和追求高智能成为未来国际传播体系布局的四个关键点。①

新型国际传播体系还应该是一种精准传播。精准传播是指在适当的时间和适当的空间，传播媒介在精准定位的基础上，依托现代信息技术手段，用最佳的传播渠道，有的放矢地为受众提供其需要的新闻资讯及一对一的个性化服务，意味着国际传播的效果要因人而异、因时而异、因事而异。研究指出，对对象国（地区）传播主体、内容、对象、媒介和效果的精准评估和画像，是实现精准传播的基础。②

传统的国际传播活动规模大、范围广、目标偏向宏观、参与主体偏向泛化，使得其效果的达成并不那么容易，即使对其传播效果进行评估和掌握，也还没有特别成熟的指标、技术和方法。③ 因此，导致国际传播战略的泛化，国际传播效果的无力。随着媒介技术的发展，新媒体采集、监测和分析技术的发展，大数据理论与实践的日渐成熟，智能媒体的逐渐普及，有望使国际传播效果得到深入的掌握和剖析。一国一策、精准传播成为国际传播的战略选择。2015年，李希光提出一国一策传播是对外传播的新型交往方式。胡邦胜在2016《论中国国际传播的理论转型和实践转向》一文中也明确指出国际传播要摆脱传播理念不清、受众意识不强、贴近性和针对性不足的"泛对外传播"，要认真研究每个国家的特点，针对不同国家和人群，采取"一国一策"或"一国多策"传播，实现精准传播。④

近年来，随着我国新型国际传播体系的日渐形成和完善，美丽中国对外网络传播实践活动的开展和丰富，我们正努力突破西方对外传播的话语霸权，营

---

① 胡正荣. 国际传播的三个关键：全媒体·一国一策·精准化［J］. 对外传播，2017（8）：10.
② 李媛. "一带一路"与"一国一策"精准传播——以中国国际广播电台国际传播创新为例［J］. 青年记者，2017（28）：54.
③ 胡正荣. 国际传播的三个关键：全媒体·一国一策·精准化［J］. 对外传播，2017（8）：11.
④ 相德宝. 新媒体时代下的中国国际传播：体系建构、理念变革与实践创新［J］. 对外传播，2017（12）：17.

造有利于中国社会发展的国际舆论场。《2017年外媒涉华舆论态势研究报告》指出，2017年，中国的影响力变得越来越大，并且是综合性和全方位的影响力。这固然与中国经济的发展，特别是在世界经济中所占的分量更大紧密相关，同时也与中国积极倡议"一带一路"，推动构建"人类命运共同体"，以及建设美丽中国等理念引发的国际社会关注有着重要的关系。这些倡议、理念和价值观借助互联网技术在全球范围内的广泛传播，正是中国挑战西方对外传播霸权的重要突破口，且日益显现出正向、积极的传播效果。外交学院国际关系研究所卢静教授在总结2017年国际涉及中国舆论的特点时指出，国际涉及中国舆论场上客观、积极的声音还在增长，无论是关于中国的经济社会发展还是关于中国外交的主张和举措。在国际体系和国际格局处于深刻调整变化的今天，具有鲜明特色的中国在世界舞台上的地位和影响将更加引发国际舆论的热议。①

第三节　美丽中国对外网络传播信源再造的途径

美丽中国的对外网络传播是"中国国家形象传播"的重要组成部分，作为一项具有战略意义的工程，它对于国家形象的维护、推广，对于改变世界信息传播领域一直以来的不平衡现象，对于扭转西方强势文化和东方弱势文化之间的不对等格局都有积极的意义和作用。在对外传播美丽中国的总体过程中，我们应该注重国家站位，具备全球视野，坚持用事实说话，本着平等交流的态度融通中外，充分发挥美丽中国的理念优势，充分运用互联网的技术优势，谋求作为战略结果的传播影响力，树立中国新时代良好的国家形象。

哈佛大学教授约瑟夫·奈最早将一个国家的综合国力分为"硬实力"和"软实力"两种形态，后来他和苏珊娜·诺索尔又联合提出了"巧实力"（smart power，又译作巧力量）的概念，即"假手于人"和"借势用力"。据诺索尔说，巧力量意味着美国自己的手脚并不总是最好工具，美国的利益是通过调动代表美国目标的其他人来推进的，是通过联盟、国际机构、审慎的外交和思想的力量来实现的。② 截至目前，国内外学者尚没有对软实力一词的准确含义达成一

---

① 卢静. 2017 国际涉华舆论的特点［J］. 对外传播，2018（2）：28.
② NOSSEL S. Smart power: Reclaiming Liberal Internationalism［J］. Foreign Affairs, Mar/Apr, 2004: 7; 转引自郭镇之，冯若谷. "软权力"与"巧用力"：国际传播的战略思考［J］. 现代传播，2015，37（10）：21.

致,但较为公认的说法是软硬两种实力的巧妙结合运用即为巧实力。"巧"是一种主观的判断,更是一种策略的选择,美丽中国的对外网络传播必须"巧"用力,用"巧"力,通过以下几种途径实现信源再造,才能取得事半功倍的效果。

一、分散与聚合:由分散自发向主题传播转型

美丽中国包括资源、能源、环境、生态等诸多领域,涉及经济、政治、文化、社会等各个方面,传播内容十分广泛。在对外网络传播中,突出什么主题、从哪些方面切入、重点推送哪些信息、信息之间的关联性和连续性如何考量等问题,都要精心设计、统筹规划,才能吸引国外受众的注意力,受到关注,得到认同。①

当美丽中国的对外网络传播处于起步阶段时,一个显著的特点即"各自为战",相关的政府、组织和个人都处于一种分散而又自发的状态,虽然客观上也起到了一定的宣传、推广作用,但总体而言传播效果不佳,也造成了信息的重复和资源的浪费。主题传播可以有效对抗分散传播导致的信息良莠不齐、泥沙俱下的状况。互联网技术发展的一个重要特点就是让所有的信息接收者同时成为信息的发布者和传播者,特别是在社交媒体日渐"泛滥"的当下,信息更是被分解得支离破碎,并且不可避免地存在着虚假错误的元素,可能在美丽中国对外网络传播过程中对国外受众造成严重误导。主题传播集中优势力量,对某一个事件、状态、景物或人物进行全方位、立体式报道,既可以形成规模效应,又能够防止信息的片面化和零碎化。

主题传播可以看作一种"以我为主"的主动宣传、系统传播。就宣传而论,主题既是"表"——文本的标签、行动的口号,也是"里"——宣传者的核心观点和精神主旨。我们称五四运动是一场呼唤"德先生"和"赛先生"的启蒙运动,称1978年的思想解放运动是一场关于"真理标准问题"的大讨论,即是主题统摄"表""里"的例证。"表"的问题要简单、有力、生动,善用成语俗语、谐音双关、对偶顶针、譬喻象征、诗词格言,乃至"顺口溜"等修辞方式,以增强宣传主题的传播势能,更好地服务于"里",即宣传主题的内在价值和功能。② 同时,表里如一的主题内容必须转化为合适的体裁和恰当的符号。体裁

---

① 李建华."美丽中国"对外网络传播的破局与重构[J].四川大学学报(哲学社会科学版),2016(2):72-73.

② 胡百精.说服与认同[M].北京:中国传媒大学出版社,2014:127.

的最大作用,是指示接收者应当如何解释眼前的符号文本,体裁的形式特征,本身是个指示符号,指引读者采用某种相应的"注意类型"或"阅读态度"。体裁是文本与文化之间的"写法与读法契约"。① 文化的训练使接收者在解释一个文本时,带着一些特殊的"期待",如同我们面对新闻、广告、诗、电影等不同体裁的文本,会有不同的期待;即使面对同一种体裁,比如纪录片,中外不同国家由于文化不同,受众的期待也不同。这就要求传播者必须兼顾文本的体裁、文化等各种因素,对同一个主题选择不同的符号进行组合,才能达到理想的传播效果。因此,主题传播并不排斥产品多元化,反而意味着多元化的形式是表达与传播美丽中国主题的必然选择和结果。这里的产品多元化是多层面的:既有包括针对国内外不同地域、民族、年龄、宗教、文化传统受众的多元产品,也包括基于不同传播手段和终端形态的传媒内容产品;既包括电影、电视剧、纪录片、宣传片、日常节目等常规产品,也包括应对突发性事件、重大事件的非常规产品。只有建立起结构化、多元化的产品体系,才能充分实现顶层设计②;也只有借此才能进一步在国际社会中建立明晰、一贯的价值观,树立清晰、井然、始终不渝的国家形象。

二、传统与变革:由自说自话向西式叙事转型

美国学者沃尔特·费希尔(Walter Fisher)认为:所有传播皆叙事。③ 美国哲学家斯坦利·哈弗罗斯(Stanley Hauerwas)也提出"在叙事中成就德行"④的主张。中西方在新闻报道文本的叙事风格上有较大的差异,但在追求价值、德性这些"最终秩序"的叙事要素方面是一致的。要塑造美丽中国国家形象,说到底也就是基于国家利益而又超越于此的价值叙事。因此,面对外国网民作为主要受众群体的对外传播,应当采用能够为他们普遍接受的人性化叙事方式,而不是国内常用的抽象式、说教式叙事,把美丽中国故事讲得生动感人、入情入理,情节清晰、前后呼应。故事之间相互印证、彼此吻合,故事人物可查、可信,不能让受众产生虚空感和距离感,故事对社会现实进行精确再现,可信、

---

① 孙圣英. 法国当代作家让·艾什诺兹的符号化写作[J]. 华东师范大学学报(哲学社会科学版), 2015(4):148.
② 胡正荣, 王润珏. 中国传媒文化软实力的建构[J]. 文化软实力研究, 2016(2):22.
③ [美]理查德·韦斯特, 林恩·H. 特纳. 传播理论导引:分析与应用[M]. 刘海龙, 译. 北京:中国人民大学出版社, 2007:384.
④ 汪建达. 哈弗罗斯论伦理问题的转向[J]. 学术交流, 2007(9):13-16.

可靠。

  国内报道的惯用叙事方式就是"自说自话",其典型表现即直白地表达立场,以政府"官方发言人"的身份去传达某一主张,"要求必须XX""XX一定会如何"。这种自说自话的方式在对外传播时,还进一步表现为担心外国受众不了解中国的国情与地方的省情、市情,画蛇添足地用说教味很浓的语言加一个评论,以表达主观的立场和情绪。对此,曾任新华社社长的朱穆之先生曾有一个形象的表述:"在对外宣传上,最重要的是摆事实,至于如何判断,由读者、听众自己从事实里得出来……而我们常常是事实没有讲,先做个结论;事实已经很清楚了,非要再来一个注,就像过去旧小说一样,故事已经讲完了,最后还要加个评语,或者来一个'有诗为证'。"①

图 4-2 李子柒"螺蛳粉"视频 YouTube 截图

  在这方面,李子柒为我们提供了典型案例。YouTube 上,一个名为"吃得满足,嗦得过瘾,辣得舒坦,就一碗柳州螺蛳粉 Liuzhou'Luosifen'| Liziqi Channel"的视频火遍全网,截至 2020 年 8 月 11 日,观看次数 47397451 次,点赞 53 万,无论是观看次数还是点赞数,都远超课题组所发现的其他任何一个美丽中国网络传播信源。视频全长 10 分钟,主要展示了从螺蛳粉食材采集、加工、制作的全过程。视频中没有解说,没有对白,其对国外受众的魔力来自哪里?李子柒一袭飘逸古装,在山间取泉水,在菜地采时蔬,腌制和烹饪各种菜肴并和年迈的奶奶共享劳动成果。她用一餐一饭让四季流转与时节更迭重新具备美学意义,她把中国人传统而本真的生活方式呈现出来,让现代都市人找到

---

① 沈苏儒. 对外传播学概要 [M]. 北京:今日中国出版社,1999:98.

一种心灵的归属感,也让世界理解了一种生活着的中国文化。她用镜头语言"润物细无声"的讲故事,而不是只是单纯展示般的宣传。她不仅在中国国内微博和抖音粉丝超过5000万,而且在YouTube上达到1200万粉丝——这个粉丝量打败了一众西方媒体大佬的粉丝量,接近美国有线电视新闻网(CNN),超过中国官媒海外粉丝数的总和。

由自说自话向西式叙事转型,首先就意味着必须与宏大叙事分道扬镳,要"接地气",即注重外国受众,特别是西方网民的信息接收习惯,要在坚持传播正确理念和价值观的前提下,采用西方的叙事方式以成就有品质的信息。以部队招募参军的广告为例,美国的征兵宣传文案可以这样写:"当了兵有两种可能:一是留在后方,一是送到前线,留在后方无可担心。送到前线有两种可能:一是受伤,一是不受伤,不受伤无可担心。受伤有两种可能:一是轻伤,一是重伤,轻伤无可担心。重伤有两种可能:一是能治好,一是治不好,治好无可担心。治不好也有两种可能:一是不死,一是死亡,不死无可担心,死了么……也好,既然他已经死了,还有什么可担心的?"[①] 这样的文本和表述在中国肯定是不适用的,原因就在于其叙事的方式是中国普通大众无法接受的。虽然它在文字上没有任何问题,也符合人们的逻辑思维,但是它不符合中国人的亲情观和家庭观,更深层地说,由于中美在文化传统、行为方式和社会生活等方面的差异,导致这种类型的广告效果在中国一定是适得其反。[②]

第一,当我们向包括美国在内的其他西方国家传递美丽中国的观念时,就必须根据战略的要求,对受众进行规划。根据受众的利益点、关切点和兴趣点,组织传播实施。在当前的技术环境下,对受众既要有事前的调研分析,更要充分利用大数据等新技术手段,在沟通互动中挖掘分析受众的偏好,从而真正做到有的放矢。加强对不同国家或地区受众在民族心理、文化心理、思维习惯和媒体接受习惯等方面的差异性研究,遵循国际传播规律,融入国际话语体系。采取"内外有别"的传播策略,走出"以译代传"的误区。在丰富传播手段和传播内容的同时,注重说服性、融合性、平衡性、互动性、趣味性等话语技巧,推进中国故事的世界表达;减少说明性、目的性、强制性和刻板生硬等自我中心、自说自话式的表达,以当地民众喜闻乐见的方式,拉近与不同传播对象之

---

① 李思屈. 广告符号学[M]. 成都:四川大学出版社,2004:204.
② 赵毅衡. 符号学:原理与推演[M]. 南京:南京大学出版社,2016:137.

间的情感距离，谋求民心相通，建设对外传播的民意基础。①

第二，西式叙事意味着灵活采用各种话语方式，准确表述，以还原事实语境。我们经常可以听到一些机构抱怨，那些精彩的活动、重要的成绩总是"传播不开"，而那些偶然发生的、微不足道的负面事件却"被演绎得一塌糊涂"。其关键症结便是语境还原出了问题：正面传播由于缺少精细的语境刻画，导致本来鲜活的人物成了照片上死盯着镜头的"脸谱"，本来生动、立体的事件成了黑板报上的内容提要；负面传播由于缺少主动、充分的告知，导致人们凭借"合理想象"为之强加一个贪嗔痴、腥膻私的发生语境。② 我们要善用世界语言，着力将传播内容趣味化、生活化与贴近化，尊重受众作为参与主体、感受主体、获知主体的感受，从以物为主的思维向以人为主的思维转变，从呆板的说教式话语转向灵活的交流式话语。加快融媒体转型，全面拓展中国内容的落地渠道，从"讲中国的故事"转为"中国讲故事"，进一步扩大我国的话语权，增强我国国家形象的世界影响力。③

第三，从广义来理解西式叙事还包括了"报道者"的西方化，即更多利用"洋面孔"借嘴说话、借船出海。新华社、CGTN、《中国日报》等多家中央媒体都有洋记者主持时政节目。十九大期间，中央媒体共派出200多名外籍记者上会参加了党代会新闻报道，开党代会报道先河。主流媒体发挥外籍记者洋面孔、国际视角优势，在海外社交媒体直播和视频报道中出镜，为"国家站位、全球视野、事实说话、融通中外、平等交流"的对外传播理念注入一股"洋流"。这更有利于跨文化传播，中英文记者编辑坐在一起打磨脚本，用彼此都能接受的方式表达观点，这是一种外宣产品生产流程的再造和创新，既培养了了解中国国情的外籍记者队伍，也培养了更了解海外受众关注点的中国记者队伍，值得推广。另外，在文字稿件写作方面，还可以考虑搞"签约外籍撰稿人"，让外国专家和在中国工作学习生活的外国人直接撰稿。④

总而言之，西式叙事观念指导下的美丽中国的对外网络传播应避免宏大叙事，并应由一般性的政策阐释转变为针对性传播、嵌入式传播和精准传播，及时回应不同国家对其所关切的问题的关心与质疑，该解释的解释，该澄清的澄清，使对方在全面知情的情况下消除误解，摒弃成见，融入美丽中国的传播与

---

① 杨蓉."一带一路"核心区对外传播对策研究［J］.中国报业，2017（22）：10-11.
② 胡百精.说服与认同［M］.北京：中国传媒大学出版社，2014：99.
③ 李斌.新华社海外社交媒体的国家形象传播策略［J］.青年记者，2017（26）：73-74.
④ 郭丽琨.开辟中国外宣新境界［J］.对外传播，2017（12）：3.

建设中来。把握这一战略性的历史机遇，对外构建美丽中国传播话语体系，是使国际社会了解、理解、认同并参与实施这一宏伟构想的关键。

三、理性与感性：由文字为主向图像呈现转型

作为建构传播行为的基础性力量，媒介技术的变革会使传播过程出现根本转变。一个国家的全球文化领导力在很大程度上取决于在媒介技术创新方面的引领作用。在由"融媒""智媒"转向"浸媒"的今天，国际传播能力建设要紧紧跟上时代的发展才能从根本上提升媒体的影响力和引导力。对于国际传播而言，由于国家间往往存在语言、文化等差异，相较于文字、声音等介质，视觉传播对于有效降低文化折扣所起到的作用更为显著。与文字等诉诸理性不同，图像诉诸感性认知的特性与人脑的结构更为接近。传播心理学的研究已经表明，人脑优先处理的信息中90%与图像直接相关。因此，短视频、直播、虚拟/增强现实（VR/AR）等都是强调视觉的媒介技术，都应是下一步国际传播能力建设着力拓展的重点领域。特别是VR/AR等前沿技术，能让受众"沉浸"于特定现场，在"你中有我，我中有你"的"代入体验"中，终致"感他人所感，想他人所想"的"共情效应"。在大数据和人工智能等前沿科技上升为国家战略的当下，国际传播应当尽快完成从传统的"信息化"向"可视化""沉浸化"的更新迭代。

在国际著名美学家阿莱斯·艾尔雅维茨（Ales Erjavec）看来，我们已经进入多媒体和多感觉时期，图像是主要的传播媒介。[1] 美通社的一项调查显示，90%的媒体乐于采用附有高清晰图片的新闻，而拥有相关配图的文章的总阅读量比没有配图的高出约94%。[2] 美丽中国是一幅幅美丽图像：五千年历史文化是一幅幅穿越时空的古典画，地大物博、山清水秀是一幅幅绝美的中国画，团结友爱、幸福和谐是一幅幅充满人文情怀的风俗画……这些图像画面具有很强的冲击力和吸引力，甚至不需要文字、不需要解说就能传递出丰富的信息和内容，通过图片、动画、视频等形式，易于网络传播，易于为国外网民接受和理解。[3] 图像呈现具有多重优势，不仅是视觉直观的形象生动，更为重要的是它

---

[1] [斯]阿莱斯·艾尔雅维茨. 图像时代[M]. 胡菊兰，张云鹏，译. 长春：吉林人民出版社，2003：33.
[2] 蒙璐. 新闻图片——会传播的视觉盛宴[EB/OL]. 美通社网，2013-05-28.
[3] 李建华. "美丽中国"对外网络传播的破局与重构[J]. 四川大学学报（哲学社会科学版），2016（2）：68-75.

的诚实可信；不仅能够"打中人"——吸引网民的注意和目光，而且能够"打动人"——直击网民的内心与灵魂。因此，为了让全世界的网民感受到我们的诚信和诚意，作为美丽中国对外传播的主体，我们有必要通过符号加工和修饰，通过更多的图形图像让信息变得更为可信，让网民觉得这些内容是"据实而言"的。当然，这个"实"不一定完全是事实（facts），却一定是"事实性"（factuality），信息的发布者会对"事实性"负责。事实上，Facebook、Twitter、YouTube、Tik Tok 等社交媒体之所以快速崛起为互联网巨头，就是因为引领了或者顺应了这种互联网产品发展趋势，成为亿万网民趋之若鹜的社交媒体。而那些静态网页、文字网站，则逐渐淡出网络传播中心。

美丽中国本身就是极具画面感和代入感的话题，最适合运用视频、图像、音乐、舞蹈等形式进行具象和表现。美丽中国的对外网络传播，不仅要实现从文字向图像呈现的转型，更要善于运用多模态话语。所谓"多模态话语"不仅指文字，还包括图像、音乐、表情、手势、姿势等各种符号。如果说表达核心价值观的话语是"硬话语"，草根话语是"软话语"，那么多模态话语传播的就是软硬结合的"巧话语"，巧话语就是要将传播内容分成不同层次，通过丰富多彩的形式，将中国价值观、中国政策、中国文化、中国品牌向海外传播。①

四、组合与互动：由纯文本传播向兼顾伴随文本转型

美丽中国对外网络传播的内容离不开具体的符号及其组合而成的文本。按照法国哲学家雅克·德里达（Jacques Derrida）的理解，文本就是一切具有实质性内容的符号组合与社会存在，譬如一篇演讲、一则新闻稿、一部电影、一段历史、一种社会思潮、一个时代的气象和气质、一座城市。② 这是对符号文本的宏观理解。如果从微观视角考察，那么所有的符号文本都是文本和伴随文本的结合体。所谓"符号文本"，就是一定数量的符号被组织进一个组合中，让接收者能够把这个组合理解成有合一的时间和意义向度。③

伴随着文本一道发送给接收者的附加因素，就是伴随文本，包括副文本（如书籍的标题、题词、插图，电影的片头片尾，唱片的装潢，商品的价格标签

---

① 吴瑛，王曦雁，何萍，等. 2017年政府对外传播前瞻——基于社交媒体的分析［J］. 对外传播，2017（1）：20.
② ［法］让·弗朗索瓦·利奥塔. 后现代状态：关于知识的报告［M］. 车槿山，译. 北京：生活·读书·新知三联书店，1997：14.
③ 赵毅衡. 符号学：原理与推演［M］. 南京：南京大学出版社，2016（42）：42.

等)、型文本（体裁、发送者-接收者的相对社会关系）、前文本（文本中的各种引文、典故、戏仿、剽窃、暗示等)、评论文本、链文本（如注解说明、网络链接）等。①

文本历来受到传播者的重视，其最重要的是内容材料的组织编排。为了达到更为理想的传播效果，经过新闻传播学界和业界多年共同研究和实践表明，纯文本的传播应由单向提示向两面提示转型。美国学者卡尔·霍夫兰（Carl Hovland）经过测量表明，单方面消息对最初赞同该消息者和受教育程度较低者最有效，正反两方面消息对最初反对者和受教育程度较高者最有效。② 美丽中国既有美丽的一面，也有不够美丽的一面。我们既要传播中国蓝天白云、青山绿水、勤劳智慧、笑语欢颜等美丽中国美好的一面，也要传播水土流失、沙尘肆虐、雾霾重重、污染严重等不美好的一面；既要传播中国把生态理念贯穿经济政治文化社会建设全过程的思路做法成效、向环境污染宣战的坚定决心、治理环境问题的坚强意志、人民生活质量日益向好等积极面，也要传播发展理念转变需要一个过程、经济社会转型面临困难大、环境问题欠账多、环境治理与保护压力大等消极面。用正面疏导反面，用积极消解消极，争取获得国外受众的理解与认同。③

随着人们信息接收范围的扩大和对信息主动采集能力的提高，副文本、型文本等伴随文本对信息接受发挥着越来越大的作用，特别是在准确理解传播者意图，形成主导、正向解码的过程中，往往更具传播效果。

副文本（para-text）是一种显性的伴随文本，是文本的"框架因素"。副文本有时落在文本边缘上，有时需要借助其他媒介或手段来展现，但它总是显露在文本表现层之上，对符号文本的接收起到重大作用。比如现在很多书籍都设计了腰封，并通过名人推荐、豆瓣高分、某某电影原著等字样，展示其与众不同之处，以期获得读者的特别关注，产生购买欲望。再如一些电影上映之前，宣传词总会刻意强调"耗时×年，投资×亿"，制作班底是如何国际化，演职员中有多少大明星等。这些都属于副文本，会让受众产生一定的心理期待和走入影院一探究竟的冲动。因此，如果在美丽中国对外网络传播过程中，适当强调

---

① 赵毅衡. 符号学：原理与推演 [M]. 南京：南京大学出版社，2016：139-148.
② [美] 沃纳·赛佛林，小詹姆斯·坦卡德. 传播理论——起源、方法与应用 [M]. 郭镇之，等译. 北京：华夏出版社，2005：179-180.
③ 李建华. "美丽中国"对外网络传播的破局与重构 [J]. 四川大学学报（哲学社会科学版)，2016（2)：68-75.

副文本，比如张艺谋拍摄的"成都"城市宣传片，除了熊猫、火锅、武侯祠、杜甫草堂等这些元素外，作为导演的张艺谋本身就是一个副文本，对宣传片的传播也起到了积极的推广作用。由于社会制度、意识形态等方面的不同，某些国外的网民对由中国各级政府为主体展开的美丽中国网络传播，会产生一定的抵触情绪。此时的副文本"政府"主导，就会与他们脑海中潜意识里的偏见相联系，自然传播效果就会大打折扣。反而一些民间的、个人意见领袖，即所谓"野生 KOL"（Key Opinion Leader）的网络言论更容易在网络中产生共鸣。

型文本（archi-text）指明文本所属的集群，即文化背景规定的文本"归类"方式。最明显的、最大规模的型文本范畴是体裁，采用某个体裁，就决定了最基本的表意与接收方式。接收者得到一个符号感知，例如看到一盏红灯，他必须马上明白这个红灯的体裁类别——交通灯、车尾灯、店铺招牌灯、住宅装饰灯、舞台上人物举起的道具灯——然后才能解读出这是停车信号、转弯信号、喜宴标志、《红灯记》中的革命传统象征。如果没有各种型文本，文本本身（一盏红灯）无法独立表达任何意义。① 所以，美丽中国丰富的内涵在对外网络传播过程中，必须找到明确的型文本，无论是新闻、诗歌还是宣传片、纪录片等，只有将适当的内容通过适合的型文本表达出来，才可能获得预期的传播效果。

评论文本（meta-text），是"关于文本的评论"，是此文本生成后被接收之前，所出现的评价，包括有关此作品及其作者的新闻、评论、八卦、传闻、指责、道德或政治标签等。例如在微博、Facebook、Twitter 等社交媒体上"元本文"（原始信息）之后的各种评论都可以被视为评论文本，会在一定程度上影响其他信息接收者的态度。

链文本（link-text）是接收者解释某文本时，主动或被动地与某些文本"链接"起来一同接收的其他文本，如延伸文本、参考文本、注解说明、网络链接等。② 在网络上体现最为具体。许多人的网上阅读就是从一篇"链接"到另一篇，网页文本，不管是文字还是图片，在"界面"（interface）上提供各种被称为"微文本"（microtext）的关键词链接、友情链接、评论栏、跟帖等，都是链文本元素。

必须指出的是，伴随文本仍然需要依赖高质量的文本本身才能发挥"1+1>2"的效果。否则过于热衷副文本因素，可能让人放弃独立评判，产生盲从盲

---

① 赵毅衡. 符号学：原理与推演［M］. 南京：南京大学出版社，2016：142.
② 赵禹平. 电影伴随文本运行探析［J］. 重庆广播电视大学学报，2015，27（6）：18.

信；如果限于型文本的窠臼，难免会脱离当代的社会关系；故意卖弄文化知识，容易丧失缺少"前文本"的那部分受众；链文本的过度使用会喧宾夺主，反而易使接收者迷失方向，"找不到来时路"。

五、涌现与融合：由媒体单打独斗向媒介融合整合转型

美丽中国的对外传播是一项政府主导、媒体主打、全民参与的全方位、系统性工程，特别是对于新闻媒体而言，更是在其中发挥着不可替代的主力军作用。网络作为世界公认的继报纸、广播、电视之后"第四媒介"，在美丽中国对外传播中不仅是一个技术性平台，同时也是一种融合了传统媒介所有特长于一体的综合型媒介。美丽中国的对外传播必须在做好顶层设计与机制整合的前提下，由媒体的单打独斗向深度融合整合转型。

党的十八大以来，在建立社会治理体系和治理能力现代化命题的提出和实施进程中，国际传播工作与经济工作、外交工作、国家安全工作的融合程度日益加深，对国家战略的支撑力度在逐步提高。中国的国际传播，与发达国家一样，正在步入战略传播的新阶段。相应的制度建构势在必行，比如2003年美国设立白宫"全球传播办公室"，俄罗斯总统办公厅2005年增设了"对外地区及文化合作局"。在此类权威统筹协调机构之下，更重要的是聚合非官方组织、智库和专家学者设立相应的专业机构，建立包括话语设计、议程设置、媒介策略、效果评审的系统工作机制，推动国际传播的整体规划和系统部署。

如前所述，当前国际传播的话语场仍然是西强我弱的格局，但媒介的多样化发展，特别是新媒体的快速崛起，使信息大量、迅速地传播到世界各地，使受众可以在比原来更广阔的信息空间接触信息，从而使国际传播格局朝着多元化方向发展。借助媒介发展、媒介融合所带来的发展机遇，我们应该着力打造跨媒介、跨平台、跨语种、覆盖面广、影响力强的国际传媒集团，积极利用国际主流媒体平台特别是新媒体平台，构筑国际传播的媒介体系。同时，通过支持非官方组织和民间搭建文化、经贸、教育、旅游、体育、音乐等各种交流平台，充分发挥组织传播、人际传播在国际传播中的作用，并通过新媒体对其进行增益传播，放大传播效应。

媒介整合最具代表性的例子当属中国国际电视台的开播。2016年12月31日，筹备已久的中国国际电视台（中国环球电视网，英文缩写CGTN）开播。以此为标志，中国媒体的国际传播事业进入了整体战略清晰、媒体责任自觉、融合创新纷呈、传播音量日增的全新境界。从世界舆论场整体格局看，虽然西强我弱的局面还没有发生根本性改变，国际传播中仍然存在"硬件硬、软件软"的状况制约着中国声音的有效传播，但是，世界舆论场上的中国力量正日益凸显。中国国际电视台（CGTN）的开播所具有的标志意义在于，中国的对外传播工作终于在实践层面上从摸着石头过河式的探索走向清晰布局基础上的战略自觉。CGTN从一开始就有清晰的顶层设计，通过整合中央电视台（现为中央广播电视总台）原有的英语新闻、西语、法语、阿拉伯语、俄语和纪录等六个频道资源，全新开办17个栏目，对接多个海外分台的内容采集与播出渠道，形成较为完整的国际传播平台格局。而在内容生产机制上，全新的开放式全媒体演播室，电视演播区和在线编辑区共同搭建全媒体演播区域，为未来呈现在线虚拟、AR、虚拟追踪等先进技术生产的内容提供足够的开放接口。与此同时，CGTN移动新闻网同步上线，视频直播平台和主账号与北美、非洲及多语种账号形成传播集群，打通移动端、PC端和电视大屏等多个终端。按照设计构想，未来能够根据社交多终端后台大数据分析指导内容生产，满足用户个性化需求。①

2017年，中国几大媒体在国际传播领域都有更为清晰的战略布局和动作。新华社在创新对外话语体系、拓展新兴媒体传播阵地、推进融合发展、构建全方位支持保障体系等方面做了持续不断的投入；中国国际广播电台则坚持"移动优先"战略，将多语种优势延伸至移动传播领域，以China品牌为核心，形成China系列多语种移动端媒体集群，实现基于移动互联网的多语种、全球化国际传播。《中国日报》则在引进国际领先的"墨素"系统并进行本土化改造的基础上，形成现代化全媒体采编发平台，为融合发展基础上的国际传播提供强大支撑。②

随着一大批媒体机构的涌现和不同媒体间跨机构、跨部门的融合，美丽中国在对外网络传播中的战略定位有了更为明确的自我认知和责任期待：致力于发挥"让世界了解中国"和"让中国走向世界"的窗口与桥梁作用，在全新的媒体生态中，通过"深度融合"实现"弯道超车"，更好地履行"联接中外、沟通世界"的媒体使命，以高度的历史自觉建设与国家地位和实力相适应的大国传播。③

---

① 戴元初. 日益走近世界舆论场中心的中国力量——2017中国媒体国际传播实践述评［J］. 对外传播，2017（12）：4.
② 周树春. 以"深度融合"推动"弯道超车"，实现国际传播跨越式发展［EB/OL］. 人民网，2017-08-19.
③ 戴元初. 日益走近世界舆论场中心的中国力量——2017中国媒体国际传播实践述评［J］. 对外传播，2017（12）：4.

第五章

美丽中国对外网络传播的信宿再引

在互联网高度发达的今天，网络传播是提升美丽中国国际影响力的重要方式，也是让世界上更多的人接触美丽中国、认可美丽中国、参与美丽中国的最重要渠道。但现实情况却是，时至今日，美丽中国对于许多境外网民而言依然是一个比较陌生的概念，美丽中国在全球互联网中的知名度和影响力仍相对有限。本章将以美丽中国对外网络传播受众为研究对象，分析阐述美丽中国对外网络传播过程中的信宿再引。在此之前，我们需要对"信宿"和"信宿再引"进行概念界定。

首先是关于美丽中国对外网络传播"信宿"的概念。"信宿"，其本意是信息传输的归宿，指的是信息传播的接收方。在美丽中国对外网络传播的过程中，"信宿"则是指作为传播受众的境外个人和组织，其主要构成就是我们通常所说的"网民"。需要说明的是，虽然西方国家网民数量并非最多，但以欧美发达国家为首的西方国家仍然在全球网络传播领域处于主导地位：西方国家的互联网企业长期推动着全世界互联网的发展，西方国家的政府组织在很大程度上主导了互联网各类行业标准的制定，西方国家的互联网普及率最高，西方网民群体庞大且活跃。因此在本章中，我们将会把美丽中国对外网络传播的"信宿"主要指定在西方国家网民这一对象群体上。

其次是对"信宿再引"的理解。21世纪以来，随着互联网技术的飞速发展，我们经历了从"WEB1.0"时代到"WEB2.0"时代的转变，并正在向"WEB3.0"时代迈进。网络时代的变迁也深刻地影响着人际交往方式。交互性是"WEB2.0"时代最为突出的特点，而自媒体则是"WEB2.0"时代最为重要的平台。在自媒体环境下，信息的多元化和互动性决定了网络传播过程中不再有传统意义上的信息"制高点"，无论是政府、组织、机构还是个人，他们所能利用的渠道、所能发布的信息乃至所能产生的辐射效果都变得愈发接近，传统意义上的"信息壁垒"被打破，任何个体都是互联网世界中不可忽视的一部分。

"制高点"和"信息壁垒"的消失,意味着如今的网络世界中不再有明显的领导和依赖的关系,也意味着网络传播过程中的主导权不再掌握在少部分人手中。因此,如果想要通过网络传播让某一种观点、思想或者价值理念得到广泛认可,仅仅让信宿"被动接受"是不够的,而应该致力于让信宿"产生认同乃至主动参与",从而在网络传播过程中形成持续的内生动力。所以,现阶段我们需要格外重视信宿再引在美丽中国对外网络传播过程中所发挥的重要作用。

具体而言,美丽中国对外网络传播的信宿再引不是单纯为了借助美丽中国理念来"说服"西方网民,而是要"引导"西方网民形成对美丽中国的正确认知。前者能在短期内产生正面效果,让西方网民了解美丽中国、相信美丽中国战略的正面意义;后者则是在此基础上,引导西方网民形成对美丽中国的内在认同,与中国的发展问题产生共鸣和共情,甚至身体力行参与到传播美丽中国理念、树立中国美好形象的过程当中。在"WEB2.0"时代,引导西方网民形成正确认知无疑是提升美丽中国对外网络传播效果的一项重要途径,但由于网络传播环境和文化背景等方面存在明显差异,引导西方网民绝非易事,要求我们能够用西方网民所认可的方式和话语体系讲述好美丽中国故事,并让他们愿意把这个故事讲述给更多的人。

为此,我们应当充分了解西方网络传播以及西方网民的发展特点,并在分析西方网民对中国刻板印象产生原因的基础上,围绕美丽中国对外网络传播信宿再引的目标和思路,构建具有可行性的传播对策。

第一节 美丽中国对外网络传播视角下的西方网民分析

做好美丽中国对外网络传播信宿再引工作的一个重要前提,是对"信宿"本身有充分的认识,但从当前实际来看,美丽中国对外网络传播存在"对国外网民特点分析不够深入,对其网络使用习惯了解不透彻,对其意见表达提供的渠道不畅、反馈有限、吸纳很少"[1]等诸多亟待解决的问题。为此,我们需要围绕美丽中国对外网络传播,从西方网络发展的视域分析西方网民的身份转变,并对其行为和认知特点有更加充分的了解。

---

[1] 李建华."美丽中国"对外网络传播的破局与重构[J]. 四川大学学报(哲学社会科学版),2016(2):68-75.

一、西方网络传播发展及网民身份转变

根据互联网数据研究网站 Internet World Stats 的统计数据，截至2021年3月31日，全球网民总人数约为51.69亿，全球互联网普及率为65.63%。具体到各个大洲，北美洲和欧洲的互联网普及率最高，分别为93.9%和88.2%；互联网普及率最低的两个大洲是亚洲和非洲，分别为63.8%和43.2%。[①] 由此可见，互联网普及程度与地方的经济发展程度呈现明显的正相关关系，以欧美发达国家为首的西方国家的互联网普及率远高于其他国家和地区。不可否认，作为最早发明和使用互联网以及最早开始探索社交网络的国家，西方国家始终在网络传播领域处于领先地位。近年来，随着社交网络的不断发展，自媒体在西方民众中的普及率大幅度提升，西方网络传播已全面进入到社交网络阶段，西方网民也因网络传播和交往方式的变革而经历了如下的身份转变。

（一）从虚拟群体到真实个人

在社交网络和自媒体普及以前，网络信息传播是单向性的，西方网民在网络中只能被动接收信息，没有个性表达的空间。在这种网络环境中，网民个体与个体之间并没有实质差异，仅仅是作为虚拟群体一份子的身份存在。直到2002年，最早的基于社交网络服务（SNS）功能的网络平台——美国的Friendster出现，随后西方国家开始进入到了社交网络及自媒体蓬勃发展的时期：2003年，MySpace和LinkedIn先后成立；2004年，马克·扎克伯格创办了Facebook；2005年，视频网站YouTube成立；2006年，Twitter正式发布；2007年，轻博客网站Tumblr正式上线；2010年，照片分享社交软件Instagram发布。时至今日，这些自媒体依然是西方社交网络中最具影响力的平台。

社交网络的普及和自媒体的迅速发展，深刻改变了西方网民的网络行为，传统意义上信息传播者和接收者的界限被打破，任何网民都有了自我表达的空间，彼时在网络上并无差异的西方网民，开始出现了个性分化。在今天的社交网络中，西方网民有了更多的表达空间和方式，他们能够选择自己偏好的信源和信道，根据不同的兴趣爱好和价值观念去构建自己的网络群体，通过各种自媒体平台分享自己的所见所闻和观点立场。正是基于社交网络的发展，西方网民得以在互联网上各取所需，也逐渐具备了人格化特征，从而实现了从虚拟群

---

① Internet World Stats. World Internet Usage and Population Statistics（2018）[R/OL]. Internetworldstats，2018-06-26.

体到真实个人的转变。

（二）从受众到用户

西方社交网络的发展带来了网络传播和交往方式的变革，而这种变革也推动着网民在整个互联网发展过程中地位的提升。对于互联网企业而言，如果不能吸引网民和得到网民认可，其产品和服务将会在日趋激烈的互联网竞争中被淘汰。以西方国家网络新闻媒体的发展为例。传统媒体时代的西方国家主流媒体，大多都顺应了网络发展潮流，在互联网发展早期就开办了新闻网站，并在转型发展的过程中尊重网民意见、迎合网民需求。因此，时至今日，许多传统的西方主流媒体依然在互联网中保持着极大的影响力。美国《纽约时报》（*The New York Times*）和英国广播公司（BBC）便是其中的代表。

作为美国历史悠久的传统纸媒，《纽约时报》早在1996年便创建了自己的网站，开始了向数字化和网络化的转型。到了2002年，《纽约时报》网站日独立IP的访问量便已超过了该报的日发行量。在转型的过程中，《纽约时报》注意到了读者日益多元的个体需求和不断增强的网络社交倾向，因此在2009年和2010年先后推出了定制化资讯产品Times Wire以及基于社会化媒体平台内容的新闻聚合应用News.me，并吸引了大量西方网民使用。向数字化和网络化的顺利转型，使得《纽约时报》成功抵御了来自新型网络媒体的冲击，不仅保持了自身长期以来的公信力和权威性，并且在西方新兴网民群体中也形成了极高的影响力。

另一个典型案例是英国广播公司。1994年，英国广播公司的网站BBC Online上线，并在此后开始向综合型门户网站发展，积极为网民提供多元化的资讯服务。2007年，在广泛征集网民意见的基础上，英国广播公司对自己的网站进行了大幅度的改版，并推出了具备延时收看节目功能的iPlayer。2011年，英国广播公司依据用户的普遍需求和使用习惯对网站功能进行重组整合，为网民提供个性化定制服务和跨终端的同步功能。英国广播公司始终能在保持自身传统优势的基础上，顺应网络传播发展趋势和用户需求，不断完善自身的数字化服务，因此至今仍然是全球最具影响力的媒体之一。

通过回顾《纽约时报》和英国广播公司的数字化和网络化转型历程，我们可以发现，虽然普通网民仍然需要通过媒体来获取各类信息，但随着社交网络的发展，传统意义上作为受众的西方网民在整个传播链中的地位和作用已然发生改变，而这种改变致使互联网公司和自媒体平台不得不更加重视网民的偏好需求和使用习惯，并以此作为产品开发和服务优化的重要依据——西方网民的身份已经从"受众"变成为"用户"。两者区别在于，前者作为一个从传统媒体时代沿用至今的概念，所表达的核心是网民群体"接受信息"这样一个共性的行为；而后者则是一个相对具有互联网思维的概念，强调网民对于互联网产品或者服务本身是拥有明确倾向和理性判断的，突出网民具有"选择权利"的主观能动特点。因此，今天的西方互联网公司越来越重视"用户活跃度""用户习惯""用户黏性""用户体验"等这一类概念，所体现出来的是一种"用户至上"的价值导向。也正是在自身地位不断提升的背景下，西方网民实现了从受众到用户的身份转变。

（三）从匿名游客到数字公民

互联网的监督管理对于当今任何一个国家而言都是极为重要的工作，西方国家在这一领域也同样经历了漫长的发展过程。针对互联网所产生的一系列新形势、新问题，西方国家围绕网络安全、个人隐私、内容审查、言论监管和经济行为等内容开展有针对性的立法及监管工作。1986 年，美国国会通过了《计算机欺诈和滥用法》，其初衷是防范不法分子对美国联邦政府计算机系统的破坏，此后经过多次修订，成为美国惩治网络犯罪的最重要的一部法律；1996 年，针对当时互联网上暴力、色情内容泛滥的情况，英国由政府牵头成立了互联网监察基金会（IWF），负责对网络内容进行审核定级和接待网民举报投诉，有效遏制了不良网络信息的传播；德国于 1997 年通过了《信息与通讯服务法》，明确规定网络信息的发布者对于信息的合法性、真实性肩负有法律责任；在 2000 年，澳大利亚颁布了《互联网审查法》，规定设立专门的网络警示机构，接受网民对不良网络信息的举报以及负责网民的引导教育工作。此外，鉴于社交网络的普及化以及网络非法行为呈现多元化、隐蔽化的发展趋势，从 2010 年前后起，许多西方国家开始大力推行网络实名制，并不断根据网络发展过程中产生的新问题完善本国的网络监管体系。上述举措对西方国家的互联网发展起到了积极作用，不仅有效推动了西方社交网络的日益规范化，同时也促进了西方网民网络媒介素养的逐步提升。

西方国家网络监管体系的不断完善，让西方网民身份从过往的匿名游客逐渐转变为数字公民（Digital Citizen）。所谓数字公民，指的是能正确运用网络信息技术从事社会、政治和政府管理事物的个人，不仅要求其具备使用网络、进行互联网活动的能力，同时要求其能够在互联网上自觉履行个人义务以及能正

143

面促进政治、经济、社会的发展。相比于我们广义上的"网民"概念,数字公民所强调的不仅是个人进行互联网活动的能力,还更关注个人能否合法地、理性地、积极地进行互联网活动。通俗点说,判断一个人是否是数字公民,关键不在于他"会不会上网",而在于他"能不能正确地使用互联网"。数字公民概念的提出要晚于互联网本身。在互联网发展的早期阶段,由于网民在网络传播过程中的主观能动性较弱,加之监管体系缺失导致网络世界中存在着大量法律和道德层面的"灰色地带",因此在那一时期,西方网民往往是以匿名游客的身份在网络上活动,并且把它看作是一种理想的状态。但随着社交网络的发展,以及西方国家网络监管体系在近年来的不断完善,现实和网络具备了更多的同构性特征,人们在现实生活中所需要遵循的法律法规和道德准则,在网络生活中也同样适用。除此之外,从匿名游客到数字公民的身份转变,还体现在西方网民对社交网络的积极运用方面,尤其是愿意在自媒体上主动发声。根据美国互动广告局(The Interactive Advertising Bureau,简称IAB)在2018年发布的《个人黄金时间》调查报告,42%的受访美国人表示每天都会在社交网络上发布信息,其中有70%的受访者表示每天会发布信息多次,而发布信息的最主要目的,就是与他人保持联系。①

由此可见,西方网民根据对现实社会的已有认知,逐渐将网络世界当成是现实世界的"数字延伸领域",从而把现实社会中的公民身份属性带到社交网络当中,也使得西方网民逐渐改变原有的匿名游客状态,开始以数字公民的身份要求自己以及约束自身的网络行为。总体来看,西方网民能够实现从匿名游客到数字公民的身份转变,也是上述两种转变(从虚拟群体到真实个人、从受众到用户)共同作用的结果。真实个人的出现,使得西方网民在网络中需要承担更多的因个性化而产生的义务;向用户身份的转变,则赋予西方网民在网络中更多的权利。这种义务和权利的具体化,使得社交网络中个体成为一种类似于"公民"的存在。正是在上述因素的作用下,西方网民身份实现了从匿名游客向数字公民的转变。

二、当代西方网民特点及网络行为偏好分析——基于自媒体发展的视角

由于西方网民在网络传播发展过程中出现了上述身份转变,当代西方网民及网络行为偏好也出现新变化和新特点。

---

① IAB. 美国网民媒介接触报告[R/OL]. 中文互联网数据资讯网,2018-03-27.

(一) 西方网民网络行为偏好小众化

在社交网络高度发达的今天，通过各式各样的自媒体平台，西方网民可以根据不同的地域、文化背景、价值取向、兴趣爱好、社交习惯加以划分和聚合，形成一个个社交网络的"小圈子"，网络行为偏好也呈现出"人以群分"的小众化趋势。"WEB2.0"极大地拓宽了西方网民的交流渠道，社交网络的强大包容性使得网民再小众的需求都可以得到充分的尊重和满足。应该说，网络行为小众化是西方社交网络发展到一定阶段的必然结果，它的产生主要有以下三个方面的原因。

首先，是西方网民具备推动小众化的主观意愿。由于思想观念、文化教育、成长环境等因素差异，西方民众普遍具有更加多元化的个性特点和个体需求，而且从主观层面上更愿意表达自身想法，从而具备了实现小众化的网民基础。Facebook、Twitter、Instagram等西方国家主流自媒体平台都设置有"话题"功能，正是为了方便西方网民基于共同兴趣爱好、共同价值观或者共同观点搭建属于自己的社交网络关系。其次，是自媒体的发展为小众化创造了技术条件。在传统媒体为主导或者互联网发展起步的时期，媒体是一种有限的公共资源，大众传播的成本较高，这意味着只能优先满足人数较多的社会群体的需求。而随着"WEB2.0"的到来，大众传播的成本得以大大缩减，自媒体为西方网民小众化需求的满足提供了条件。最后，是人们对"长尾效应"（Long Tail Effect）的愈发重视。根据长尾效应理论，人们个性化的小需求看似微不足道，但如果能聚合成为大需求，也能够带来可观的收益。长尾并非互联网产物，但随着互联网技术的发展，尤其是自媒体的普及，人与人、人与商品、人与信息的连接渠道被极大地拓宽，从而提供了无限量的用户触点，使得西方网民触及和满足自身个性化需求的成本大大降低，也使得越来越多西方互联网企业开始重视小众化需求，并致力于通过集聚长尾效应实现差异化和多样性服务收益。

(二) 西方网民社交网络对象熟人化

当代西方网民的另一个重要特征，是他们的社交网络对象呈现出熟人化的发展趋势，具体表现为西方网民的社交网络对象与现实生活中的交往对象具有明显的同构性，多为自己熟悉且愿意亲近的人。正如上文对西方网民身份转化所分析的那样，社交网络对于西方网民而言，更像是现实世界交往行为的延伸。如西方社交网络服务（SNS）的鼻祖Friendster，便是基于现实亲友关系构建起来的社交网络平台，并在推出之后便获得西方网民的广泛青睐。时至今日，在西方国家主流的自媒体平台上，网民可以更加方便地依托现实关系网来搭建网络社交关系，人们使用这些自媒体的一个重要动力是想让朋友们知道自己在做什么，以及了解朋友们正在做什么。根据英国调查机构舆观（YouGov）在2018年针对英国社交媒体用户进行调查所发布的《社交媒体：让人们更紧密了吗？》研究报告，80%的英国成年人都在使用社交媒体，而英国网民使用Facebook、Twitter、Instagram、Snapchat等的主要原因，都是与亲友保持联系、分享自己的状态以及了解现实中发生的时事新闻。因此，在今天，越来越多西方网民会基于自身真实身份和形象来使用个人自媒体，将现实世界中所想要表达的内容通过社交网络表达出来。与此同时，由于上述的自媒体平台都设置有强大的用户筛选和查找功能，西方网民能通过这种方式查找到现实生活中想要联系却联系不到的老朋友、老同学。从这一层面上看，熟人化社交网络也进一步满足了西方网民对于交往的心理和情感需求。

西方网民社交网络对象熟人化现象的产生，实际上是西方社交网络和自媒体发展所带来的引导性结果。当今西方国家正处于"WEB2.0"向"WEB3.0"的转型升级阶段，依托现实社会关系构建起的社交网络关系成为自媒体发展的重要趋势，社交网络逐渐呈现出虚拟与现实趋于同步的特点。许多自媒体平台都致力于为用户提供线上和线下深度交互的服务和体验，这也对西方网民的社交网络行为产生了引导作用。对于西方网民而言，随着大数据的普及运用和不同类型自媒体平台之间的深度关联，网民们对于互联网的依赖程度会不断提升，社交网络成为现实工作、生活、交往活动的数字化延伸，加之网络实名化的推广，使得西方网民在主观上倾向于将虚拟世界和现实世界联系起来。由此可见，社交网络对象熟人化其实是社交网络发展和互联网技术进步的合理结果，同时它也促进着互联网由"WEB2.0"向"WEB3.0"的持续前进。

需要说明的是，虽然熟人化和小众化倾向看似会导致西方网民群体分裂成一个个界限分明的小圈子，但在社交网络和自媒体的作用下，这种"小圈子"网络会变得前所未有的开放和包容。正如美国社会心理学家斯坦利·米尔格拉姆的六度分隔理论（Six Degrees of Separation）所指出的那样，社会系统都是有众多相识关系的小系统构成的。在庞大的群体中，人们可以通过层层的朋友关系去找到任何一个人，而这个层数最多不会超过6层。也就是说，社会中的任何个体之间都存在着一种"弱纽带"关系，进而产生出一种"小世界效应"。这种弱纽带关系也同样存在于当代网络世界之中。随着社交网络和自媒体的不断发展，基于熟人化和小众化所建立起来的网络社交关系会变得空前紧密，网民之间的信任感和认同感,分享和互助也就随之成为现代西方网民共同的准则和习惯。因此,在现代西方网络世界中,熟人化和小众化的趋势不仅没有延缓信息互联的速度和效率,反而使得西方网民能够更容易地联结成一个整体。

(三) 西方网民网络关注领域现实化

我们通常会认为,由于西方国家在互联网,尤其是社交网络领域长期处于领先水平,社交网络对西方国家的嵌入性作用会更强,所以西方网民应该对社交网络有着更强的依赖感。但事实却并非如此。互联网数据研究机构 We Are Social 和 Hootsuite 联合发布的《数字 2018:互联网研究报告》显示,2017 年,网民人均每天上网时间最长的国家依次是泰国、菲律宾和巴西,平均上网时长超过 9 小时;而人均每天使用社交网络媒体时间最长的国家则依次是菲律宾、巴西和印度尼西亚,平均使用社交网络媒体的时间均超过 3 小时。有趣的是,在这两项统计中,排名靠前的基本都是亚洲、南美洲和非洲国家,而西方发达国家的排名均在 20 名之后。[①] 产生这一现象的原因有很多,包括不同国家国民在文化观念、生活习惯、物质条件等方面的差异,但无论如何,这个调查结果所反映出来的现状,那就是当代西方网民在心理上对社交网络的依赖程度并不太高。

这一统计同时印证了上文所提及的观点:随着社交网络的发展,西方网民越来越把网络世界当作是现实世界的延伸。网络的发展和自媒体的普及,对于当代西方网民而言不是开辟了一片新的大陆,而是使自身有了更多获得现实资讯的渠道,让现实生活中人际交往更加便捷。"在言论自由基础上的社会责任基础稳定,所以西方人更多把互联网当作和电视、报纸一样的新媒介,在西方,互联网扩展的是人感知这个世界的手段。"[②] 因此,西方网民在网络上的关注领域往往也是他们在现实生活中所关注的实际问题,呈现出网络关注领域现实化倾向。与互联网起步时代网民更容易沉迷于由网络构建出来的虚拟化世界不同,对于当代西方网民而言,虚拟化世界带来的新鲜感已经逐步消退,他们开始关注身边的现实。许多学者在比较研究中西方网络文化后,发现西方网民对于与自身无关事件的关注度低于我国网民。例如,西方发达国家网民对于本国新闻的关注程度远高于对国际新闻的关注程度,相比之下,我国网民对国际时事的

[①] We Are Social&Hootsuite. 2018 全球数字报告 [R/OL]. 中文互联网数据资讯网,2018-02-01.

[②] 王井. 网络文化的中西方解读差异及背景探究 [J]. 媒体时代,2011 (3):47.

关注程度与本国新闻相当。这一方面是源于西方国家崇尚个人自由、重视个人利益的文化背景，另一方面则是由于西方网民在对待互联网时，首先会把它看作是现实世界延伸的产物，会更多地把现实利益需求当作使用互联网的源动力。因此，当代西方网民更愿意将社交网络当作一个公共领域，用于解决与自身利益密切相关的现实问题，为现实工作、学习、生活提供便利。

三、当代西方网民认知特点分析——基于环境保护意识形成的视角

美丽中国对外网络传播的信宿再引不是单纯为了说服西方网民，而是要引导西方网民形成对美丽中国的正确认知，进而引导西方网民主动参与到美丽中国的网络传播活动当中。然而，由于西方网民在思想、文化、心理、话语体系、行为习惯等诸多方面与我们存在较大差异，而要想让他们从内心和认知层面上认可、接受美丽中国这一具有中国话语体系特点的理念，并非易事。对此，我们需要先找到美丽中国与西方网民认知层面上的契合点，用他们所能接受的方式来引导他们逐步理解和认同美丽中国。

不同国籍、不同背景、不同立场的网民在对待同一事物的认知是不尽相同的，这也是形成网民之间话语体系、价值倾向、思想观念差异的重要原因。美丽中国体现的是对新时代中国特色社会主义建设的美好愿景，就其作为出发点的生态文明建设而言，中西方网民在认知上既有特殊性的一面，也有普遍性的一面。从特殊性的角度看，美丽中国意味着关注中国的环境污染治理问题，关注中国民众的生活环境以及中国生态文明建设的开展情况；而从普遍性的角度看，美丽中国所聚焦的是环境保护问题，这是世界各国在发展过程中都需要重视的话题。因此，从生态环境保护出发关注美丽中国，是引导西方网民理解和认同美丽中国的一个重要的契合点，也是我们在美丽中国对外网络传播信宿再引的过程中，了解西方网民认知特点的一个重要切入点。在这里，我们需要尤其关注20世纪西方民众对环境问题态度所经历的从漠视到重视的认知转变。

需要补充说明的是，早在互联网普及之前，西方民众就开始关注生态环境问题，因此我们本部分将主要把西方民众作为研究对象，结合西方国家实际案例，梳理西方民众在环境保护意识形成过程中的普遍性特点，以期对西方网民的认知特点有一个较为清晰的认识。

（一）以个人主义为内生动力

文艺复兴对近现代西方文明、西方思想的形成产生着深远影响，彼时所倡

导的是人文主义，主张以人为中心而不是以神为中心，将人们从宗教神学的蒙昧中解放出来，肯定了人自身应有的价值和尊严。而宗教改革和启蒙运动在此基础上不断发展，逐步形成人本主义思想和我们今天所熟知的个人主义思想。当代西方国家中盛行的个人主义正是在这一系列反对宗教权威和封建王室的斗争中逐渐巩固起来的。个人主义是"一个强调个人自由、个人利益和自我支配的政治、伦理学说和社会哲学，实质上是一种从个人出发、以个人为中心看待世界、社会和人际关系的世界观"[①]。人文主义和个人主义对西方近现代发展产生了深远影响：科技和商业在个体利益至上的世界观的驱使下得到长足进步，个体发展需要推动了西方资本主义发展和对外殖民扩张，个人在政治和社会制度中的权利义务得到不断明确。但这种个人主义带动下的发展，在历史上也导致西方国家付出了生存环境污染破坏的巨大代价。而这一次，个人主义则成为西方民众认识环境问题、倡导环境保护的内生动力。

以英国为例。英国民众环境保护意识的形成，与伦敦烟雾污染事件息息相关。1952年12月初，烟雾笼罩伦敦长达数天，许多伦敦市民感到呼吸困难、咽喉不适、眼睛刺痛，全市呼吸道疾病的发病率明显增加。烟雾产生的直接原因是燃煤取暖所排放的二氧化硫和粉尘，加之伦敦多日无风，大气形成逆温层，从而使得空气中的污染物大量蓄积。而人们把带有硫化物的污染物吸入呼吸系统后会产生强烈的刺激反应，患有呼吸道疾病者甚至会发病身亡。据统计，在此次污染事件发生后的两个月内，共计近12000名伦敦市民死于呼吸系统疾病。这次烟雾污染事件在全英国引起了极大的轰动，在个人切身利益受到如此侵害之时，人们开始反思环境污染所酿成的后果，保护环境也逐渐开始成为英国民众的共识。

类似的情况还出现在美国。从19世纪中叶开始，随着工业化进程的推进，美国国内的环境问题开始显现出来。彼时美国的一些有识之士倡导要关注生态环境的变化，但影响甚微，人们还是沉浸在工业繁荣的喜悦当中。直至20世纪三四十年代，土地的过度开垦、森林面积的剧烈减少和矿产的大量开采使得美国环境气候出现恶化：1933年爆发美国有史以来最严重的沙尘暴，20世纪30年代后期发生的持续多年的旱灾以及1943年的洛杉矶蓝色烟雾事件。加之虚假繁荣导致的经济危机，令这一时期美国人的生活水平急转直下。切身利益受损

[①] 乔瑜. 美国社会的个人主义与环境保护观念的关系[J]. 首都师范大学学报（社会科学版），2008（1）：131.

使美国民众开始意识到生态环境的重要性，开始相信向自然的索取必须要节制有度。正是经历了惨痛的教训，美国民众的环境保护意识才得以逐步建立起来。

回顾历史上西方民众环境保护意识的形成过程，我们发现，个人主义依然是推动这一进程的重要力量，西方民众普遍会从个人利益的角度而非道德公允的角度来思考发展问题，只不过他们所追求的不再是无限制的扩张，而是开始关注生态环境问题、开始思考如何实现人与自然的和谐共存、开始明确个人在经济、社会发展过程中所应该承担的责任和义务。

以个人主义为内生动力推动环境保护，所产生的直接结果便是民间力量推动了政府行为转变。以美国为例，民众环境保护情绪的高涨和民间环境保护运动的兴起，使得美国政治家不得不把选民意愿纳入政纲当中，随之也对美国政府行为产生了显著影响。从20世纪60年代末开始，美国陆续出台了一系列环境保护法律法规，并进一步完善国家和各级地方政府的环境保护监督管理机制。美国民众对政府的影响还体现在总统选举方面。例如，虽然共和党人长期以来对环境问题缺乏重视，但为了拉拢不断壮大的环保主义选民群体，乔治·赫伯特·沃克·布什（老布什）在总统竞选过程中就宣布要"用白宫（The White House）效应来对抗温室（Greenhouse）效应"。自此以后，环境保护问题成为美国政坛中不可回避的议题，从20世纪90年代起，无论是在总统选举中还是在国会选举当中，无论是站在保守主义立场还是站在自由主义立场，政治家们都需要在环境保护问题上有所表态。

从个人主义层面出发，我们还能看到我国和西方国家的生态环境保护工作在起步阶段存在的差异。在我国，尽管早期同样有一批关注环境问题的人民群体，但生态文明建设和环境保护工作的全面开展仍主要依赖政府的重视和推动，其进程也往往是依靠国家和集体的力量，凸显"集体主义"价值观，从而形成了一个"自上而下"的环境问题处理机制。而西方国家在个人主义的作用下，生态环境保护形成了一股"自下而上"的力量，民间对于环境污染问题的关注逐步上升成为政府层面的重视。这种现实差异正是个人主义在西方国家环境保护领域中发挥着重要作用的具体体现。

（二）理性判断与感性认识共存

文艺复兴和启蒙运动不仅给近现代西方文明带来了人文主义和人本主义思想，还促使了近现代西方理性主义思想的萌芽，它们共同构成了现代西方文明中最为核心的认知底层。理性判断与感性认识共存正是西方民众在环境保护意识形成过程中的又一普遍性特点。从个体上看，西方民众在环境问题上展现出明显的个人主义特点，将个人利益作为倡导环境保护的重要依据；而从社会整体来看，环境保护之所以能在西方社会中形成共识，是因为还经历了一个理性讨论的过程。

以美国为例。美国的环境保护运动长期受到反环境保护主义者的质疑，尤其是在20世纪中后期，出现了以"财产权利"运动（Property Rights）、"郡县至上"（County Supermacy）运动为主要代表的一系列反对环境保护的群体行为。反环境保护主义者从国家经济增长、物质生活水平、民众就业生计以及社会稳定等诸多方面对逐渐兴起的环境保护行为提出疑问，指出环境保护是一个弊大于利的举措，既限制了国家的整体发展水平，还侵害了公民的私有财产。反环境保护主义成为当时美国社会上一股极具影响力的思潮，不仅得到了矿业、石油、木材等大工业利益集团的支持，同时也获得了基层相关行业劳动者的拥护。例如，1989年美国伐木界就曾在自己的业界杂志上表示：因为工厂以保护环境为由而倒闭，使得他们当中的很多人因此失业，所以公开宣称要抵制自然保护运动。此类呼吁得到了不少美国选民乃至政治家们的同情，在当时甚至导致了多项环境保护法案未能在国会通过的情况。环境保护主义和反环境保护主义的对立在美国国内引发了广泛的关注，越来越多的专家学者、政治家、媒体人甚至明星参与其中，不仅表达个人的主观倾向，更是借助大量案例和数据进行理性探讨。气候变化一向是民主和共和两党多年争执的话题，时至今日，这种冲突依然没有得到缓解。2015年8月3日，时任美国民主党总统奥巴马政府推出了"美国清洁能源计划（America's clean power plan）"，提出2030年美国国内电力行业的碳排放量要比2005年减少近三分之一的目标，成为美国历史上最为"激进"的环保减排计划。方案公布后，利益各方均反应激烈。反对者认为，这超越了联邦政府的执法权限，扼杀了煤炭行业和相关制造业的就业机会。面对全美分裂的意见和法律方面的质疑，该计划实际上从未生效。2016年2月，受到来自28个州的联合抵制，美国最高法院判决将该计划搁置。2017年3月28日，美国共和党总统特朗普签署行政令，削弱奥巴马时期立下的涉及气候变化的环保监管法规，"修改或废除"原定于2022年生效的《清洁电力计划》，让奥巴马时代"对煤炭的战争"和"削减就业机会的法规"一去不返。是年6月2日，特朗普更是悍然宣布：退出《巴黎协定》。2015年底达成的有关气候变化的《巴黎协定》是全球首份具有法律约束力抗击气候变化的全球性协议。全世界目前只有叙利亚和尼加拉瓜没有签署，绝大多数国家都自愿致力于遏制全球温室气体排放的举措。美国承诺至2025年，将碳排放由2005年的水准削减26%~28%。奥巴马认为特朗普的这项举动让美国正加入"那些拒绝未来的"国家行列。作为全球第二大温室气体排放国，美国若退出《巴黎协定》，将对全球气候变化产生不良影响。联合国秘书长古特雷斯说，美国宣布退出《巴黎协定》"是一件令人极其失望的事"。欧盟委员会主席容克称特朗普想退出《巴黎协定》没那么容易。《巴黎协定》不仅关乎欧洲人的未来，也关乎其他国家人民的未来。如果我们不坚决开始遏制气候变化，那么83个国家就会面临从地球上消失的危险。为反对特朗普退出《巴黎协定》，环保主义者于2017年3月发起了"特朗普森林"项目。组织者称，若特朗普继续推进背弃美国气候承诺的计划，那么到2025年排入大气的二氧化碳将额外增加6.5亿吨。为抵消这些二氧化碳的影响，需要种植100亿棵树（种植面积与美国肯塔基州的大小相当）来抵消这部分排放量。在不到一年时间里，世界各地的人，尤其是美国人和欧洲人，认种了100多万棵树。

尽管在今天看来，过往在西方国家出现的各种反环境保护主义显得缺乏远见甚至愚昧，但这些不同的声音也恰好反映了西方民众对待环境问题时所展现出来的理性特点——反环境保护主义者代表的是西方社会中不同群体的利益，而最终得以达成共识则是一个理性判断和感性认识共同作用的过程。

（三）受社会组织影响显著

对于西方普通民众而言，他们难以凭一己之力解决复杂问题，也没有权力要求他人协助自己，因此他们只能选择与志同道合的人互助合作，形成联盟组织。因此，这种相对原子化的社会结构使得西方国家内部培养出了较为深厚的自治传统，各类社会组织和自治团体在西方国家整体发展过程中发挥着不可忽视的作用，并成为凝聚西方民众的一个重要纽带。纵观西方民众环境保护意识形成的历史过程，社会组织同样举足轻重。

社会组织对于西方民众环境保护意识形成的积极作用首先体现在组织性方面。美国的环境保护团体通过组织举办各类环境保护运动，向民众宣扬环境保护理念。1981年，第40任美国总统里根上台，在美国经济陷入严重滞胀的环境下，里根政府开始推行保守主义政策：逐步放松对环境污染的管制，提高环境保护法规的审查门槛，任命保守人士担任环境监管部门重要职务，削减环境保护机构预算，并将更多环境职责移交给各州和地方政府等。这些政策都显示出了里根政府的反环境保护倾向，致使当时美国国内反环境保护主义有了抬头的趋势，对正在蓬勃发展的环境保护运动产生了负面影响。为了应对这一情况，地球之友（FOE）、荒野学会（WS）、塞拉俱乐部（Sierra Club）、全国奥杜邦协会（NAS）、环境保卫基金会（EDF）、自然资源保卫协会（NRDC）、全国野生动物联盟（NWF）、艾萨克·沃尔顿联盟（IWL）、国家公园和自然保护协会（NPCA）以及环境政策中心（EPC）这10个环保组织决定联合起来，采取必要的对策和行动对抗里根政府的反环境保护倾向。它们所形成的组织联盟被称作Group of Ten。Group of Ten在这一时期进一步向民众宣扬环境保护的相关知识，通过各种渠道开展环境保护运动，努力提高美国民众的环境保护意识。Group of Ten的努力在随后产生了积极的效果。仅仅在里根的首个任期内，他所任命的环保局局长和内政部长便先后被迫辞职，里根政府在各方压力下只能改变原有的反环境保护主义政策，美国环境保护进程的倒退趋势也得到了抑制。环境保护组织对于这一时期美国民众环境保护意识的形成和提升起着重要作用，从而有效促使了政府行为的转向。

  社会组织对于西方民众环境保护意识的积极作用还体现在专业性方面。由于缺乏专业知识背景和科学调研的条件，民众在环境问题上往往处于信息不对称的状态。而环境保护组织具备较高的专业素养，因此能为民众提供专业的环境保护讯息，以及提早发现环境问题的存在。澳大利亚的塔斯马尼亚野生动植物保护协会（TWS）便曾发挥了这一作用。20世纪70年代，塔斯马尼亚电力集团计划开发位于澳大利亚塔斯马尼亚州西南部的富兰克林河流域，修筑大坝用于水力发电。由于能创造十分可观的经济效益和就业机会，这一计划在早期规划阶段得到了当地州政府、州议会以及民众的普遍支持，但却遭到环境保护组织塔斯马尼亚野生动植物保护协会的质疑。由于富兰克林河地处塔斯马尼亚文明古迹中心，同时也是一个极具研究价值的野生动植物区域，该协会担心大坝建设会破坏当地的历史遗址和生态环境。为此，塔斯马尼亚野生动植物保护协会的成员在富兰克林河流域展开实地考察工作，并结合大量的案例数据，最终验证了他们的疑虑并非杞人忧天。在此后将近十年的时间里，塔斯马尼亚野生动植物保护协会致力于阻止大坝工程的进行。他们通过各种渠道向当地民众乃至全国民众进行宣传，说明大坝建设将会对当地自然环境和遗址产生不可挽回的严重后果，号召人们反对大坝建设工程。他们的努力换来了民众对这一问题的重视，越来越多的人开始意识到水坝建设带来的负面影响。1982年12月，在该协会的组织下，大批民众聚集到富兰克林河水坝的建设工地，在各个主要进出口驻扎，尝试阻止大坝建设。这一行动得到了全国媒体的广泛关注报道，民众的强烈意愿也影响了政府的态度。最终,在执政党工党的支持下,澳大利亚最高法院在1983年宣布停止水坝建设工程。富兰克林河流域得以受到保护,是环境保护组织和民众共同努力的结果,这一案例也充分体现了社会组织专业性在民众环境保护意识形成和提升过程中所发挥的重要作用。

第二节 西方网民对中国的刻板印象及其矫正
——从美丽中国的视角

1922年,美国新闻评论家、作家沃尔特·李普曼(Walter Lippmann, 1889—1974)在其著作《公共舆论》(*Public Opinion*)中首次提出了"刻板印象"(Stereotype)的概念,是指人们在信息交互过程中形成的对某种事物概括而固定的认知和看法,并把这种认知和看法推而广之,认为事物整体或者此类事物都具有该特征,进而忽视个体差异。刻板印象在跨文化交流过程中普遍存在,且往往具有"以点概面""以偏概全"的特点。目前西方网民在看待美丽中国以及中国发展问题时,也同样存在着一些刻板印象。中国网络媒体在西方网民群体中的影响力较低,西方网民较少地通过中国网络媒体来了解新闻资讯,导致他们更多的是通过西方网络媒体来认识和了解中国,加之中国发展过程中部分问题的客观存在以及网络信息传播过程中产生认知偏差等原因,使西方网民形成了关于中国的比较负面的刻板印象。

一、西方网民对中国的刻板印象——从美丽中国的视角

美丽中国的提出源于我国对生态文明建设的日益重视,而当人们谈及美丽中国时,首先联系到的也是我国在发展建设过程中所面临的生态环境问题。由于生态环境问题始终是西方网络媒体关注的重点领域,西方网民同样更容易接收到关于中国生态环境状况的报道和信息。因此,在本部分,我们将从生态环境问题入手,以近年来中国外文局对外传播研究中心、凯度华通明略(Kantar Millward Brown)、Lightspeed Research等研究机构联合发布的《中国国家形象全球调查报告》为依据,梳理西方网民对中国生态环境状况及生态文明建设的评价和认知情况,以期对近年来西方网民对中国生态环境状况的刻板印象有个较为清晰的了解。

2013年,上述机构联合发布的《中国国家形象全球调查报告2013》,调查了西方网民对中国相关政策的了解程度：在"国际民众对中国特有理念和主张的了解度"方面，参与调查的西方发达国家网民中仅有4%听说过"以人为本，全面协调可持续的科学发展观"，此外有73%的网民完全不了解调查中所提及的中国特有理念和主张。① 在中国外文局发布的《中国国家形象全球调查报告2015》中，在"您最希望今后中国在全球治理的哪些领域发挥更大作用"的问题上，选择生态领域的网民数量依然低于其他领域；在"您如何看待中国的未来发展"这一问题上，参与调查的西方发达国家网民中，有最多的网民认为"中国仍将面临腐败、贫富分化、环境污染等挑战"（44%），而最少的网民选择"中国的社会治理和生态环境治理将有明显改善"（7%）。② 2017年，上述机构联合发布了《中国国家形象全球调查报告2016—2017》，该报告显示：在"中国总体形象得分"上，西方发达国家网民的平均评分为5.6分，低于发展中国家网民的平均评分（6.9分）；而西方发达国家网民在对"2016年以来中国在不同领域参与全球治理的表现"进行评价时，满意度排名最高的依次是科技领域（55%）、经济领域（55%）和文化领域（48%），而满意度排名最低的则是生态领域，满意度仅为25%，同时西方发达国家网民对各个领域的评分均显著低于发展中国家网民的评分。③ 从上述调查结果可以看出，西方网民对于中国生态环境现状普遍持有比较悲观的态度，认为中国仍将长期面临环境污染问题，对中国的生态环境治理工作的认可度较低，同时也不了解中国在生态文明建设方面的相关理念和主张。

我们再来看一个具体案例。2018年1月7日，BBC在YouTube上发布了一个题为"China's uphill struggle fighting extreme poverty"，截至2020年8月12日，该视频观看7012128次，应该说关注度还是比较高的。网友Norberto留言说："This is crazy. Coming from a third world country I understand the struggle. Great that the government cares."（这太疯狂了。我来自第三世界国家，我理解这场斗争。很好，政府很关心。）这一说法得到了2239名网友的认同。但是，评论区中，负面评价数量更多。Campbell Tang留言说："Chinese government doesn't care.

---

① 当代中国与世界研究院，凯度华通明略，等.中国国家形象全球调查报告2013［EB/OL］.中国网，2014-02-21.
② 中国外文局对外传播研究中心.中国国家形象全球调查报告2015［R/OL］.人民网，2016-09-07.
③ 中国外文局对外传播研究中心.中国国家形象全球调查报告2016—2017［R/OL］.央广网，2018-01-06.

They want to appear to the world as if they care. Seriously, you need this explained?"（中国政府不在乎。他们想让世人看到他们关心的样子。说真的，你需要解释一下吗？）Pawel 说："Communism does not create it manages—soon, though, the system falls apart because there are too many managers (gov't employees) and not enough to manage. Resettlements villages are great who will pay for maintenance in 30 years – who will pay for upkeep – how will the govt pay. You buy a pony it costs money to clean up after it. Does it look nice – yes it does."（共产主义并没有创造出它所管理的东西——不过，很快，这个系统就崩溃了，因为管理者（政府雇员）太多了，管理者不够。支付30年维护费用的移民村是伟大的-谁将支付维护费用-政府将如何支付。你买了一匹小马，事后清理要花钱。它看起来好看吗-是的。）E L 说："Whether it is their original or resettlement property, tell me which property does not need any maintenance??? This is not u. s. a. that prints unlimited monies!"（无论是他们原来的还是重新安置的房产，告诉我哪个房产不需要任何维修???这不是美国印刷无限钞票！）Sourav Baskey 说："'We are very poor' Has a golden tooth. 'Life here is difficult' Smokes a MARLBORO."（"我们很穷"有一颗金牙"这里的生活很艰难"抽着万宝路。[①]）……这类负面评论占到66.7%以上。众所周知，BBC、CNN、《纽约时报》等西方主流媒体长期对中国进行负面宣传。BBC 的这个视频，比较罕见地对中国的扶贫攻坚成就进行报道。但并未得到外国网友的客观评价，质疑、负面评论充斥在评论区，生动诠释了西方对中国有着怎样深刻的刻板印象。

总体来看，西方网民对中国生态环境状况以及环境治理能力已形成了较为负面的刻板印象，而美丽中国对外网络传播的重要目标，正是要转变这些既有的刻板印象。

二、西方网民对中国刻板印象的形成原因

在网络资讯发达的今天，网民对任何事物所形成的刻板印象，与他们所接收到的该事物相关的网络信息紧密联系。以西方网民对中国生态环境状况的印象为例，之所以形成了较为负面的刻板印象，根源在于西方网民接收相关信息的方式、内容以及对此的理解和判断。在此，将根据西方主流网络媒体对于中国环境问题的相关报道，从以下四个方面就西方网民对中国的刻板印象的形成

---

① 意思是这段视频中采访的贫困群众是找人扮演的，并不是真的贫困群众。

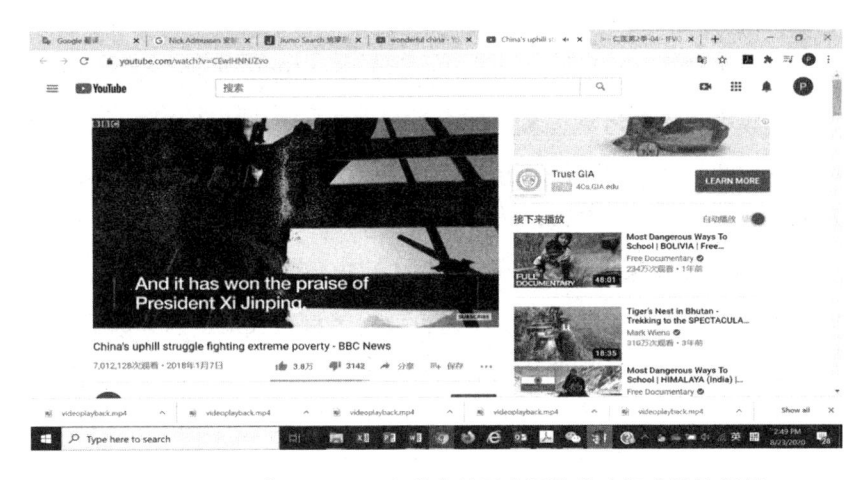

图 5-1　BBC 在 YouTube 上发布关于中国扶贫攻坚成就的视频

原因进行分析。

(一) 我国环境污染问题的客观存在

不可否认，由于历史上长期采用粗放型的经济发展模式、忽视环境保护的重要性，我国在发展过程中积累了较为严重的生态环境问题。西方网民之所以会对我国生态环境状况产生负面的刻板印象，在客观上源于我国环境污染问题。

21世纪以来，随着我国国际影响力的不断提升和网络媒体在全球范围内的快速发展，"中国"作为一个热门话题越来越受到西方主流网络媒体的重视，有关我国的相关报道频率也在不断增加。但与此同时，我国的环境污染问题也经由西方网络媒体的广泛报道而被西方网民所熟知，尤其是在2004年至2008年期间，随着我国进入奥运会的筹备阶段，西方网络媒体对于我国的关注程度持续走高，西方主流网络媒体上也出现了有关中国环境污染问题的"报道热"，使得西方网民群体中形成了对中国生态环境状况的负面印象和担忧情绪。直至近年，西方网络媒体对我国环境污染集中报道的情况仍时有发生，比较典型的是对我国雾霾问题的报道。每年秋冬季节，随着我国国内雾霾天气频发，西方网络媒体会对我国雾霾问题进行集中报道，并通过吸引眼球的数据和配图，引起西方网民的广泛关注。2017年，"美丽中国对外网络传播研究"课题组就西方网民对美丽中国的认知情况，在四川大学对来中国参加实践与国际课程周（UIP）交流项目的外国学生展开问卷调查。这些学生基本来自美国、英国等西方国家，年龄主要集中在18~25岁阶段。在"您看到的关于中国环境污染的报道主要涉及哪些领域？（多选）"的问题上，受访者选择最多的是"空气污染"

157

(71.13%)以及"水污染"(41.24%),只有7.22%的受访者表示"从未看到关于中国环境污染的相关报道"。总体而言,西方网络媒体对中国环境问题的相关报道,主要集中在空气污染、水污染等负面信息上,而这些领域也正好是我国环境污染的"重灾区"。因此,必须承认,西方网民对中国生态环境状况的负面刻板印象形成的一个重要原因,是现阶段我国环境污染问题的客观存在。

(二)西方网络媒体的利益价值导向

党的十八大以来,我国生态文明建设取得了显著成果,西方国家的主流网络媒体中也出现不少有关我国环境治理的正面报道,但与此同时,围绕我国环境污染问题的相关报道依然占据主导。这与西方网络媒体的利益价值导向密切相关。"在信息爆炸的媒体饱和时代,最稀缺的是受众的注意力资源。"[1] 西方网络媒体在报道中国新闻时,他们看重新闻本身所具有的商业价值,追求新闻在网络上的点击量,即能否真正吸引网民的眼球。此外,从网民主观心态的角度看,负面新闻往往比正面新闻更容易在传播过程中获得他们的关注,那些予以网民强烈感官刺激的"丑闻"和令网民震惊的"奇闻"总能获得更高的点击量。从深层次来看,西方网络媒体的利益导向是由其背后的资本决定的。资本控制媒体,同时扶持政府。例如,作为全球规模最大的综合性传媒公司之一,默多克的新闻集团拥有《华尔街日报》《纽约邮报》《泰晤士报》等诸多具有巨大影响力的报纸媒体,甚至能以此影响西方国家的政治局势和舆论导向。英国《新政客》杂志在2010年把默多克评为全球最具影响力人物排行榜的第1位,而排在第50位的是俄罗斯僵尸网络。2017年12月4日出版的《彭博商业周刊》刊登了2017年度全球50大最具影响力人物榜单,俄罗斯僵尸网络居然进入了前50位。那么,资本控制下的媒体会如何选择新闻呢?很简单,资本认为是新闻的,它就认为是新闻;资本认为不是新闻的,它就认为不是新闻。发生在西方的事件,在西方才是新闻,而发生在世界其他地区的新闻,只有在西方认为它是新闻的时候,它才是新闻,即,利于西方的时候,它就会报道,不利于的时候,它就不报道。

西方媒体"最关注"中国什么呢?一是中国所谓的"专制体制",凡涉此新闻,一定会大报特报;二是人权问题,抓住一点似是而非的东西,一定会大做文章;三是西藏、新疆、台湾、香港等地区问题,非常关注,有闻必报;四是中国在工业化过程当中出现的一些负面的情况,比方说污染、权益争执等。

---

[1] 王勇."丑闻"不断的传播学分析[J].新闻记者,2007(5):40.

在这种利益价值导向的驱使下，西方网络媒体自然而然地聚焦于传播中国环境污染而非环境治理议题。与此同时，在社交网络中，网民们也更倾向于分享以上四类能够吸引眼球的内容。在这样的议程设置作用下，西方网民也就更容易接收到有关中国生态环境问题的负面信息，从而积累形成对这一问题的负面的刻板印象。长期定居深圳的英国知名博主 Barrett 对此感触很深，2020 年 2 月 26 日，他在 YouTube 上发布"Western Media Lies about China"视频，讲述了他眼中西方媒体关于中国的谎言。这个视频引起了许多外国人的共鸣，截至 8 月 12 日，观看次数达到 1585999 次，点赞 7.4 万。网友 Ken Molloy 留言说："I lived in Shanghai for over 10 years and totally agree with you！"（我在上海住了 10 多年，完全同意你的看法！）这个留言得到 1.1 万点赞。Bagsy 说："Most people who haven't even been to China have a negative opinion about the country. Blame the BBC for constantly making lies about China. China is actually an awesome country and I lived there 7 years."（大多数没去过中国的人对中国的看法都是负面的。因为 BBC 不断对中国撒谎。中国其实是个很棒的国家，我在那里住了 7 年。）Nora Pelamo 说："Lived in Shanghai for 7 years and fully agree. No one ever talks about the amazing nature and mountains and about their incredible hospitality or innovation in general as its not as media sexy as pollution and politicised trade barriers. It seems that everyone's forgotten facebook data problems from five years ago and why we all use cookies nowadays… its much easier to place the hype on Tik Tok. For all the problems we have in the world：I can't believe we are debating Tik Tok as a realm of political agenda. Just proves that the focus point in todays policy is wrongfully orchestrated… and yes China has issues，but it has a lot of amazing qualities and places. Never felt safer in any other country."（在上海住了 7 年，完全同意。从来没有人谈论过神奇的自然和山脉，以及他们令人难以置信的好客和创新，因为它不像污染和政治化的贸易壁垒那样吸引媒体。似乎每个人都忘记了 5 年前 facebook 的数据问题，以及为什么我们现在都使用 Cookie……把炒作放在 Tik Tok 身上要容易得多。对于我们在世界上存在的所有问题：我不敢相信我们正在把 Tik Tok 作为一个政治议程领域进行辩论。只是证明了今天政策的重点是错误的……是的，中国有问题，但它有许多令人惊叹的地方。在其他国家从来没有觉得更安全）从这些评论中，我们可以发现，真正到过中国的外国人，对中国有着客观真实的认识和了解，因而能够对西方媒体的负面、歪曲的报道，有清醒的看法和独立的评判。但是，放眼欧美权威媒体控制下的西方，中国的真实情况很难进入公众视野。正如网

友 Bagsy 所言:"大多数没去过中国的人对中国的看法都是负面的。"

（三）拟态环境中的认知偏差

根据沃尔特·李普曼的理论，在大众传播所营造出的拟态环境中，人们在获取外部世界信息时会受到来自主观和客观层面的诸多阻碍，从而使受众难以通过大众媒体完全了解新闻事件的真相。也就是说，通过网络形成的刻板印象往往偏离实际情况。

这种情形普遍存在于西方网络媒体在报道中国环境污染问题的过程中。受限于我国网络媒体在海外的影响力不足，西方网民往往是通过西方国家主流的网络媒体来了解中国，但这种方式却容易给西方网民造成认知偏差。以西方网络媒体对我国雾霾问题的报道为例，出于吸引眼球的需要，西方网络媒体在报道过程中会将个别极端情形放大化。例如，2016年12月，英国《每日邮报》（*The Daily Mail*）的网页版刊登了一篇名为《雾霾使中国城市"窒息"，航道停飞、道路关闭》（*Smog chokes China cities, grounding flights, closing roads*）的报道，讲述了北京等一些中国北方城市遭遇到了严重的雾霾天气，对民众的健康造成威胁，而当地政府也发出了空气污染红色预警并采取了一系列临时措施加以控制。当时正值我国北方全年中雾霾最为严重的时间，该报道对这一问题本身有着较为客观的阐述，但报道所采用的配图却容易给网民造成认知偏差。该篇报道中配上了若干张中国城市街头的照片，照片中的人们都戴上了口罩，看似繁华的街道上只有零零星星的路人，还有一张照片是一名男子戴上了十分夸张的类似防毒面罩一样的装备。这些照片是当时雾霾天气下城市里个别人所采取的极端措施，但通过报道，会给西方网民传递出一种普遍性的恐慌感，并在一定程度上造成将问题严重化、放大化的误导倾向。《纽约时报》驻新德里的记者 Gardiner Harris 说："在北京，PM2.5 值超过 500 就会登上国际媒体的头条；而德里的数值是北京的两倍，却基本上无人在意。"事实上，数据显示，从 2006 年到 2015 年，中国 PM2.5 平均值连续 9 年下跌。可是为什么大家反而觉得问题越来越严重呢？其实这在很大程度上是包括网络媒体在内的西方媒体刻意渲染和夸大中国环境污染所造成的。在互联网的拟态环境下，缺少直观感受的机会，西方网民往往会把这种倾向理解为真实情况，使得认知偏差普遍存在，从而导致西方网民更加容易对中国生态环境现状产生负面的刻板印象。

（四）国家间关系变化的影响

与此同时，我们还需要关注国家间关系变化对网民刻板印象形成的影响。

如果两个国家在外交层面上关系友好，民众对于对方国家的好感度会比较高，面对该国的相关报道，会在主观上先入为主地淡化消极因素。反之，国家之间的紧张关系会造成两国民众对对方国家刻板印象的恶化，如"冷战"时期的美苏两国、钓鱼岛争端语境下的中日两国以及地区冲突恶化时期的巴以两国等。国家层面上的紧张关系容易导致民众层面的情绪对立，而在社交网络环境下，这种对立会被进一步放大，加之特殊时期大众媒体具有倾向性的议程设置，特定历史时期中网民更容易产生负面的刻板印象。"中国威胁论"便是其中的典型。在苏联解体之后，西方国家开始关注到中国的崛起，1992年，在英国《经济学家》(The Economist)的专刊《当中国醒来》中，"中国威胁论"的概念首次被明确提出，并在此后成为西方政客学者和主流媒体在分析中国问题时长期使用的一种重要观点，并由此衍生出"中国军事威胁论""中国经济威胁论""中国网络威胁论"等诸多具体提法，其中还包括"中国环境威胁论"。"中国环境威胁论"最早于1994年由美国世界观察研究所所长莱斯特·布朗提出。他根据美国工业化的农业模型计算，中国只有18亿亩农田，当中国人口达到16亿的时候，需要在国际市场上采购7亿吨粮食。但伴随耕地减少、水资源匮乏和环境破坏，粮食产量会逐渐下降，而人口增加、生活水平不断提高，又会产生大量的肉禽蛋奶的副食品需求，对饲料的需求也会大大提高。那么，21世纪谁来养活中国人？在他看来，中国的粮食供应会对国际粮食市场产生巨大冲击，引发全球生态危机，乃至导致世界性的经济崩溃。与传统的"中国威胁论"相似，"中国环境威胁论"试图将全世界的环境问题都归咎于中国的高速发展和国际需求扩大。事实上，"从人均水平看，2004年中国人均二氧化碳排放量仅为世界平均水平的87%，1950年到2002年的50多年间，中国人均排放量只居世界第92位；从单位国内生产总值二氧化碳排放的弹性系数看，1990年到2004年的15年间，单位国内生产总值每增长1%，世界平均二氧化碳排放要增长0.6%，但中国仅增长0.38%。"[①] 中国在发展过程中，碳排放量远低于同时期的发达国家。

在自媒体时代，国家间关系变化左右着网络舆论环境，并深刻影响着一国网民对另一国的印象。2018年，美国皮尤研究中心（Pew Research Center）在25个国家中就当地民众对中国的印象进行调查，结果显示，从总体上看，有45%的受访者对中国持有好感态度；而从不同国家的情况看，对中国好感度最

[①] 赵青海. 气候变化问题与国际政治[J]. 对外大传播, 2007(10): 7.

高的国家依次是突尼斯（70%）、肯尼亚（67%）、俄罗斯（65%），而对中国好感度最低的国家则是日本（17%）。[①] 在中日关系较为紧张的时期，日本网络媒体曾大量报道中国的环境污染问题，并称中国的沙尘暴和雾霾之严重，足以波及日本国土，威胁日本国民健康，进而批评中国在污染治理方面缺少有效措施，从而引起了日本网民对中国环境污染问题的担忧和恐慌。在关系紧张时期，西方国家借由中国环境污染和资源短缺问题，人为制造敌视对立的消极舆论，而这类舆论经由网络传播后，的确让西方网民将远在中国的环境问题与自己的切身利益联系起来，也使得西方网民对中国的生态环境状况产生了更加负面的刻板印象。为破坏中国与东盟等亚洲国家关系，美国一直暗中使坏，而中国环境威胁论就是其中一张牌。就连中国人爱吃榴莲都被放到媒体上炒作，说这将使马来西亚森林遭殃。因为大肆开辟榴莲园将导致森林里的树木被大量砍伐，影响自然生态。因此，西方网民对中国刻板印象的形成，与国家间关系也同样具有一定联系。

三、西方网民对中国的刻板印象矫正的困境——以美丽中国为视角

就美丽中国对外网络传播而言，信宿再引的一项重要内容就是要矫正西方网民对中国的刻板印象。但这并非易事。根据选择性接触理论（Selective Exposure Theory），在大众传播过程中，受众往往会更倾向于接触与自身既有立场、观点相近的媒介和内容，而自觉回避背离自身既有倾向的媒介和内容。因此，改变信宿的某些已有观点远比强化他们的某些已有观点更加困难。在此，将以美丽中国对外网络传播为例，结合2017年"美丽中国对外网络传播研究"课题组关于外国学生对美丽中国认知情况的问卷调查结果，梳理目前西方网民对中国的刻板印象矫正过程中所面临的现实困难。

矫正西方网民对中国的刻板印象，需要利用美丽中国等正面信息和理念对西方网民群体进行积极的宣传和引导。但正如上文所提到的那样，拟态环境中信宿容易产生认知偏差的问题，纠正西方网民对中国的刻板印象实际上也是一个更正认知偏差的过程。而认知偏差的解决，需要让西方网民接触到正确的、真实的来自中国的消息，关键在于使中国网络媒体成为西方国家主流的网络信息入口。但目前的情况并不理想。以美丽中国对外网络传播为例，虽然"美丽

[①] Pew Research Centre. 5 Charts on Global Views of China [EB/OL]. Pewresearch, 2018-10-19.

中国"对外网络传播初步形成了"央-地-企"三位一体的传播格局（"央"即新华网、人民网、央视国际网站、中国网、国际在线、中国日报网、中青网、中国经济网等国家重点建设的外文新闻网站，"地"即千龙网、东方网等地方新闻外文网站，"企"即政府网站和腾讯、新浪等商业网站英语频道以及重点涉外单位外文网站）。① 但是上述网络媒体在西方网民群体中的认可度仍然比较有限。2017年"美丽中国对外网络传播研究"课题组关于外国学生对美丽中国认知情况的调查中列举了19个中国对外网络传播的重点网站（包括上述8家国家重点建设的外文新闻网站、9家地方新闻外文网站以及新浪网、中华网的英语频道），统计国外受访者的使用情况，结果显示，有54.64%的受访者表示"从未接触过上述任何网站"。同样的情况还体现在"在来中国以前，您主要通过什么途径了解中国（多选）？"这一问题的调查结果上，受访者选择最多的是"互联网"（71.13%）和"亲友"（50.52%），而"中国官方宣传"则是受访者最少选择的选项之一，仅为7.22%。由此可见，现阶段我国网络媒体在西方网民群体中的影响力依然偏低，西方网络媒体依然是西方网民接收中国相关信息的主要来源。

上述问题导致的直接后果，是西方网民较少地接触到来自中国网络媒体的诸如美丽中国一类的正面引导信息，因此在对外网络传播的过程中，正面信息触及率始终处于较为低下的水平。这在很大程度上提高了通过对外网络传播矫正西方网民对中国刻板印象的难度。党的十八大提出美丽中国后，虽然各大对外网络媒体纷纷开展美丽中国的对外传播工作，但时至今日，美丽中国在西方国家的认知度仍普遍较低。根据2017年"美丽中国对外网络传播研究"课题组关于外国学生对美丽中国认知情况的调查结果，在"您此前是否听说过'美丽中国'？"的问题上，仅有23.71%的受访者表示"听说过"，而这一部分受访者中主要是从"书籍、报纸、杂志"（52.17%）和"互联网"（52.17%）。由此可见，美丽中国在西方国家中的影响力仍然偏低，且网络传播的辐射效果也不尽理想。因此，矫正西方网民对中国既有的刻板印象，首先需要解决的问题是如何提高美丽中国等正面引导在西方网民群体中的触及率。

事实上，西方社交网络和自媒体的迅速发展对于美丽中国对外传播而言既是挑战，更是机遇。正因为社交网络的蓬勃发展，让我们有了更多渠道和方式可以矫正西方网民对我国的负面刻板印象：积极利用西方主流社交网络平台发

---

① 李建华."美丽中国"对外网络传播的破局与重构［J］.四川大学学报（哲学社会科学版），2016（2）：68-75.

声，让更多西方网民可以真实地了解美丽中国和中国在发展过程中取得的最新成果；结合美丽中国的特点，以Instagram、YouTube一类的照片和视频分享型自媒体在西方国家全面兴起为契机，通过视觉化的直观形式，让西方网民能够更准确和全面地认识美丽中国；从长远发展的角度看，要努力提升中国网络媒体和社交网络平台在西方网民群体中的影响力，以期为美丽中国对外传播和中国良好国际形象的形成提供更为稳定和有效的网络渠道。

第三节　美丽中国对外网络传播的信宿再引

根据美国社会学家伊莱休·卡茨（Elihu Katz）的使用与满足理论（Uses and Gratifications），进行大众传播工作应该更多地关注受众本身，通过分析受众的不同需求以及获得满足的程度来考察受众所产生的心理和行为影响，从而衡量大众传播的效果。使用与满足理论强调大众传播过程中受众的作用，而在"WEB2.0"时代，受众的作用在社交网络中变得更加突出：随着自媒体的发展和普及，受众不仅是信息的接收者，同时也是信息质量的评判者和信息传播的承担者，社交网络传播也逐步呈现出以受众偏好为导向的特点。

传播方式的深刻变革也对传播工作的开展提出了更高要求。在"WEB2.0"背景下，美丽中国对外网络传播需要更加重视对信宿的正向引导工作，充分尊重西方网民的关切需求，结合西方网民的具体特点创新形式内容，合理设置议程，从而提高美丽中国在西方社交网络中的触及率，增强西方网民对美丽中国的信任度和认可度。

一、美丽中国对外网络传播信宿再引的目标和思路

"'主体间性'（Intersubjectivity）理论认为，主体不是孤立存在，而是多个主体之间的交互关系。主体既是以主体间的方式存在，其本质又是个体性的，主体间性就是个性间的共在。在对外网络传播中，对'美丽中国'这个客体进行认知的主体是国外网民，他们既是个体性存在，又是主体间存在，彼此又有多重交互关系。"[1] 也就是说，作为美丽中国对外网络传播信宿的西方网民，在

---

[1] 李建华. "美丽中国"对外网络传播的破局与重构［J］. 四川大学学报（哲学社会科学版），2016（2）：68-75.

接收信息和传播信息的过程中，要能够实现从客体到主体的转换。这种转换的"门槛"随着自媒体的普及而大大降低。在"WEB2.0"时代，人们乐意去分享自己接触到的新鲜事物和有趣观点，互动的便捷化使得传播过程中主体和客体的界限变得日益模糊，作为美丽中国对外网络传播信宿的西方网民能通过自媒体完成向信息发布者的身份转变。

因此，美丽中国对外网络传播信宿再引的目标，是在向西方网民介绍美丽中国和激发他们认同感的基础上，矫正西方网民对中国的负面刻板印象，引导西方网民借助社交网络主动地讨论和分享美丽中国。这一目标包含了思想认同和行为参与两个层面。纵观世界历史上各类思想、文化、价值观、宗教、科学技术的对外传播过程，可以发现，如果只依靠单向的外部渗透，传播效果往往并不理想，而且会产生极高的传播成本，所能产生的持续影响力也相对有限。反观历史上对外传播的典型案例，其成功不仅源于内容本身得到信宿的认可，更源于由信宿内在认可而产生的自发性的传播行为，从而为对外传播的持续开展提供条件。当前，美丽中国对外网络传播仍停留在单向渗透的层面，主要依托各类国内网络媒体的海外版进行宣传，覆盖面相对有限、信息触及率偏低，难以在西方网民群体中形成普遍影响力。这一困境的出现，主要是由于长期以来在对外网络传播过程中对信宿引导工作的重视程度不足。事实上，随着西方社交网络在近年来的迅速发展，西方自媒体平台已经将用户的分析和引导作为运营的核心环节，而用户的"主体间性"特点也变得愈发突出。因此，需要重视美丽中国对外网络传播的信宿再引工作，前提是要加深信宿对美丽中国的理解和认可，同时需要引导信宿实现从客体到主体的转变，主动参与到美丽中国的网络传播当中。

以上述目标为导向，围绕思想认同和行为参与两个层面，美丽中国对外网络传播信宿再引可以依循"触及信宿→引发关注→获取认同→引导参与"的思路开展相关工作。具体来说，首先，是借助不同的网络媒体，使西方网民能够通过网络媒体接触到美丽中国，并对此产生正面印象；其次，是通过合理的议程设置和内容安排，提升西方网民对美丽中国的持续关注度；在此基础上，积极契合西方网民的利益及情感需求，获取西方网民对美丽中国理念的内在认同；最后，激发西方网民在各类自媒体平台中讨论和分享美丽中国的热情，从而进一步提高美丽中国在西方社交网络中的触及率，使越来越多西方网民认识、了解和关注美丽中国。

二、美丽中国对外网络传播信宿再引的原则导向

对外传播作为公共外交的一种具体方式，长期以来，我国在对外传播受众的选择方面有所侧重：一方面，公共外交资源主要投放给发达国家和地区；另一方面，对境外精英群体的宣传重视程度高于对境外"草根"群体的重视程度。然而，在社交网络和自媒体迅速发展的今天，我们需要积极改变这种传统的对外传播思维，重视西方普通民众，尤其是西方普通网民的作用和影响。

因此，在美丽中国对外网络传播过程中，我们需要突出信宿再引的重要性，并以"四个转变"为原则导向开展相关工作。

（一）由忽视西方网民特点向注重西方网民需求转变

兹兹·帕帕夏利斯和阿兰·鲁宾（Zizi Papacharissi & Alan Rubin）研究表明，人们使用互联网最重要的动机是寻找信息。[①] 美丽中国关乎人类生存环境，话题与西方网民日常生产生活息息相关，相关信息能够满足西方网民的信息需求，而这是网民最重要的上网动机。应当在深入分析西方网民具体需求的基础上，开展有针对性的美丽中国传播。例如，网络对外传播美丽中国相关新闻报道、影视作品、艺术作品等，使西方网民获得信息、知识并增进对美丽中国的理解，满足其认知需要；网络传播美丽中国影视作品、微视频等，讲述美丽中国故事，使西方网民获得感情的、愉悦的体验或审美经验，满足其情感需要；社交网络传播、分享、讨论美丽中国相关内容，使西方网民提高个人可信性、自信心和社会地位，增进与朋友的联系，满足其个人整合和社会整合的需要。

（二）由忽视西方网民注意力向适应网民习惯转变

因特网之争其实就是争夺眼球的战争。当前，中国对西方受众注意力的重视程度严重不足，对外网络传播效果欠佳。在美丽中国对外网络传播中，如果表达方式不能适应西方网民习惯，很容易引起西方网民的刻板印象反应。可以通过增强美丽中国的吸引力（如异质性、趣味性、可信性），采取西方网民喜欢的方式和风格，引导他们与美丽中国"会聚"（convergence），发现美丽中国与他们日常生产与生活的相似之处，增强他们对美丽中国的信任和认同。同时，强调美丽中国与西方话语体系不同的特质及其表现策略，允许西方受众保持自身观点和主张的背离（divergence），保持彼此的角色差异，避免引起他们的反

[①] [美]理查德·韦斯特，林恩·H.特纳.传播理论导引：分析与应用[M].刘海龙，译.北京：中国人民大学出版社，2007：446.

感和抵制。

（三）由忽视西方网民意见表达向注重意见反馈转变

网络传播为话语的"去精英化"乃至"去中心化"提供了技术可能，传统传播环境中的"失语群体"得到了逆转，获得了广阔的话语空间。建设美丽中国，既是构建中国生态文明，也是促进世界生态文明的进步，是全世界网民的共同关切。要围绕美丽中国主题，为他们提供网络平台、传播渠道、反馈通道、讨论空间，设置具体议题、议程，激发西方网民的话语表达意愿和主动传播热情，使他们能够主动分享信息、互帮互助，表达意愿、宣泄情绪，作出评论、提出建议。

（四）由忽视共享合作向引导集体行动转变

网络传播能够大幅度降低管理成本，突破企业管理成本的"科斯地板"，把网民凝聚成松散结构的群体，并使这些群体可以出于非营利目的、不受管理层指挥而运行，甚至还可以跨越国界开展行动。群体行为按照难度级别递进，分别是共享、合作和集体行动。[①] 在共享阶段，通过网站、社区、博客、微博等广泛传播美丽中国特定主题，实现资源、信息等共享。在合作阶段，在网上就某些认识达成一致、促成共识，确定行动目标，激发行为动机。在集体行动阶段，通过网络特别是移动网络，保持线上线下互动，推动活动有效开展，并在线上大力宣传推广活动，扩大活动的影响力。

只有实现上述"四个转变"，我们才能切实提高美丽中国在西方网民群体中的触及率，增强西方网民对美丽中国的信任度以及提高美丽中国对外网络传播工作的实效性。

三、美丽中国对外网络传播信宿再引的具体举措

如何对美丽中国的对外网络传播进行信宿再引？李子柒在国外主流网络媒体传播的成功模式可以给我们带来深刻启示。2017年，李子柒在微博、今日头条、美拍等各大网络媒体头条搜索量稳占第一，并且在海外引起了极大的反响，多个作品在Facebook等国外知名社交平台获得了动辄数以百万的播放量。好多外国人在YouTube里疯狂给她打电话，还强烈要求视频出英文字幕，感叹于她的能干和在快节奏生活中还能保持内心的淡然。她凭借独特的东方气质和古香

[①] [美]理查德·韦斯特，林恩·H.特纳.传播理论导引：分析与应用[M].刘海龙，译.北京：中国人民大学出版社，2007：446.

古色的古代生活收获大批海外粉丝,被国外网友称为"来自东方的神秘力量"。李子柒YouTube频道开通于2017年8月,2019年就达到528.87万粉丝,Facebook粉丝量2020年8月已突破1200万。李子柒之所以能够受到西方网友热烈欢迎,主要原因在于:一是突出了中国美景。中国农村的青山绿水、安静的小乡村、可爱的小动物、古朴的生活方式,与李子柒纯真自然的形象相映成趣,激发人们返璞归真、亲近自然的欲望。她的视频,融于山水之间、一举一动都透露着灵山秀水的感觉,山清水秀、云雾缥缈,美丽不可方物,连落日都显得独具魅力。二是突出了中国美食。全面展现面包、芋头饭、牛肉面、螺蛳粉等制作过程,让人垂涎欲滴、心生向往。她以花酿酒、花瓣为食,山菌为材、取饮泉水,无论是从美学还是从生活的角度去看,都给人一种别具一格的感觉。三是突出了中国文化。她根据中华民族传统文化中的时令节气、传统节日、民风民俗确定选题,视频中的中国美食文化、李子柒的古装文化等内容独具东方魅力。四是以镜头叙事。她的视频,都是以镜头展现美景,记录过程,体现美感,很少有语言文字,与国外受众没有语言和文化隔阂。从这个典型案例出发,围绕美丽中国对外网络传播信宿再引的目标和思路,结合西方网络发展和西方网民的特点,立足"四个转变",对美丽中国对外网络传播进行信宿再引。

(一)美丽中国意见领袖及其培养

根据课题组调查,YouTube上"Beautiful China"关键词信源观看次数超过3.3万的有337条(截至2020年8月12日),总观看次数27006万次(见表3-2)。李子柒2019年8月19日在YouTube上发布的"吃得满足,嗦得过瘾,辣得舒坦,就一碗柳州螺蛳粉Liuzhou'Luosifen'",观看人数就达到了47397451人次。中国另一个网红博主"办公室小野"在YouTube上的"小野的西瓜盛宴",单条视频点击破亿,达到1.002亿次,获赞40万次。她的视频,也是充满创意,美食主题,鲜有语言对话。她们二人的视频观看人数,就几乎相当于"Beautiful China"关键词信源的75%(她们的视频不在此搜索结果之列)。由此可见,网红等意见领袖在美丽中国对外网络传播中的效果,远超一般传播主体,甚至远超若干一般传播主体传播效能的总和。

20世纪中叶,美国传播学家保罗·拉扎斯菲尔德提出了"意见领袖"(Opinion Leadership)的概念,指大众传播过程中,信息的传递并非直接从媒体流向一般受众,而是要经过意见领袖这一中间环节。在大众媒体尚不发达的年代,意见领袖的确存在于大众传播过程当中的,并且在资讯相对闭塞的环境中承担着传递信息、解释问题和引导舆论的作用。此后,电视的普及造成了"去中心化"效应,意见领袖的作用被大大削弱,人们接收信息已不再需要这样的中间环节。但近年来,随着互联网的兴起,海量的碎片化信息大大提高了网民的甄别难度,当代网民"需要寻找一个他们可以信赖的委托人以帮助他们筛选信息,研判事实,这就必须产生新一轮的中心建构。"① 这是一个"再中心化"的过程,而网民们所需要的"可以信赖的委托人"便是意见领袖。对于今天的西方网民而言,他们接收信息的渠道越来越多、内容越来越繁杂,在个体需求有限的条件下,这无疑提高了网民的选择成本。因此,西方普通网民往往倾向于关注意见领袖提供的内容,而意见领袖对热点事件的观点和倾向也会影响着网民的看法。由此可见,在西方国家的社交网络环境中,意见领袖是具有权威性和感召力的,这也意味着在美丽中国对外网络传播的过程中,我们需要更加重视意见领袖的培养。

随着社交网络和自媒体的普及,意见领袖的形成变得具有不确定性——他们可能是专家学者、业界代表,可能是政商精英、明星名流,也可能是借由社交网络成名的草根网红。当前,中国网红正在竞相出海。"办公室小野"、李子柒、"滇西小哥"等在YouTube、Facebook等全球主要社交媒体上已经坐拥众多粉丝,"办公室小野"在全球有3000多万粉丝,其中海外粉丝占据了半数,李子柒的海外粉丝超过1500多万。美丽中国主管部门和各地方政府,可以与出海网红们开展合作,共同设计策划美丽中国、美丽城市、美丽乡村等主题,以他们擅长的美食为载体,展现美丽的自然风貌、城市风光、风土人情、民俗文化。网红不需要为此刻意改变,只需要保持受国外粉丝欢迎的方式即可;不需要讲什么东西美不美,展现出的画面就能说明一切;不需要多余的语言,镜头就是最好的语言。

相比于来自中国的网络宣传,西方意见领袖在美丽中国网络传播过程中具有无可替代的优势:一方面,对于美丽中国这样一个具有价值导向的议题,西方网民会更信赖来自中立方所提供的信息,因此西方意见领袖的发声有助于增强西方网民群体对美丽中国相关议题的好感度和认可度;另一方面,如果西方意见领袖能用西方网民所接受的话语体系来正确阐述美丽中国,将有助于缩小因中西方文化差异而产生的隔阂,有效减少美丽中国在对外网络传播过程中被歪曲解读或异化引申,即拟态环境中的认知偏差现象。因此,在西方国家中培

---

① 李良荣. 网络与新媒体概论 [M]. 北京:高等教育出版社,2014:147.

养一批正确理解并认同美丽中国的意见领袖,将极大推动美丽中国对外网络传播的有效开展。具体来说,培养美丽中国意见领袖,要重视西方国家网民群体,广泛尊重西方网民的不同观点,通过不同渠道参与到西方社交网络关于中国议题的讨论当中,在加强正面引导的同时,主动回应关切和质疑,尝试扭转西方意见领袖对中国的错误的刻板印象认知,积极为中国及美丽中国在西方国家社交网络中树立正面形象,从而使更多的西方意见领袖愿意为美丽中国发声。

除了作为网络意见领袖的个人,西方国家的社会组织也能够发挥美丽中国意见领袖的作用。上文提到,在西方民众环境保护意识等各类公共认知形成的过程中,社会组织发挥了极为重要的作用。这对于美丽中国对外网络传播信宿再引的工作同样具有借鉴意义。应该积极开展与西方国家中具有影响力的社会组织的交流合作,使越来越多西方社会组织关注中国发展问题以及认识了解美丽中国,努力使其认同中国在美丽中国建设方面所取得的成效,以期在美丽中国对外网络传播过程中发挥正面影响。一方面,以西方社会组织为媒介,借助其在本国已有的影响力和辐射能力,让更多的西方网民认识和了解美丽中国;另一方面,鉴于西方民众在认知层面上的理性判断与感性认知共存的特点,美丽中国网络传播需要科学数据、真实案例、科研成果等客观且直观的现实依据作为支撑,而西方国家中不同专业背景的社会组织正好能利用自身在专业领域的优势,为这一网络议程的设置提供更多支持。

(二)美丽中国网络议程设置

20世纪70年代,美国传播学家M·E·麦库姆斯和唐纳德·肖在《大众传播的议程设置功能》一文中提出了议程设置理论(Agenda-setting Theory),通过对比美国总统大选期间大众媒体报道内容与选民关注问题之间的关系,他们发现,虽然大众媒体不能直接决定选民们对于某位总统候选人或者某类竞选主张的看法,但大众媒体所侧重报道的内容往往也会成为选民们所关心和重视的内容。也就是说,大众媒体的议程设置能在很大程度上改变民众的态度,前者对某类事物或观点强调程度越高,后者对其关注程度也越高,反之亦然。根据这一理论,大众媒体在社会发展过程中不仅承担信息传播的职能,同时也能够为民众提供值得关注、思考和讨论的议题,进而达到改造社会环境和民众行为的目的。

在当今西方国家的社交网络环境中,议程设置理论依然适用。和40年前一样,大众媒体在美国总统大选的议程设置行为仍然影响着选民的判断,但起着主导作用的已不再是报纸、广播和电视，而是互联网——确切地说，是社交网络。无论是2008年和2012年的奥巴马，还是2016年的特朗普，他们之所以能够赢得美国总统大选，都离不开在Facebook、Twitter等主要自媒体平台上成功的议程设置，从而有效引发网络舆论关注，并在一定程度上影响着网民们的决定。由此可见，在"WEB2.0"时代，议程设置能力与网络空间舆论的主导权息息相关，而且由于互联网的跨国界性质，这种舆论主导权的差异在国家与国家之间也同样有所体现——"信息本身的流动是不平衡的，居于强势地位的国家的'议程'会产生更大的影响力。"① 不可否认的是，目前我国的国际传播能力和舆论影响力仍处于相对落后的水平，议程设置能力也有待提高，与此同时国际热点问题的话语权长期被西方主流网络媒体所掌控，这也是阻碍美丽中国对外网络传播实效性提升的一个重要因素。为此，我们应当通过多种渠道加强美丽中国的网络议程设置，改变过往单向的、以我为主的议程设置思维。

具体来说，美丽中国网络议程设置可以从以下方面着手：围绕重大事件和即时热点，把握美丽中国相关议程在西方社交网络中处于热议状态的机会，适时加强美丽中国的议程设置，提高西方网民对美丽中国的关注度，增强美丽中国网络议程的时效性；利用大数据分析，依据西方网民的兴趣偏好设置议程，结合不同社交网络平台网民群体的特点，针对性地选择议程设置方案，提升美丽中国网络议程的触及率；突出鲜明观点，改变过往平铺直叙式的议程设置方式，重视网络舆论倾向的多样性，尝试通过不同观点的碰撞引发西方网民的思考和讨论，从而营造美丽中国网络议程的互动氛围。需要说明的是，尽管议程设置理论在当今的互联网场域中同样适用，但赢得流量本身并不意味着赢得议程设置和话语权。正如上文所提到的，随着社交网络和自媒体的普及，西方网民实现了从虚拟群体向真实个人的身份转变，他们在接受信息方面拥有更多的选择权，观点态度趋向多元化，此时真正能影响网民的不再是议程所出现的频次，而是议程的时效性和倾向性。也就是说，相比于传统媒体环境中的议程设置，在"WEB2.0"时代，网络议程设置的关键因素不仅在于发声数量的多少，而是更在于其观点和倾向能否及时地得到网民的普遍支持。这一点对于美丽中国对外网络传播议程设置至关重要。美丽中国网络议程设置，并非要一味地在西方社交网络平台中反复出现美丽中国的内容，这种做法反而容易让西方网民不解甚至反感；美丽中国网络议程设置的侧重点，应该是在积极传播的基础上，

---

① 彭兰. 网络传播概论（第4版）[M]. 北京：中国人民大学出版社，2017：308.

让西方网民理解和认同美丽中国的相关内容。从这一角度出发，我们还需要做好美丽中国与西方网民需求的对接与转化工作。

(三) 美丽中国与西方网民需求的对接与转化

2015年5月，习近平总书记就《人民日报》海外版创刊30周年作出重要批示，指出要"用海外读者乐于接受的方式、易于理解的语言，讲述好中国故事，传播好中国声音，努力成为增信释疑、凝心聚力的桥梁纽带"①。通过对外网络传播讲述好美丽中国这一中国故事，关键在于消除因思想观念、文化背景、思维方式等因素导致的差异和隔阂，注重与西方网民需求的对接与转化，从而真正搭建起增信释疑、凝心聚力的桥梁纽带。

美丽中国与西方网民需求的对接与转化，首先，体现在西方网民利益关切问题方面。上文提到，个人主义是西方民众认知形成的重要内生动力，因此要想让美丽中国得到西方网民的理解和认同，需要让美丽中国与西方网民利益关切问题相契合。保护生态环境、共筑地球家园恰恰是这样一个理想的契合点。美丽中国核心在于我国新时代的生态文明建设，而在倡导共建"人类命运共同体"的今天，生态文明建设也决不仅仅是某一国家自己的事。2018年5月18日至19日，习近平总书记在全国生态环境保护大会上发表重要讲话，强调在新时代要"共谋全球生态文明建设，深度参与全球环境治理，形成世界环境保护和可持续发展的解决方案，引导应对气候变化国际合作。"② 生态文明建设是如此，美丽中国亦是如此。尽管身处海外的西方网民并非美丽中国的直观感受者和直接受益人，但这并不意味着他们就不会关心美丽中国，例如有意愿来中国旅游求学或工作生活的西方网民、关注中国政治经济社会发展的西方网民、对中国人文历史感兴趣的西方网民以及关注全球环境治理问题的西方网民等，他们都有可能会对美丽中国抱以关切态度。与此同时，伴随着西方网民网络行为偏好的小众化，西方自媒体平台的功能也开始依据用户需求差异逐步细分化和专业化，加之大数据分析的普及使用，有助于我们在美丽中国对外网络传播过程中更为精准地勾勒信宿画像和划定信宿范围，并通过与各类社交网络媒体的合作，激发更多的西方网民开始关注和了解美丽中国，从而提升美丽中国在西方社交网络中的知名度和认可度。

---

① 习近平就《人民日报》海外版创刊30周年作出重要批示 [EB/OL]. 人民网，2015-05-21.
② 新时代推进生态文明建设，习近平要求这样干 [EB/OL]. 新华网，2018-05-19.

其次，是要在美丽中国对外网络传播过程中注重与西方网民语言表达习惯的对接与转化。由于思维方式不同，中西方在表达方面也存在着较大差异。"中文表达通常选择宏大叙事切入，再用高度凝练的抽象性语言进行总结，读起来气势磅礴，但是缺乏细节的表现。而英文表达则偏重以小见大，通过小故事来说明大道理。"① 表达方式的差异容易导致网络传播过程中出现"自说自话"的局面，如果处理不当，不仅会影响对外传播效果，更有可能给信宿造成负面的刻板印象。因此，美丽中国对外网络传播应当摒弃说教式的宣传话语，尊重和迎合西方网民的表达习惯，注重以具体案例为切入点，用真实的故事传递出美丽中国的实质内涵，从而使西方网民产生共鸣和认同感。

最后，是要重视与西方网民心理情感需求的对接与转化。上文提到，西方民众在对待生态环境问题时具有理性和感性并存的特点，这意味着美丽中国作为一个生态环境领域的议题，要想获得西方网民的认可，同样需要兼顾西方网民的心理情感特点。相比于传统媒体环境，自媒体的普及使西方普通网民有了更多的话语和情感表达的空间，使得西方社交网络上出现了一种"后真相"（Post-truth）现象，即"人们不再追求事实和真相，而是容易为各种情绪、情感所煽动"②。"后真相"曾在2016年被《牛津词典》选为年度词语，在西方传播界和学术界得到高度重视，但在我国过往的对外网络传播工作中，却往往有所忽略了。为此，应当通过社交网络为西方网民搭建了解、分享和讨论美丽中国的平台，积极利用共建"人类命运共同体"、加强"一带一路"合作等能激发西方网民情感认同的国际化理念，合理设置议程，唤起西方网民的话语表达意愿和主动传播热情，同时注重西方网民对相关问题的反馈意见和情感表达，使他们能围绕美丽中国满足自身的心理需求，从而形成内生认同。

（四）即时化的美丽中国自媒体的"借船"与创设

在"WEB2.0"时代，自媒体平台是最具影响力的网络传播渠道。根据互联网数据研究机构 We Are Social 和 Hootsuite 联合发布的《数字2018：互联网研究报告》③，截至2018年1月，世界范围内活跃用户数量最多的社交网络平台排在前五名的依次是 Facebook、YouTube、Instagram、Tumblr 和 QQ 空间，而世界范

---

① 刘朝阳. 讲好中国故事必须提升议题设置能力 [J]. 青年记者，2017（2）：8-9.
② 彭兰. 网络传播概论（第4版）[M]. 北京：中国人民大学出版社，2017：155.
③ We Are Social&Hootsuite. 2018全球数字报告 [R/OL]. 中文互联网数据资讯网，2018-02-01.

围内活跃用户数量最多的即时网络通信工具排在前五名的依次是 Whatsapp、FB-Messenger、微信、QQ 和 Skype。微信和 QQ 作为我国本土化的互联网产品，能有如此庞大的用户群体，依托的正是我国这一巨大的网民市场。尽管近年来我国在自媒体领域取得了长足发展。但必须承认的是，在国际影响力和网民覆盖率方面，现阶段我国的各类社交网络平台仍然难以与 Facebook、YouTube、Instagram、Twitter 等国际化平台相提并论。尤其是在西方国家内部，这些国际化平台的市场占有率相当高，受到西方网民的广泛青睐。以 Facebook 为例，即便在 2018 年 3 月被曝光出"数据泄露门"这样严重的负面事件，他们的活跃用户数量仍在不断增长，同年 7 月 Facebook 发布的第二季度财报显示，平台月活用户为 22.3 亿，环比增长 1.37%。[①] 用户习惯并非一朝一夕可以改变，因此，要提升西方网民对美丽中国的认知度和认可度，在传播过程中需要积极地对西方即时化自媒体进行"借船"，同时也需要尝试创设美丽中国的即时化自媒体平台。

对西方即时化自媒体的"借船"，是指在西方网民常用的自媒体平台上建立账号、发布内容以及交流互动，以提升西方网民群体对相关问题关注度的方式。如今，西方社交网络已发展到相对成熟的阶段，西方网民已经具备较强的信息甄别能力，自媒体也呈现出"内容为王"的特点。在这样一个环境下，形式上的创新虽然能给予用户短期刺激，但真正能吸引用户持续关注的是内容本身。因此，能否提升美丽中国在西方自媒体平台中的影响力、让更多的西方网民接触和关注美丽中国，形式与内容的设置都至关重要。因此，应当在西方主流自媒体平台上设立美丽中国独立账号的同时，组建起负责美丽中国境外自媒体平台账号运营的专业团队。自媒体所发布的内容不能停留在将国内相关新闻进行整理和翻译的层面，而需要在充分迎合西方网民的需求偏好和话语体系的背景下进行美丽中国对外传播内容的创作，丰富传播形式，通过高质量的内容提升自身关注度，积极营造西方网民感兴趣的话题，努力制造正面、积极的热点。与此同时，应该关注西方网民，尤其是青少年网民群体在自媒体使用中发生的新变化。上文提到，Facebook 仍然是世界范围内活跃用户数量最多的社交网络平台，但这一情况在青少年群体中却有所不同。根据美国皮尤研究中心（Pew Research Center）的《青少年，社交网络和技术 2018》调查报告，在美国 13~17 岁的青少年群体中，使用普及率最高的自媒体平台依次是 YouTube（85%）、In-

---

① 屈丽丽. Facebook："数据隐私"引发多米诺效应 [EB/OL]. 新浪网，2018-09-08.

stagram（72%）和Snapchat（69%），Facebook（51%）的使用普及率则较低；而美国青少年最常使用的自媒体依次是Snapchat（35%）、YouTube（32%）和Instagram（15%）。[1] 由此可见，西方网民的自媒体使用习惯也在不断地改变当中，这些情况都是在西方即时化自媒体"借船"过程中需要注意的新趋势。此外，还可以适当借鉴西方自媒体运营团队的经验和做法，结合不同自媒体平台的特点，加强与西方网民的互动，切实提升美丽中国对外网络传播的实效性。

除了"借船"的方式，创设即时化美丽中国自媒体也是信宿再引的另一项有效方式。鉴于当代西方网民网络行为的小众化、熟人化和现实化的特点，可以尝试以美丽中国为主题进行自媒体创设，并通过这一自媒体平台，将西方国家中对美丽中国感兴趣的网民聚集起来。例如，在平台中详细介绍美丽中国的相关内容，提供中国的地理、人文、时政资讯，实时发布中国的生态环境相关数据，并在平台中加入社交网络服务（SNS）相关功能，促进用户对于美丽中国话题的交流和分享。即时化美丽中国自媒体的早期用户可能是在中国的留学生、境外企业来中国工作人员、境外媒体驻中国工作者、来中国旅游的游客以及对中国感兴趣的外国人，他们对于中国各类议题的关注程度较高，也具有更强烈的意愿想要建立志同道合的网络联系。这种联系一旦建立，借助社交网络传播，将会让越来越多的西方网民认识和了解美丽中国，从而关注中国的发展。但正如上文所提到的那样，我国目前还没有研发出真正具有国际影响力的社交网络产品，即时化美丽中国自媒体的创设同样具有较高难度。这种困难并非仅仅来自技术层面，而且来自能否真正契合用户需求、提供良好的用户体验以及具备其他自媒体所无法替代的功能和作用。在当今西方网民用户习惯相对固化的现实情况下，创设国际化的自媒体平台，对于我国国家软实力的提升也同样具有重要的战略意义。

此外，无论是"借船"西方即时化自媒体，还是创设即时化美丽中国自媒体，在坚持以我为主的同时，更要迎合西方互联网的发展趋势以及西方网民的使用习惯。根据德勤（Deloitte）2018年发布的《全球移动网络消费者调查报告》，移动网络成为西方互联网发展的最主要增长点，西方网民使用移动终端的普及率也在迅速增长。2018年，智能手机依然是美国消费者最重要的移动设备，普及率高达85%，而且在老年人群体中普及率增长超过10%；2018年美国人看

---

[1] Pew Research Center. Teens, Social Media & Technology 2018 [EB/OL]. Pewinternet, 2018-05-31.

手机的次数比以往任何时候都高，平均每人每天要看52次，高于2017年的47次。① 类似的情况也发生在英国。智能手机同样是英国人使用频率最高的电子设备，95%的受访者表示几乎每天都会使用到智能手机；而了解新闻资讯则是英国人使用智能手机的最主要用途，59%的受访者表示每周都会通过手机阅读新闻。② 与此同时，越来越多西方网民把智能手机作为自己上网的最主要工具。根据美国皮尤研究中心（Pew Research Center）的调查研究，2018年把智能手机作为自己唯一上网工具的美国网民比例，从2016年的12%增长到2018年的18%。③ 因此，为迎合这一趋势，在"借船"和创设美丽中国自媒体的过程中，需要格外重视移动网络用户群体，积极开发和运用各类移动网络平台，使美丽中国在西方国家的拟态环境中形成正面影响力，努力引导更多的西方网民了解美丽中国、认可美丽中国并参与到美丽中国的传播当中。

---

① Deloitte. 2018年美国移动消费者调查报告 [R/OL]. 中文互联网数据资讯网，2018-12-20.
② Deloitte. 2018年美国移动消费者调查报告 [R/OL]. 中文互联网数据资讯网，2018-12-20.
③ Pew Research Centre. Internet, Social Media Use and Device Ownership in U. S. Have Plateaued after Years of Growth [EB/OL]. Pewresearch，2018-09-28.

第六章

美丽中国对外网络传播的信道重建

21世纪以来,作为党和国家的重要战略之一,我国高度重视国际传播能力建设,这既是应对全球传播技术发展和格局变化的现实需要,也是增强国际话语权和提升国际影响力的有效途径。近年来,随着无线通信、人工智能、移动互联、大数据以及不断出现的新技术飞速发展,以计算机互联网为主导的前互联网时代已经渐渐隐退,后互联网时代已悄然到来。新技术的出现和应用不仅有效提升了信息传播的速度和效果,更是对传统网络环境下建构的西方网络霸权主义形成挑战。因此,我们要抢抓机遇,发挥自身优势,整合优势资源,进一步加强"美丽中国"对外网络传播信道建设,提升国际传播能力,塑造我国良好的国际形象。

第一节　西方对外传播的网络霸权

网络霸权是信息网络技术发达的国家及组织依托其科技和资金等方面的优势,在网络管理和信息传播等方面加以限制和干涉,并进而控制国际互联网,实现对符合其国家和组织利益的价值观、意识形态和政治经济诉求进行传播和强化的行为。美国学者约瑟夫·奈曾经指出:"网络权力取决于一系列与创造、控制及信息沟通为基础的电子和计算机有关的资源,其包括硬件基础设施、网络、软件及人类技能。"[①]

一、西方对外网络霸权的形成原因及目的

1946年,世界上第一台通用计算机"ENIAC"在美国宾夕法尼亚大学诞生,

---

① 杜雁芸. 美国网络霸权实现的路径分析[J]. 太平洋学报, 2016 (2): 67.

尽管它体积庞大且极易出现故障，却标志着电子技术实现重大突破。1969年美国国防部高级研究计划署（Defense Advanced Research Projects Agency）开始资助兰德公司（RAND Corporation），将其研发的无明显中心节点的实验性网络上线运行，互联网的雏形阿帕网（Advanced Research Projects Agency Network，ARPANET）正式诞生。自此，以计算机和互联网技术为代表并被广泛应用的网络时代正式到来。在网络时代，谁拥有核心技术，谁就能主宰网络时代的信息和规则，谁就掌握网络世界的控制权和话语权。正如美国未来学家阿尔文·托夫勒（Alvin Toffler）在其著名的未来三部曲中曾经预言，在未来社会，技术和信息的掌握是知识权力有力的体现。

二战之后，美国成为现实世界中绝对的霸权主义国家。同时，美国凭借其计算机与网络核心技术和关键设备发源地的优势，将其霸权主义触角延伸到了网络空间。美国是目前世界上最大的软硬件资源占有国，其在网络空间中的优势性已经远超其在政治、经济领域中的影响力。美国已经牢牢掌握互联网产品和服务的控制权、主导权和全球话语权。同时，美国的互联网战略也引起了世人的广泛关注。奥巴马总统执政期间相继出台了《国家网络安全战略报告》《网络空间政策评估》《网络空间行动战略》等一系列互联网政策文件，其根本目的就是要建立美国的网络威慑及掌控国际互联网制网权，这对世界政治、经济、军事、文化等领域已经并将继续产生重大而深刻的影响。[1] 其网络安全战略经历了保护关键基础设施安全、监视控制特定内容信息流动、准备跨界行动以积极防御直至形塑全球网络空间信息内容的演进过程。[2]

随着信息技术的高速发展和普及，世界各国政府及组织对互联网的依赖程度日渐加深，对网络空间的争夺业已成为国际政治权力角力的重要内容之一，网络空间"一超多强"的国际政治权力格局初见端倪。[3] 那些拥有技术优势的国家，一旦占领技术制高点，也就掌握了网络空间政治主导权以及网络传播空间的话语权。[4]

互联网作为技术工具，在被国家所使用后，就同时具有了追求国家权力和利益的工具以及国际政治工具的属性，而具有了政治性特征，即具有了"非中

---

[1] 余丽. 从互联网霸权看西方大国的战略实质和目标 [J]. 马克思主义研究，2013（9）：122.
[2] 张涛甫. 新传播技术革命与网络空间结构再平衡 [J]. 南京社会科学，2015（1）：116.
[3] 张涛甫. 新传播技术革命与网络空间结构再平衡 [J]. 南京社会科学，2015（1）：116.
[4] 张涛甫. 新传播技术革命与网络空间结构再平衡 [J]. 南京社会科学，2015（1）：116.

性"作用。这种"非中性"作用既可以是现有霸权国家通过信息技术领先和网络空间战略先行提升自身的国家实力,从而维持既有的权力地位;也可以作为其对外行为的重要手段,对他国进行政治渗透,最终实现政治重塑的战略意图。[1] 为确保自身在互联网领域的绝对优势和话语权,以美国为首的西方国家牢牢掌控技术、规则、资源等方面权力,进而形成并维持其在全球的文化霸权。

二、以美国为首的西方国家实现对核心网络信息技术的垄断

著名学者安德鲁·芬伯格(Andrew Feenberg)在其"技术批判三部曲"之一《技术批判理论》中写道:技术总是由处于一定历史场景中的人们设计、建构和应用的,并服务于设计者、建构者或操控者特定目的的高效实现,体现了他们的意志,负载着他们的利益诉求或价值指向,进而凝结成一系列"技术代码"。[2] 美国控制着互联网运转的硬件设施和软件操作系统。如果把计算机比作一座大厦,那么CPU、计算机终端、大型存储硬盘和交换机在内的网络硬件设施就是支撑互联网大厦的基础骨架,软件尤其操作系统则是大厦的精华部分。[3]

在网络的构成中硬件有两大核心技术:计算机和路由器,他们如图6-1所示相互连接,一起建构形成了互联网,也就是我们常说的Internet。

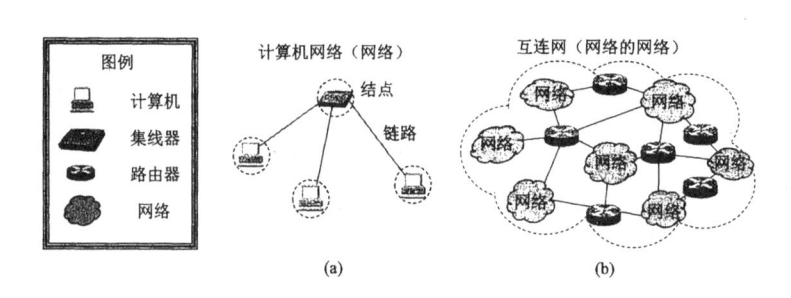

图6-1 简单的计算机网络(a)和由网络构成的互联网(b)[4]

目前,以美国为首的西方国家基本上主宰了互联网产业链上的每个关键环

---

[1] 郑志龙,余丽. 互联网在国际政治中的"非中性"作用 [J]. 政治学研究,2012(4):65.

[2] 王伯鲁,马保玉. 技术民主化的困难与陷阱剖析——兼评芬伯格技术民主化理念 [J]. 教学与研究,2017(8):79.

[3] 杜雁芸. 美国网络霸权实现的路径分析 [J]. 太平洋学报,2016(2):67.

[4] 谢希仁. 计算机网络(第7版)[M]. 北京:电子工业出版社,2017:4.

节。计算机中最核心的是芯片和中央处理器 CPU（Central Process Unit）技术，1958 年美国德州仪器公司（Texas Instruments）的工程师杰克·基尔比（Jack Kilby）发明了世界上第一个集成电路 IC 微芯片，宣告数字时代到来。中央处理器 CPU 是计算机的核心配件，1971 年，英特尔公司（Intel Corporation）研发出了全球第一个微处理器，1979 年其代表产品 8088 微处理器面世，推动了微型计算机的快速发展。截至 2016 年，英特尔公司（Intel Corporation）一直稳居全球半导体生产商的首位，紧随其后的是高通、德州仪器、美光科技、博通等美国企业和韩国的三星，SK 海力士和日本的东芝等企业。而 Intel、AMD、IBM 作为 CPU 行业的三大主流品牌，其生产商均为美国公司，基本实现了对中央处理器市场的绝对垄断。成立于 1984 年的美国思科系统公司（Cisco Systems，Inc.），其设计的"多协议路由器"（Router）联网设备，使得原来不兼容的计算机局域网得以整合在一起，形成统一的网络。这个设备被公认为是推动互联网时代真正到来的标志。作为全球最大的骨干网络设备制造商，思科至今仍牢牢占据网络基础设施销量全球第一的位置，掌控整个网络的核心命脉。

除硬件设备外，软件操作系统的研发和生产主导权也牢牢掌握在美国公司手中。2017 年，美国微软公司的 Windows 操作系统和苹果公司的 Mac IOS 系统分占桌面电脑用户的 88.87% 和 8.06%。[①] 2003 年成立的 Android 科技公司（Android Inc.）其公司总部位于美国加州，2005 年被 Google 公司收购，并由其成立的开放手持设备联盟（Open Handset Alliance）持续领导与开发。这个基于 Linux 内核的开放源代码移动操作系统，现在被广泛用于触屏移动设备和其他便携式设备中，具有无可动摇的垄断地位。

三、以美国为首的西方国家掌控对网络世界技术标准和管理规则的制定权

互联网的快速发展始于 20 世纪 90 年代。从 1993 年有统计数据开始，互联网用户数量呈指数级增长。根据 We Are Social 和 Hootsuite 联合发布的《2018 全球数字报告》，截至 2018 年全球互联网用户数已突破 40 亿，约占全球总人口的一半以上（图 6-2）。[②]

如此庞大的互联网，要实现正常高效运行，就必须有各类技术标准和管理

[①] Windows 系统市场份额微跌 占有率 88.87% [EB/OL]. 腾讯网，2018-01-03.
[②] We Are Social&Hootsuite. 2018 年全球数字报告 [R/OL]. 中文互联网数据资讯网，2018-02-01.

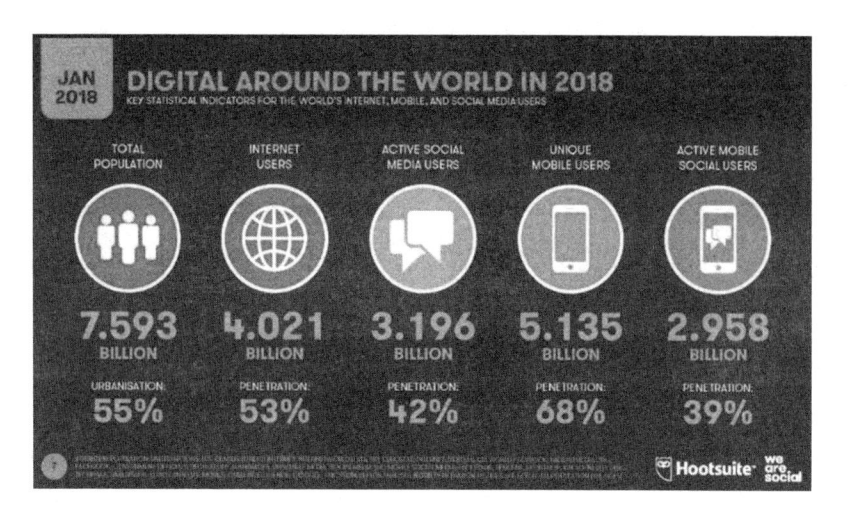

图 6-2　2018 全球数字报告

规则，从技术层面为网络中的数据交换建立明确而清晰的规则和标准。依功能划分，互联网可分为以下五个层级：物理层（physical layer）、数据链路层（data link layer）、网络层（network layer）、运输层（transport layer）和应用层（application layer）。所有协议共同发挥作用，才能保障网络的正常运行。因此，谁掌握了网络技术标准和协议的制定权，谁就能在通信领域和互联网世界掌握"控制权"。在所有互联网规则和协议中，最重要的是由传输控制协议 TCP（Transmission-Control Protocol）、因特网互联协议 IP（Internet Protocol）、超文本传输协议 HTTP（HyperText-Transfer Protocol）和超文本标记语言 HTML（Hyper-Text-Markup Language）为主构成的协议族（protocol suite）。

1977 年，由卡恩（Kahn）和文顿·瑟夫（Vinton Cerf）两人合作开发的 TCP/IP 协议诞生，该协议有效解决了网络传输中差错检测和不同网络互联的问题，并一直沿用至今，二人也因此被尊称为"互联网之父"。1984 年，由美国主导将 TCP/IP 协议作为所有计算机网络的标准，现所有网络设备制造和运营商均在此标准下设计和制造产品。国际电信联盟 ITU（International Telecommunication Union）早在 20 世纪 70 年代曾试图通过建构"protocol X.25"网络协议，形成新的网络规则，以此掌控互联网。然而因为大量用户已使用并接受了"ARPANET TCP/IP protocol"协议，这个构想最终并未成功。

继英国计算机科学家蒂姆·伯纳斯-李（Tim Berners-Lee）研发确立 HTTP 和 HTML 协议后，万维网 WWW（World Wide Web）开始在全球范围内得以推

181

广。HTTP 协议首次确定了客户端和服务器端之间请求和应答的标准,并于 1990 年利用互联网成功实现首次通讯;HTML 则作为构建网站的基石而被广泛应用于网页设计、网页应用及移动应用程序用户界面设计。万维网项目成就了美国互联网技术的全球快速扩张,并更加确定了以美国为首的西方国家在互联网领域的核心垄断地位。

自第一台计算机诞生至今,美国始终牢牢控制计算机技术的核心垄断权。由于互联网的发展由美国开始,因此美国一直保持着对互联网域名及根服务器的控制。全世界原有的 13 台根服务器,1 台为主根服务器,放置在美国;另外 12 台辅根服务器分别放置在美国(9 台)、英国(1 台)、瑞典(1 台)和日本(1 台)。要实现对网站的访问,首先要通过域名解析,这 13 台根服务器可以指挥 Firefox 或互联网 Explorer 这样的 Web 浏览器和电子邮件程序控制互联网通信。由于根服务器中有经美国政府批准的 260 个左右的互联网后缀(如.com、.net 等)和一些国家的指定符(如法国的.fr、挪威的.no 等),美国政府对其管理拥有很大发言权。2005 年 7 月 1 日,美国政府宣布,美国商务部将无限期保留对 13 台域名根服务器的监控权。[1] 美国控制了域名解析的根服务器,也就控制了相应的所有域名,通过屏蔽域名的方式,美国就可以使这些域名所指向的网站从互联网世界消失了。

美国垄断互联网根服务器的现状引发许多国家的担忧。尽管现在行使域名管理和 IP 地址分配的机构 ICANN(Internet Corporation for Assigned Names and Numbers)对外宣称为非营利社团,但实际上却受美国商务部管辖,并接受美国政府和法律管理。互联网作为承载经济、政治、文化等各领域全球化的重要技术平台,世界上许多国家都主张将其归于联合国或其下属的国际电讯联盟 ITU 进行管理。2012 年,以俄罗斯和中国为代表的部分国家在国际电信世界大会上明确提出成员国之间应该对互联网资源、名称及地址分配等平等地进行管理,美国代表团团长克莱默(Kramer)毫不犹豫地拒绝了各国关于 ITU 取代 ICANN 管理互联网的提议,并明确表示"我们不会支持任何为方便内容审查或阻止信息和思想自由流动而拓宽国际电信规则范围的努力"[2]。

---

[1] 许秀文,郝勇,周矛欣. 网络是把双刃剑——浅谈网络信息共享及泄密 [J]. 中国教育信息化, 2011 (11): 60.

[2] 美国对华为中兴安全指控并非最终结论 [EB/OL]. 新浪网, 2012-10-26.

四、以美国为首的西方国家掌控信息传播渠道并建构其网络文化霸权

技术的设计、创建与应用一开始就是在一定的社会场景展开的，其中必然渗透和交织着特定的社会关系或价值诉求，直接或间接地关涉有关各方的利益，并进入社会的政治生活领域。① 网络文化霸权是技术强势者依托网络技术优势、通过网络传播手段在文化领域对技术弱势者进行的控制和支配。文化霸权的根本目的是通过文化扩张达到对他人意识形态和价值观念进行控制的目的。美国网络文化霸权的实质就是美国凭借科技优势和经济实力，通过垄断覆盖全球的传播网络，形成以美国为中心的传播模式，主导全球信息传播，通过不断升级的"隐蔽宣传"推行美国的意识形态，大搞文化霸权和新闻霸权。② 因此，以美国为首的西方国家借助网络媒介大力推行文化霸权，对维护其霸权地位产生了深远的影响。

传统媒体时代，以美国为首的西方国家利用发达的传媒网络和先进信息技术，传播其文化和意识形态。美国以几乎可以覆盖全世界的高功率的广播、卫星电视和好莱坞电影等媒体形成主导全球的信息传播体系，为其文化输出创造条件，成为推行其文化霸权的利器。资料表明，只占世界人口5%的美国，却垄断了目前传播于世界大部分地区近90%的新闻。美国哥伦比亚广播公司（CBS）、美国广播公司（ABC）和有线新闻网（CNN）等媒体发布的信息量是世界其他国家发布的信息总量的100倍，是不结盟国家集团发布信息量的1000倍。美国控制了世界75%的电视节目和60%以上的广播节目的生产与制作，每年向别国发行的电视节目总量达30万个小时。许多第三世界国家的电视中美国节目高达60%~80%，成了美国电视的转播站；而美国自己的电视节目中，外国节目仅占1%~2%。美国电影的生产总量只占世界电影产量的6%~7%，却占据了世界总放映时间的一半以上。这样就使得强大的传媒舆论轻而易举地进入其他国家，影响所在国国民的思想观念和意识形态。③

"信息与知识主宰着网络时代，它就像希腊神话中的擎天巨人海格力斯那

---

① 王伯鲁，马保玉. 技术民主化的困难与陷阱剖析——兼评芬伯格技术民主化理念［J］. 教学与研究，2017（8）：78-86.
② 成亚林. 全球化背景下的美国传媒霸权——兼论我国的传媒政策［J］. 南华大学学报（社会科学版），2006（1）：111.
③ 方立. 美国全球战略中的文化扩张与渗透［J］. 前线，1999（6）：13.

样，将整个世界背负在自己的双肩上。"① 互联网一旦与国家行为相结合，就已不仅是单纯的技术工具，而演变为追求国家利益和彰显国家权力的手段与工具，成为国家推行其霸权主义的工具与利器。二战之后的美国所推行的冷战思维一直在对媒体产生重要影响，包括互联网的出现都是冷战背景下的产物。直至今日，冷战思维仍在左右美国互联网战略。他们将世界划分为两个阵营，制定并执行双重标准，进行长期对抗。② 互联网时代，以美国为首的西方国家的传媒霸权更为彰显。互联网起源于美国，在全球近3000个世界性的大数据库中，设在美国的就占70%。美国通过控制互联网技术层面而确立其互联网霸权地位，在相当大程度上决定着互联网信息的内容、流动方向以及传输速度。2000年，EXCITE公司对全球约6.4亿的Internet网页进行了语言认证，发现其中英文信息内容占了71%。③ 另外，据统计，70%左右的互联网网址出自美国，80%左右的网上信息是由美国提供的。在国际互联网的信息流量中，超过66.7%来自美国，位居第二名的日本占7%，排在第三的德国占5%。中国在整个互联网的信息输入流量中仅占0.1%，输出流量只占0.05%。④ 可见，英语在互联网中占据绝对的主导性地位，以美国为首的西方国家是网络信息的主要制造者和传播者。美国可以通过先进的信息技术把需要传播的信息迅速传播到千万网民中，并通过议程设置左右国际舆论的走向。相反，处于互联网弱势地位的广大发展中国家和转轨国家，就很难把它的价值观念传播到美国等处于互联网强势的国家。

在各类传媒产品中，美国媒体总是不遗余力地宣扬自身文化的优越性，刻意传播存在意识形态差异的国家和地区的消极信息。借助网络媒体的力量，以美国为首的西方国家一方面积极宣传其先进的物质文明、科学技术以及"民主""自由"的政治主张，凭借其优越的生活水平和生活质量的吸引力，宣扬美国的价值观念和生活方式，努力获取受众好感，在他们心中塑造自己的良好形象；另一方面，对他国则通过带有严重价值观和意识形态倾向的报道和评论，影响普通民众的认知和判断，话语霸权现象严重。⑤

---

① 庄锡昌. 世界文化史通论 [M]. 杭州：浙江人民出版社，1989：326.
② 认清美国网络霸权行径的真实面 [EB/OL]. 新华网，2014-05-23.
③ 洪晓楠. 文化帝国主义理论的特征、实质与内在矛盾 [EB/OL]. 学术中国网，2005-06-03.
④ 王正平，徐铁光. 西方网络霸权主义与发展中国家的网络权利 [J]. 思想战线，2011 (2)：105-106.
⑤ 刘颖. 网络传播中文化霸权的影响研究 [J]. 牡丹江大学学报，2013 (2)：130.

第二节　新一代网络传播技术对西方网络霸权的消解与重构

20世纪末以来，各类计算机和无线网络通信技术快速发展，人工智能技术及装备也大量出现并广泛应用。整合了多种现代网络传播技术的多媒体终端逐渐消解传统媒体的边界，消解融合信息发送者与接收者之间的边界，进而消解国家之间和社群之间的边界。[1] 特别是智能手机的出现和迅速普及，更是完全打破了大众传媒的信息垄断。2011年3月25日，BBC中文短波广播停播，从4月11日起改为在BBC中文网站24小时滚动直播，每隔两小时，正点播报新闻。2011年10月1日，VOA停止对中国广播，意味着美国政府对中国广播时代的终结。与BBC一样，VOA继续保留中文网站。国际短波广播陆续停播说明，作为国际传播主要技术平台的对外广播正在淡出历史。[2]

伴随智能手机的普及和无线网络的推广，移动互联网为社交平台的扩张提供了巨大的空间，互联网社交正在向移动社交转移。世界知名调查机构AC尼尔森公司（ACNielsen）2012年底的一份报告显示：全球近一半社交网络用户通过手机等移动设备来访问社交网络，这一趋势在亚太地区尤为明显。[3] 与互联网相比，移动互联网的独占性、深入互动性和精准定位性特点，让人们通过手机终端可以随时、随地、随心地进行分享、和朋友圈好友互动，人们在移动社交上表现出比PC端更强的主动性和互动性。

进入21世纪后，世界各国都意识到争取网络空间主动权的重要意义，各类通信、网络和人工智能技术得以飞速发展。有学者提出了"未来互联网"的概念，认为"未来互联网"应该广义地包含体系结构中任何层次的创新，而不局限于某一个协议或层次。对未来互联网的研究既可能导致网络内部运行的协议和体系结构的改变，也同样可能导致现有网络之上运行新的业务和应用。所有这些协议和层次共同构成下一代互联网。[4] 以计算机互联网为主导的前互联网

---

[1] 王偲. 从Twitter新媒体技术看网络传播的特性与发展[J]. 新闻传播, 2011 (3): 165.
[2] 龙小农. 从国际传播技术范式变迁看我国国际话语权提升的战略选择[J]. 现代传播, 2012 (5): 47.
[3] 加快平台发展 推动移动媒体变革[EB/OL]. 中国网, 2013-10-28.
[4] 林闯, 雷蕾. 下一代互联网体系结构研究[J]. 计算机学报, 2007 (5): 5694.

时代已经悄然隐退，而以无线通信、人工智能、移动互联、大数据以及不断出现的新技术为代表的后互联网时代已悄然到来。① 这些网络新技术的出现和应用不仅有效提升了信息传播的速度和效果，更是对传统网络环境下建构的西方网络霸权主义形成挑战。

一、先进无线通信技术逐步打破西方网络技术垄断

随着智能移动终端和无线通信技术的普及，世界已进入到后互联网时代。"We Are Social"和"Hootsuite"发布的《2018年全球数字报告》数据显示：智能手机是全球互联网用户的首选设备，全球76亿人中约66.7%拥有手机，且超过半数为"智能型"设备，而其流量份额占比，较所有其他设备的总和还要多。因此人们可以随时随地、更加轻松地获取丰富的互联网体验。② 智能移动终端的大规模普及又对网络的移动性支持和无线通道有了更高的要求。在此背景下，以5G系统、量子通信和卫星互联网为代表的无线通信技术得到重视和发展。在无线通信领域，中国等国家逐渐打破以美国为首的西方国家对技术的垄断，实现从跟跑、并跑到领跑。

5G系统（第五代移动通信系统）的技术特征可以用几个数字来概括：1000x的容量提升、1000亿+的网络连接、10GB/s的最高速度、1ms的网络时延，因此，5G相较于传统的3G和4G系统，具有更大的信息容量、更全的网络覆盖、更快的传输速度、更灵敏的响应等特征。③ 除为日常移动通信提供更优质的信号传输服务外，还将开启万物互联、深度融合的发展新阶段。因此，市场调研机构IHS发布报告称：5G好比印刷机、互联网、电力、蒸汽机、电报，可以重新定义工作流程并重塑经济竞争优势规则，是一项能对人类社会产生深远且广泛影响的"通用技术"。

中国华为公司2009年就开始了5G相关技术的研究，是全球公认的5G技术的领跑者和标准的主要制定者，也是目前世界上最大的通信设备商。华为公司

---

① 蒋晓丽，赵唯阳．后互联网时代传媒时空观的嬗变与融合［J］．社会科学战线，2016（11）：158．
② We Are Social& Hootsuite．2018年全球数字报告［R/OL］．中文互联网数据资讯网，2018-02-01；张志安，汤敏．网络技术、人工智能和舆论传播的机遇及挑战［J］．传媒，2018（7）：11-14．
③ We Are Social& Hootsuite．2018年全球数字报告［R/OL］．中文互联网数据资讯网，2018-02-01；张志安，汤敏．网络技术、人工智能和舆论传播的机遇及挑战［J］．传媒，2018（7）：12．

在 2011 和 2012MWC 大会上向外界展示了 5G 原型机基站，2013 年 11 月 6 日宣布将在 2018 年前投资 6 亿美元对 5G 的技术进行研发与创新，并预告在 2020 年用户会享受到 20Gbps 的商用 5G 移动网络。① 2017 年由华为领衔的技术研发相继完成商业测试，2018 年中国超过 31 个城市成为 5G 试点城市。BATJ 纷纷布局，发力 5G 助推下的物联网。连接在技术的加持下呈现万象互联、万物互联的未来盛景。② 随后，日本电信营运商 NTT DoCoMo、韩国 Samsung Electronics、Nokia 与加拿大通信营运商 Wind Mobile、澳大利亚电信也先后宣布 5G 试验成功。

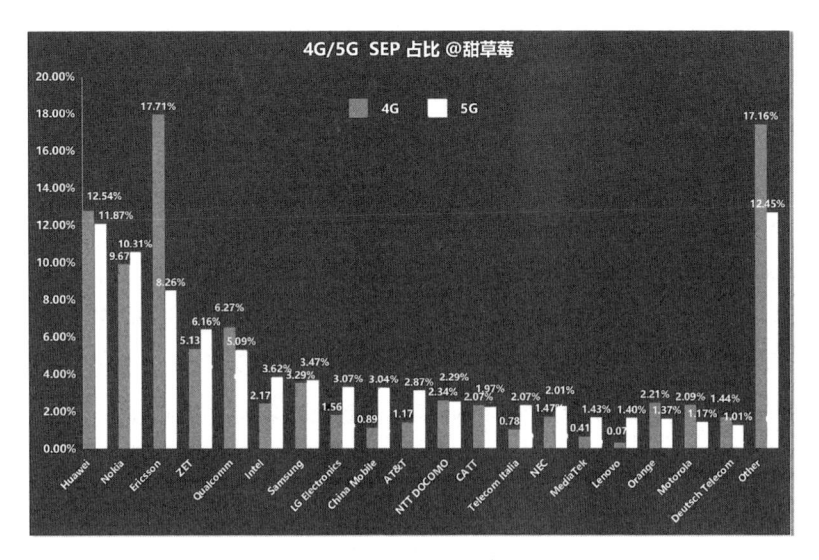

图 6-3　4G、5G 阶段标准提案贡献占比③

近年来，量子通信技术得到长足发展。2016 年是中国量子通信应用发展元年，8 月，世界首颗量子科学实验卫星"墨子号"在我国成功发射升空，中国成为在世界上首个实现卫星和地面间量子通信的国家；预计到 2020 年，区域量子通信网络可成熟应用；天地一体的量子通信网络则计划于 2030 年投入使用。该技术的广泛应用将有效提升智能通信的安全性和稳定性，提升互联网的智能化水平。基于量子通信技术和量子传播技术创新与应用，在线传播时代的所谓

---

① 华为将陆续投资 6 亿美元研究 5G 技术，网速是 4G 的 100 倍 [EB/OL]. 中国新闻网，2013-11-06.
② 吕尚彬，黄荣. 中国传播技术创新研究——以技术进化机制为视角探究 2017—2018 年创新特点 [J]. 当代传播，2018（6）：25.
③ 在全球 5G 市场中，华为到底扮演了怎样的角色？[EB/OL]. 知乎，2018-12-07.

平台将不断下沉成为社会生活基础设施，人们将感受不到平台的存在。[1]

卫星互联网是通过人造地球卫星实现全球宽带部署的通信技术，如果全球卫星组网完成，将能够通过卫星互联网向包括偏远地区在内的、全球范围内的人群提供高速、低延迟的互联网连接服务。[2] 卫星互联网技术是在原有卫星定位系统基础上发展起来的，该技术有效拓展了互联网泛在化的边界。人类的"连接"正以爆炸式的方式进行扩张，泛在网已逐步成为现实，传媒新技术的发展脚步正在加速。尤其是近年崛起的卫星互联网的布局和建设，将从全球覆盖、能量转化、高通量化、天地协同等方面极大拓展互联网的扩张空间。[3]

早在1990年，摩托罗拉公司就率先在全球推行"铱星计划"，其目的在于通过全球卫星组网，实现人们使用手持电子设备进行全球语音及数据通信的目的。依托该项目，摩托罗拉公司先后发射了66颗卫星，但由于彼时并没有足够的需求，因此该项目于1999年被低价转让给美国军方。埃隆·马斯克（Elon Musk）看到了卫星互联网领域的市场需求和商机，其担任CEO的太空探索技术公司（Space Exploration Technologies Corp，简称SpaceX）于2015年在华盛顿成立卫星研发中心，并设立Starlink（星链）项目，致力于打造新的卫星通信网络，让"WiFi信号"覆盖全球每一个角落。2016年，SpaceX向美国联邦通信委员会（FCC）正式申请在未来发射4425颗在低地球轨道运行的卫星，并于2017年向美国专利商标局（USPTO）提交申请，希望将"Starlink"商标用于"无线宽带通信服务和高速无线上网服务"，即卫星互联网服务。2018年，该项目获美国联邦通信委员会批准并已成功发射2颗卫星。[4]

中国在卫星互联网建设方面尽管起步较晚，但也已实现核心技术的突破。继北斗系统全球组网后，中国开始全力推进卫星互联网建设工作。2017年，中国成功发射第一颗高通量卫星——中星16号，这是我国首颗应用Ka频段多波束宽带通信系统的卫星，其通信总容量达20Gbps以上，超过我国此前所有通信

---

[1] 吕尚彬，黄荣. 智能技术体"域定"传媒的三重境界：未来世界传播图景展望［J］. 现代传播，2018（11）：42.
[2] 吕尚彬，黄荣. 智能技术体"域定"传媒的三重境界：未来世界传播图景展望［J］. 现代传播，2018（11）：37-45.
[3] 吕尚彬，黄荣. 智能技术体"域定"传媒的三重境界：未来世界传播图景展望［J］. 现代传播，2018（11）：37-45.
[4] SpaceX卫星互联网项目Starlink大事记［EB/OL］. 腾讯网，2018-02-16.

卫星容量的总和,从此中国进入宽带卫星时代。① 同时,中国航天集团也在加速部署包括 54 颗卫星在内的全球移动宽带卫星互联网系统建设,建成后将成为全球无缝覆盖的空间信息网络基础设施,为地面各类智能终端提供互联网数据传输和热点信息推送等服务。②

二、IPv6 和区块链技术改变西方国家垄断网络世界管理规则制定权的局面

一直以来,世界各国对以美国为首的西方国家垄断网络世界管理规则制定和核心资源的做法严重不满。在 IPv4 协议广泛应用的背景下,美国政府通过实际控制 IPv4 根服务器,实质控制了全球的 IP 地址和域名分配,进而实现对全球互联网的管控。中国一直寻求向美国申请争取 1 台辅根服务器,但一直被拒绝。IPv4 协议下全球共有约 43 亿个地址,美国拥有的 IP 地址数量达 50%,在美国一个人可以分配 6 个 IP 地址,资源极为丰富。而占全球互联网用户 20% 的中国,却只拥有 5% 的 IP 地址,即 26 人共享一个 IP 地址。③

2010 年美军对伊朗实施的"震网"病毒攻击,造成伊朗核电站崩溃并导致核泄漏,2013 年"棱镜门"事件爆发并持续发酵,网络安全开始为各国高度重视。然而,互联网被美国控制对其他国家来说是一个永远存在的致命威胁。如果美国屏蔽中国互联网的域名和 IP,那么中国的域名和 IP 将会无法访问,整个互联网将会瘫痪。④ 在世界各国的强烈反对和在巨大的国际舆论压力下,美国国家电信和信息管理局于 2014 年 3 月 14 日发表声明称,美国放弃对 ICANN 的主要管理权,但也特别强调,该移交方案必须遵循互联网开放性原则,美方不会接受任何一个"由政府或政府间机构主导的解决方案"。⑤ 2016 年 10 月 1 日美国国家电信局把域名系统(Domain Name System,DNS)管理权正式移交。这标志着互联网迈出走向全球治理的关键一步。

IPv6(Internet Protocol Version 6)由互联网工程任务组(IETF)提出的下

---

① 卫星互联网来了——详解中国卫通高通量卫星应用前景 [EB/OL]. 搜狐网,2017-07-21.
② 中国将部署全球卫星互联网系统,逾 300 颗卫星组成 [EB/OL]. 中国新闻网,2018-03-02.
③ 中国在全球完成根服务器部署,被美卡 30 年脖子终翻身 [EB/OL]. 新浪网,2017-11-30.
④ 中国在全球完成根服务器部署,被美卡 30 年脖子终翻身 [EB/OL]. 新浪网,2017-11-30.
⑤ 杜雁芸. 美国网络霸权实现的路径分析 [J]. 太平洋学报,2016(2):74.

一代互联网的协议体系，不同于IPv4的32位地址长度，IPv6采用128位地址长度，按理论计算，其可提供的IP数量为原有IPv4的2的96次方倍。按保守方法估算IPv6实际可分配的地址，整个地球的每平方米面积上仍可分配1000多个地址，几乎可以不受限制地提供地址。① IPv6技术不仅有效解决了原有的地址短缺的问题，同时还解决了IPv4中原有的其他问题，如端到端IP连接、服务质量、安全性、多播、移动性、即插即用等。互联网数字分配机构（IANA）2016年向国际互联网工程任务组（IETF）提出建议，要求新制定的国际互联网标准只支持IPv6，不再兼容IPv4。②

随着IPv6技术的逐步成熟和推广，由中国下一代互联网国家工程中心、日本WIDE机构（M根运营者）、国际互联网名人堂入选者保罗·维克西博士（Dr. Paul Vixie）、互联网域名系统北京市工程研究中心等组织和个人牵头发起的，旨在打破现有国际互联网13个根服务器的数量限制，克服根服务器在拓展性、安全性等技术方面的缺陷，制定更完善的下一代互联网根服务器运营规则，为在全球部署下一代互联网根服务器做准备的"雪人计划"（Yeti DNS Project），于2015年6月23日在国际互联网名称与数字地址分配机构（ICANN）第53届会议上正式对外发布。截至2017年11月27日，"雪人计划"已在全球完成了25台IPv6根服务器的部署，其中，中国境内部署了1台主根服务器和3台辅根服务器。该计划的有效实施，打破了中国没有根服务器的历史，使中国彻底摆脱了美国在互联网根服务器的控制，是中国争取网络主导权的一大胜利。

从2011年开始，个人计算机和服务器操作系统基本上都支持高质量的IPv6配置产品；2012年6月6日，国际互联网协会（Internet Society，简称ISOC）举行了世界IPv6启动纪念日，这一天，全球IPv6网络正式启动。多家知名网站，如Google、Facebook和Yahoo等开始永久性支持IPv6访问。2017年11月26日，中国宣布实施《推进互联网协议第六版（IPv6）规模部署行动计划》。按照该计划，到2018年底，IPv6将在中国全面应用，从商业网站到政府网站将全面支持IPv6，覆盖全球20%互联网用户；2020年，覆盖50%的互联网用户；到2025年末，IPv6的网络规模、用户规模、流量规模超越IPv4位居世界第1位，全面完成向下一代互联网的升级，彻底终结美国主导互联网霸权30年的历史。2018年6月，中国三大电信运营商联合阿里云宣布，将全面对外提供IPv6服务，并计

---

① 林丽丽. IPv6，互联网的新能源［J］. 上海信息化，2005（9）：37.
② IPv6规模部署进展如何［EB/OL］. 中国政府网，2019-01-21.

划在2025年前助推中国互联网真正实现"IPv6 Only";2018年7月,百度云制定了中国的IPv6改造方案;8月3日,工信部全面启动IPv6规模部署及专项督查工作。

区块链（Blockchain）被认为是具有开创性的颠覆性技术,是"一种点对点传输、分布式数据存储、加密算法、共识机制等集成应用的新技术,具有去中心化、防篡改、匿名性、开放性等特点"。可广泛应用于交易链、生产链、管理链,可给不同领域重构整个生命周期,实现生命周期可管理、可追溯。① 区块链技术的核心意义是构建了不依赖第三方的、自运行的社会信任网络,通过代码发挥信任中介的作用,通过共识机制和分布式记账,确保系统的公平公正性,有效解决了机器间的"信任"与"协调",推动整个社会开始价值互联。区块链正在成为继大型机、个人电脑、互联网、移动社交网后的第五个颠覆性计算机范式,② 将成为下一代数据库架构,通过去中心化技术,将在大数据的基础上解决全球互信这个巨大的难题。③

2016年10月,国家工信部首次颁布《中国区块链技术和应用发展白皮书（2016）》,同年12月,区块链首次被作为战略性前沿技术、颠覆性技术写入国家"十三五"规划中。2018年5月中国第一份官方发布的区块链产业白皮书《2018中国区块链产业发展白皮书》指出,我国已有456家区块链业务公司,产业初步形成规模。④ 随着区块链技术逐渐在传媒业应用,传统的媒体业态也将发生改变。自媒体时代存在的虚假新闻与网络谣言传播,一直是我们面临的舆论空间治理的重大问题。相信依托区块链技术,能有效简化程序,降低媒体管控的制度性交易成本,提升各类专业媒体和自媒体的公信力,推动实现"共信革命"。

2018年,社交媒体巨头脸书（Facebook）也成立了区块链项目组。其首席执行官马克·艾略特·扎克伯格（Mark Elliot Zuckerberg）在他的新年决议中写道:"随着少数的大型高科技公司的崛起,同时政府使用技术来监视他们的公民,现在许多人相信技术仅仅是集中权利,而不是分散权利。这种类似加密和

---

① 郜云峰. 发挥区块链技术在"一带一路"跨文化传播中的作用 [J]. 中国广播电视学刊, 2018 (10): 104.
② 吕尚彬, 黄荣. 智能技术体"域定"传媒的三重境界: 未来世界传播图景展望 [J]. 现代传播, 2018 (11): 42.
③ 徐明星, 刘勇, 等. 区块链重塑经济与世界 [M]. 北京: 中信出版集团, 2016: 49, 162.
④ 郜云峰. 发挥区块链技术在"一带一路"跨文化传播中的作用 [J]. 中国广播电视学刊, 2018 (10): 104.

加密货币的趋势非常重要,它们从权利集中式系统中收回权利并将其返还人们的手中。"①

三、智能传播技术重构以西方国家为主的网络传播传统话语体系

智能传播是由移动终端、大数据平台、传感器、动态智能设备、场景转换等智能化资源构成的一种生态系统。② 人工智能与新闻媒介的融合始于 20 世纪 70 年代耶鲁大学出现的新闻写作机器人,之后,耶鲁大学又研发推出了全球首款故事编写算法,随后数据驱动新闻、自动化新闻写作和计算新闻等智能化新闻生产形式应运而生。

(一) 大数据与智能算法

随着计算机技术的发展,人们在各个领域的活动产生了海量数据,这些数据广泛存储于其所接触和使用的各大网络平台,如何有效分析和利用这些数据,实现更加高效和精准的服务是现在人们密切关注和着力解决的问题。大数据和智能算法技术就是其中最典型的技术代表。随着大数据和智能算法技术的不断完善,过去由于技术限制所形成的信息壁垒已完全被打破,媒体也突破其原有形态,外延不断扩大,各类新媒体应用平台纷纷涌现。这些新媒体平台以受众需求为中心,重在为用户提供个性化、定制化的信息服务,实现特定场景下最优化的需求匹配。③

大数据(big data)亦称为海量数据,是指规模大到在获取、存储、管理、分析方面远远超出传统数据库软件工具能力范围的数据集合,也经常特指各种来源的大量的非结构化或结构化数据。大数据不仅是一门技术,更是信息时代的主导思维方式。随着信息时代的到来,海量的数据使得信息的确定性与强因果律越来越难被发现。在此背景下,传统思维方式逐渐被大数据思维所取代。大数据思维的核心思想是承认信息的不确定性,并且用"相关性关系"替代"因果关系"。④ 中国学者姜飞认为:大数据改变了信息存在、生成乃至传播的方式,

---

① KURT W. Facebook is making its biggest executive shuffle in company history [EB/OL]. Vox.com,2018-05-08.
② 王友良. 美国智能传播在新闻融合媒介发展中的应用 [J]. 浙江传媒学院学报,2018 (6):14.
③ 张婷. 人工智能技术在传播领域的应用与展望 [J]. 视听,2018 (9):201.
④ 张燕,陈思勤,沈亚萍. 对话、协同、创新——首届"中国传播能力建设"创新与发展学术研讨会综述 [J]. 现代传播(中国传媒大学学报),2014 (4):142-144.

使得信息理念、计算模式和社会控制模式发生了重大转变。在信息化时代，国家和机构权力半径在一定程度上取决于风险预警和信息获取的半径，大数据技术提供了这样一种可能，那就是物理和行业的边界重新划定。信息的获取，处理和分析能力，将决定国家实际权力的发挥以及发挥的实质性内涵。①

大数据技术应用于传媒领域后，大数据新闻这种基于大数据思维的新闻报道样态开始出现。学者喻国明认为："大数据新闻是数据驱动新闻更高一级的形态，代表了未来新闻发展的一种趋势。"② 媒体可以通过数据挖掘技术发现数据与数据之间的关联关系，进而发现线索和规律。由于多年来海量的数据积累，多维度的数据资料也非常完备，媒体可以通过数据之间的"强相关性"挖掘有价值的新闻线索，并进行分析报道。因此，大数据新闻的产生就是科学利用数据并发现数据间相关性的过程。同时，依托大数据技术还可以打造真正意义上的"精准媒体"，通过"数据化精确制导"，消解传播路径与效果的不确定性，实现新闻的精准推送。在此背景下，智能预测性新闻将成为一种新的高级新闻报道形式。通过大数据挖掘可以更加精准地对未来的趋势进行预测。③

智能算法是在大数据时代，为分析利用海量非结构化和结构化数据，通过智能优选的方式实现全局寻优和组合优化等复杂问题而编写的计算方法。通过应用该方法，如今在美国以人工智能为平台的融合媒介能更精确地分析受众的行为规律和特征，向客户提供的新闻内容聚合性更紧密，分发的范围更明确具体，新闻媒体智能化、对象化和个性化的特质也愈发鲜明。融合媒体通过大数据平台为用户智能推送个性定制化的专题新闻或专属评论，"量身定做"的智能化新闻时代已经到来。④《纽约时报》等美国媒体就可以实现把"特定的"配图、视频以及定制性话题精准推送给用户，使其获得交互式的体验与感受；WhatsApp、Messenger、iMessage 和 Snapchat 等新媒体社交平台也可以为客户提供个性化的内容定制；雅虎（Yahoo）和美联社（Associated Press）通过智能算

---

① 张燕，陈思勤，沈亚萍. 对话、协同、创新——首届"中国传播能力建设"创新与发展学术研讨会综述［J］. 现代传播（中国传媒大学学报），2014（4）：143.
② 喻国明. 从精确新闻到大数据新闻——关于大数据新闻的前世今生［J］. 青年记者，2014（36）：44.
③ 梁颖锋. 数据挖掘技术在压力管道安全管理工作中的应用研究［D］. 太原：中北大学，2011.
④ 王友良. 美国智能传播在新闻融合媒介发展中的应用［J］. 浙江传媒学院学报，2018（3）：16.

法对大数据进行自动加工处理，一分钟内可获得2000篇新闻稿件；① 叙事科学公司将人工智能与大数据进行技术融合，帮助福布斯等多家网站推送新闻快讯或专题报道，不断升级算法使报道富有严肃、辛辣或诙谐等风格，为用户所喜爱；自动化洞察力公司则可通过算法兼容分析任何格式的大数据，以发现新闻事件的来源，生成叙事性文稿、财务报告和可视化报道等，并实时推送给特定用户。《华盛顿邮报》用 TRUTH TELLER 平台自动核查新闻文稿。大数据和智能算法技术能助力实现媒体传播效率最大化、媒体数据分析事半功倍。②

中国的新华社、腾讯、今日头条等多家媒体平台都应用了大数据和智能算法技术。以今日头条为例，该新闻社交平台充分运用智能算法，可根据用户阅读习惯、活动特点、地域特征和职业特长等具体信息，利用智能化软件确认客户的兴趣身份，将目标用户特征、信息传播的内容特征和环境特征与用户特征进行匹配，自动选取并推送个性化新闻，精准而迅速：0.1秒内计算推荐结果，3秒内完成文章提取、挖掘、消重、分类，5秒内计算出新用户兴趣分配，10秒内再建用户模型，对信息进行自动分类、摘要处理，LDA 主题分析、信息质量识别等工作。③ 于2016年9月成功上线的"抖音"平台，则是通过热点型、标签型和广告型等三方面内容，为用户提供短视频发布平台，结合 UGC 和 PGC 的视频特点，为平台内容制作提供内容信息点突出、理解成本低、易用户参与的短视频制作和发布服务。短短三年时间，其日活用户数已达到1.5亿，④ 创造了新的流量蓝海，成为社交平台的新入口，社交应用领域形成了"两微一抖"三足鼎立的格局。⑤

（二）社交机器人（Socialbot）技术

Socialbot（社交机器人）是人工智能技术在传媒领域的典型应用之一，是指通过机器算法对输入的文本或抓取的数据进行自动处理、自动分析和自动评价，

---

① 蔡秋芃. 人工智能与机器新闻：传媒发展新趋势 [J]. 科技经济导刊，2017（9）：159.
② 王友良. 美国智能传播在新闻融合媒介发展中的应用 [J]. 浙江传媒学院学报，2018（3）：16.
③ 王友良. 美国智能传播在新闻融合媒介发展中的应用 [J]. 浙江传媒学院学报，2018（3）：18.
④ 头条指数. 抖音企业蓝 V 白皮书：让抖音蓝 V 运营从 0 到 1 [R/OL]. 互联网资讯网，2018-06-27.
⑤ 吕尚彬，黄荣. 中国传播技术创新研究——以技术进化机制为视角探究 2017—2018 年创新特点 [J]. 当代传播，2018（6）：26.

依靠程序模式自动生成规范性文稿的新闻撰写系统,①从类型上分为写作机器人和语音机器人。Incapsula 的报告显示,Socialbots 对互联网流量的贡献率要大于人类互联网活动产生的流量。从 2012 年至 2016 年,来自 Socialbots 的流量占据 47%~61.5%,而人类行为产生的流量不超过 50%(见图 6-4)。②美国证券交易委员会的一项报告显示,2014 年在 Twitter 平台中有超过 2300 万的活跃账户实际上是 Socialbots,其已经成为社交媒体中重要的内容生产与传播动力。③

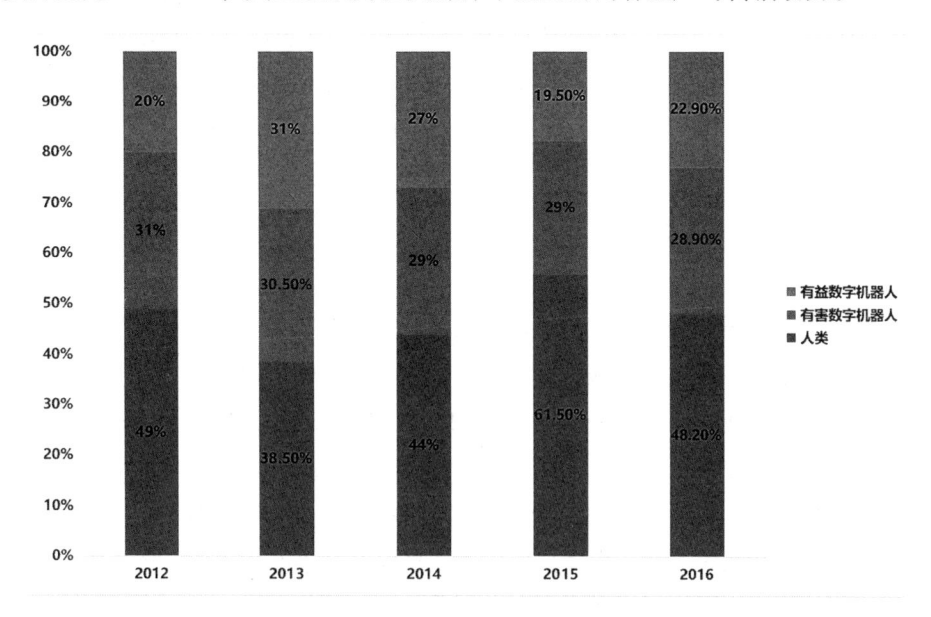

图 6-4　2012—2016 年网络流量来源柱状图(数据来源:Incapsula)④

美国是 Socialbot 在传媒行业中被最早广泛应用的国家。早在 2006 年,汤姆森金融公司(Thomson Reuters Corporation)就利用该系统自动生成了第一篇经济类新闻;2010 年,西北大学(Northwestern University)用 StatsMonkey 软件从网站自动抓取数据信息完成比赛新闻写作;2014 年,《洛杉矶时报》在加州发生地震时,仅用 3 分钟就撰写并发布了该突发新闻。《华盛顿邮报》现在共拥有

---

① 万可. 美英新闻媒体人工智能应用实践及启示[J]. 中国传媒科技,2017(7):19-20.
② 蔡润芳. 人机社交传播与自动传播技术的社会建构——基于欧美学界对 Socialbots 的研究讨论[J]. 当代传播,2017(6):54.
③ 蔡润芳. 人机社交传播与自动传播技术的社会建构——基于欧美学界对 Socialbots 的研究讨论[J]. 当代传播,2017(6):53.
④ Igzl Zeifman. Bot Traffic Report 2016[R/OL]. incapsula.com,2017-03-13.

100个Socialbot，其中Heliograf表现尤为突出：根据里约奥运比赛的实时数据源自动制作叙事新闻，或者通过大数据分析帮助记者挖掘独家新闻，或者为受众提供私人定制性的故事新闻。①《今日美国报》用Wibbitz自动创作解说性视频新闻。人工智能技术使新闻生产更高效、更便捷，为议题的精准挑选、新闻内容的提炼筛选和文本的自动化处理等带来彻底性的变革。② 美国新媒体平台Buzzfeed推出BuzzBot聊天机器人，可以通过用户向其发送的照片或其他音频、视频信息，向用户发问或者请用户提供更多细节，进而协助雇主Buzzfeed生产"实用性"新闻。而聊天机器人Chatbot能帮雇主Facebook Messenger将新闻话题与聊天机制联系起来。CNN则使用了一种个性式分发的聊天机器人，每天向目标客户分发其所关注的热点报道，用户在分享信息的同时还能向这种机器人提出问题。③《纽约时报》的智能机器人NYT Politics Bot可以通过音频形式向用户播报时政新闻。

中国最早研发使用网络机器人的是腾讯公司。2015年9月10日，腾讯首次使用自己开发的机器人撰写发表了《8月CPI涨2%创12个月新高》一文，文中专门注明：本文来源Dreamwriter。④ 2015年11月7日，新华社也迎来了机器人——"快笔小新"，现在"快笔小新"主要可以撰写体育赛事中英文稿件和财经信息稿件。机器人在财经、体育等需要较多数据处理的领域具有非常明显的优势。⑤ 相信随着机器人深度学习技术的发展，Socialbot将在传媒行业中有更加广泛的应用，会进一步强化与受众之间交流的亲近感，满足用户希望一对一有效交流的现实需求。⑥

（三）VR、AR、MR技术

虚拟现实（Virtual Reality，简称VR），是指利用计算机图形系统和各种现

---

① 万可. 美英新闻媒体人工智能应用实践及启示［J］. 中国传媒科技，2017（7）：19-20.
② 王友良. 美国智能传播在新闻融合媒介发展中的应用［J］. 浙江传媒学院学报，2018（3）：15.
③ DORR K. N. Mapping the field of algorithmic journalism［J］. Digital Journalism，2016（6）：702.
④ 唐绪军，黄楚新，王丹. 中国新媒体发展迎"互联网+"新契机［J］. 中国报业，2016（11）：49.
⑤ 郭全中，胡洁. 平静中听风雷：2015年中国传媒业发展盘点［J］. 现代传播，2016（2）：9.
⑥ 王友良. 美国智能传播在新闻融合媒介发展中的应用［J］. 浙江传媒学院学报，2018（3）：14-18.

实及控制等接口设备,在计算机上生成的、可交互的三维环境中提供沉浸感觉的技术,是一种可以创建和体验虚拟世界的计算机仿真系统。[①] VR 作为连接的一种重要技术形态,很好地实现了人与信息、人与物的连接,将受众、环境和传播信息有效连为一体,提升了虚拟环境中场景和信息分享的效果,提供了"沉浸式传播"的技术可能。在 VR 的基础上,增强现实技术(Augmented Reality,简称 AR)新兴发展起来,该技术能在用户看到的真实场景上叠加由计算机生成的虚拟物体、图像、场景,或叠加系统提示信息,使得人们对现实的感受得以"增强"。最新出现的混合现实技术(Mix Reality,简称 MR),通过在虚拟环境中叠加现实场景信息,在用户、现实世界和虚拟世界之间形成信息交互和信息反馈的回路,进而增强用户体验的真实感。这三项技术被统称为"3R"技术。

"3R"等新媒体技术"以虚拟的方式再现事实,以游戏的方式参与其中,最终实现虚拟交互叙事,其本质是对融合状态的把握,对场景和认知的再造",[②] "3R"技术彻底改变了信息的表现形态、原有的信息传播和接受方式,这既给传媒机构提供了无限可能,也同时要求媒体尽快对传播理念和叙事方式进行变革,进而有效提升传播效果。

早在 2015 年,全球各大媒体就纷纷开始利用虚拟现实技术打造让受众有身临其境感受的新闻产品。2015 年 8 月,美国广播公司(American Broadcasting Company,简称 ABC)推出了一个"ABCNews VR"的新闻报道项目,"第一个虚拟现实的新闻报道在叙利亚首都大马士革进行,ABC 的新闻用户可以'亲临'叙利亚,在新闻中看到叙利亚的风景、街道、路人等,感受真实的叙利亚当地情况,而这些都是报纸、电视、网络媒体等新闻源做不到的,虚拟现实技术让人们得到了'亲临叙利亚战区'才能获得的浸入式体验。"[③] VR 技术和新闻相结合,能够带来在新闻事件所发生的现场进行 360°观察的第一人称真实视角。"与其只是观看发生在地球另一端的一场抗议活动的媒体报道,不如坐在自家客厅中使用 VR 设备亲自来到事件的发生地。"[④] 2015 年 11 月 6 日,《纽约时

---

① 喻国明. VR:具有巨大发展价值空间的未来媒体[J]. 新闻与写作,2018(7):52.
② 张婷. 人工智能技术在传播领域的应用与展望[J]. 视听,2018(9):200.
③ 彭立,彭泺. 新媒介技术正改变与增强新闻传媒——基于 VR 技术、AR 技术及 MR 技术的考察[J]. 西南民族大学学报(人文社会科学版),2016(10):153.
④ 彭立,彭泺. 新媒介技术正改变与增强新闻传媒——基于 VR 技术、AR 技术及 MR 技术的考察[J]. 西南民族大学学报(人文社会科学版),2016(10):154.

报》(*The New York Times*，简称 NYT) 推出了一款手机 APP 应用"NYT VR"，并向受众赠送 Google 纸板头盔，这是世界上首款应用于虚拟现实新闻报道的装备。"NYT VR 运用第一人称视角深度报道的技巧，已经制作了《*The Food Drop*》《*Walking New York*》等 5 部新闻专题片，影片利用扣人心弦的故事，逼真的视觉效果，将观众与那些故事中的人物以及场景融合在一起，可以 360°视角观看视频。"① 这些应用将传统传播内容与现代科技优势互补，取得了良好的传播效果，吸引了大量的年轻人。

中国国内的媒体也纷纷进行了"VR+"的尝试。早在 2015 年《人民日报》在"9·3"纪念抗日战争暨世界反法西斯战争胜利 70 周年大阅兵的报道中，就依托其全媒体平台引进全景 VR 设备记录了阅兵盛况。2016 年，《光明日报》在两会报道期间发布的作品《政协新闻发布会 VR 实况》，在不到一小时的时间里浏览量达 12 万次；新浪网也推出 VR 全景式报道《人民大会堂全景巡游》，使观众能够全方位、多角度地观看会议。② 2018 年，新华社也在两会召开期间通过其客户端推出《AR 看两会｜政府工作报告中的民生福利》，用户点击客户端首页下方的"小新机器人"，通过扫描第二代身份证，便可以使用 AR 技术浏览政府工作报告和领取民生福利。③ 从新闻到直播，再到真人秀，再到纪录片，虚拟现实技术的应用日趋深入和广泛，必将引发媒体的深刻变革。

第三节 "美丽中国"对外网络传播信道再建

2016 年 2 月 19 日，在视察人民日报社、新华社和中央电视台之后，习近平总书记在党的新闻舆论工作座谈会上指出，要加强国际传播能力建设，增强国际话语权，集中讲好中国故事，同时优化战略布局，着力打造具有较强国际影响的外宣旗舰媒体。④ 这对于我们进一步加强"美丽中国"对外网络传播信道建设，提升国际传播能力，有了更明确的目标与方向。

---

① 李骏. NYT VR 虚拟现实新闻报道的始作俑者 [J]. 传媒评论，2016 (4)：26.
② 彭立，彭泺. 新媒介技术正改变与增强新闻传媒——基于 VR 技术、AR 技术及 MR 技术的考察 [J]. 西南民族大学学报（人文社会科学版），2016 (10)：153-157.
③ 张婷. 人工智能技术在传播领域的应用与展望 [J]. 视听，2018 (9)：200.
④ 习近平. 坚持正确方向创新方法手段 提高新闻舆论传播力引导力 [EB/OL]. 新华网，2016-02-19.

一、我国对外网络传播体系的现状

(一) 主流对外传播媒体网站集群已初具规模

中央主流媒体网站和核心政府机构网站是中国对外网络传播中的核心力量。20世纪末以来，为顺应全球互联网快速普及、跨国家跨地区传播日渐加强的趋势，中国的主流媒体和政府机构纷纷建设开通英文网站或增设英文频道，初步形成"8+24"的主流对外传播网络媒体集群。

《中国日报》是国内最早建立英文网站的国家级媒体，1995年建立其英文网站（中国日报网：http://www.chinadaily.com.cn/）并开通运营；之后，《人民日报》（人民网：http://www.people.com.cn/）、中国广播电台（国际在线：http://chinaplus.cri.cn/）、新华社（新华网：http://www.xinhuanet.com/english/home.htm）、中央电视台（央视国际网：http://english.cctv.com/）、《经济日报》（中国经济网：http://en.ce.cn/）等中央级国家媒体的英文网站和英文频道也相继开通运营；此外，国务院新闻办主管的中国网英文频道（http://www.china.org.cn/）和共青团中央主管的中国青年网（http://en.youth.cn/）也于2000年开通英文频道。各级政府也开始着力建设其网站的英文频道，如北京市主要传媒联合创办的千龙网（http://english.qianlong.com/）、上海市主要传媒联合主办的东方网（http://english.eastday.com/）以及广东省主要媒体联合创办的南方网（http://english.southcn.com/）等。主流媒体和政府机构网站集群建设有效强化了对外网络传播的途径，并于2003年初步形成"8+24"对外传播格局中8家国家重点建设的外文新闻网站和24家省级政府网站开通英文频道的布局。

表6-1　8家国家重点建设的外文新闻网站开通运营情况统计表

英文网站名称	网址	运营媒体	开通时间
中国日报网	http://www.chinadaily.com.cn/	《中国日报》	1995年
人民网	http://en.people.cn/	《人民日报》	1997年
国际在线	http://chinaplus.cri.cn/	中国广播电台	1998年
新华网	http://www.xinhuanet.com/english/home.htm	新华社	1999年
央视国际网	http://english.cctv.com/	中央电视台	2000年

续表

英文网站名称	网址	运营媒体	开通时间
中国网英文频道	http://www.china.org.cn/	国务院新闻办	2000 年
中国青年网	http://en.youth.cn/	共青团中央	2000 年
中国经济网	http://en.ce.cn/	《经济日报》	2003 年

（二）核心旗舰媒体积极入驻国外主流社交媒体平台

根据皮尤研究中心（Pew Research Center）2018 年对美国成年人进行的一次专项调查结果显示，在美国大概有 75% 的成年人每天使用 YouTube 这一视频共享平台，大约 68% 的成年人每天使用 Facebook 获取和交流信息，大约 35% 的美国成年人表示他们每天都会使用 Instagram，而 Pinterest、Snapchat、LinkedIn、Twitter 和 WhatsApp 则会有 20% 以上的成年人每天接触使用（图 6-5）。①

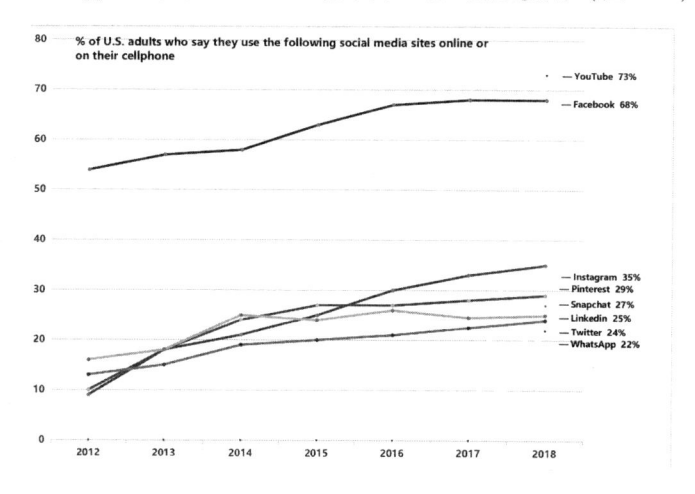

图 6-5 美国成年人社交媒体使用情况调查

鉴于近年来社交媒体在国内外迅速普及，国外受众越来越习惯于通过 YouTube、Facebook、Twitter 等社交平台获取和交流信息，因此，以《人民日报》、新华社、中央电视台、《中国日报》为代表的国家核心旗舰媒体纷纷在国外主流社交媒体平台开设账号，并积极开展对外新闻报道。

2009 年 7 月，中央电视台先后在 Twitter 和 Facebook 平台上开通 @CCTV 和 @cctvcom 公众号，并在 YouTube 上开设 CCTV 频道，成为最早入驻三大国际社

---

① Pew. 10 facts about Americans and Facebook [EB/OL]. Pewresearch, 2019-02-01.

交网站平台的国家级媒体。之后，2009年11月，《中国日报》在Twitter上开设账号@ChinaDaily，在Facebook上开设账号@PeoplesDaily，并在YouTube上开设CHINADAILY频道；2011年5月和2012年2月，《人民日报》和新华社也成功入驻三大社交平台；值得一提的是，原中央电视台国际频道由于其在对外传播上的独特优势，也于2013年1月在Twitter和Facebook上开设账号，短期内获得大量关注，经过几年整合发展，2016年12月，发展成为中国环球电视网（China Global Television Network，简称CGTN），并独立运营YouTube上CGTN频道。

表6-2 国家级主流媒体在Twitter平台账号开通及运营情况

账号	开通时间	粉丝数	推文数量	运营主体
@CCTV	2009年7月	69.9万	3.79万	中央电视台
@ChinaDaily	2009年11月	349万	8.99万	中国日报
@PDChina	2011年5月	550万	6.97万	人民日报
@XHNews	2012年2月	1200万	13.7万	新华社
@CGTNOfficial	2013年1月	1210万	8.16万	中国环球电视网

表6-3 国家级主流媒体在Facebook平台账号开通及运营情况

账号	开通时间	粉丝数	运营主体
@cctvcom	2009年7月	4808万	中央电视台
@ChinaDaily	2009年11月	6880万	中国日报
@PeoplesDaily	2011年5月	5981万	人民日报
@ChinaGlobalTVNetwork	2013年1月	7545万	中国环球电视网
@XH.NewsAgency	2013年3月	5806万	新华社

表6-4 国家级主流媒体在YouTube平台频道开通及运营情况

账号	订阅数	发布视频数	运营主体
CGTN	62万	65112	中国环球电视网
CCTV	44万	17635	中央电视台
New China TV	37万	30967	新华社

续表

账号	订阅数	发布视频数	运营主体
People's Daily, China	3.2万	3386	人民日报
CHINADAILY	4792	632	中国日报

（三）国家级媒体专设海外移动端APP应用

《人民日报》作为中国最大英文报业集团，是最早推出海外手机客户端的国家级媒体。早在2011年，"人民日报海外版"电子报客户端就成功上线，可供苹果和安卓系统用户下载安装。2014年2月经过全新改版后，具有全新UI界面风格、能随时随地离线阅读、同时具有评论和分享功能的"人民日报海外版"V2.0版本正式发布，并全面进入主流安卓第三方应用商店。2018年1月，《中国日报》集团对其海外版客户端再次进行全新改版，采用全新智能发布平台，增设语音新闻频道（Audio），新增定制热门栏目（Popular），通过个人中心（Personal center），后台可通过大数据挖掘和智能算法分析以形象的方式向读者展示其专属的兴趣图谱和阅读趋势，通过多项智能的运用，有效提升用户的阅读趣味性和贴合性。

2015年11月，为进一步扩大央视多语种优秀电视节目在海外的传播覆盖面，中央电视台下辖的中国网络电视台上线"CCTV多语种频道"手机客户端，该客户端集纳了全部央视外语频道的视频资源，可以为客户提供直播和在线点播服务。起到了良好的传播效果。2015年12月，该客户端增设英语纪录片频道，将央视现有6档优秀纪录片栏目的共3万余条国产英文纪录片视频资源全部共享，上线后，CCTV多语种客户端日活跃用户量和启动次数均增长40%，视频浏览量提升30%。2017年1月，"CCTV多语种频道"IPad版成功上线，拓展了其在移动设备中的使用。2017年3月，中国国际广播电台"ChinaNews""ChinaRadio"和"ChinaTV"三款多语种移动客户端集中发布上线。三个客户端分别侧重于"第一手资讯"、多类型特色化音频和第一现场视频直播报道，力争打造面向海外用户传播中国文化的移动媒体窗口矩阵。

2017年10月，"人民日报英文客户端"也正式对外发布上线。该客户端定位于"联接中外、沟通世界"，是中国国家级媒体强化国际传播能力建设、讲好中国故事的又一次创新尝试。该英文客户端不仅定位于成为全球用户了解中国资讯、中国理念、中国观点、中国主张的资讯类平台；同时还开通了与中联办、外交部、教育部、商务部和国家旅游局（现为文化和旅游部）、故宫博物馆（现为故宫博物院）等单位的对接服务功能，通过客户端连接为海外用户提供领事、文化等多领域、多方位的服务。这一鲜明的特征也必将有效提升海外用户对该客户端的认可程度。正如人民日报社副总编辑卢新宁在发布会上所介绍的那样："将来的'人民日报英文客户端'，不仅是我们的记者用新闻讲述中国和世界，更是通过平台上的战略合作伙伴，用各种声部、各种声音共同讲述，让中国故事更加立体生动，让世界声音更加丰富多元。《人民日报》愿与更多合作者携手，共同创造引领潮流的'深度融合'，让我们一起走出去，用中国的声音向世界问好，用中国的故事丰富世界的想象。"

2018年1月，新华社英文客户端正式登陆各大手机应用市场。该客户端是我国主流媒体中第一款实现内容自动推荐的英文客户端，2017年新华社在国内媒体首创并使用"媒体大脑"智能化采编系统，其"智能化编辑部"现也在建设中。通过大量人工智能新技术的应用，相信新华社能通过客户端向海外受众提供全息态"现场新闻"，并成为其了解中国、理解中国和认可中国的重要窗口。

二、"美丽中国"对外网络传播中存在的问题与困难

（一）中国国家级媒体影响力仍有待提升

近年来，随着国家对外宣工作的重视，中国国家级媒体的外宣能力显著提升，但相较于世界传统强势媒体，仍存在一定差距，传播效果有待提高。由环球舆情调查中心联合央视海外传播中心发布的《央视等中央主流媒体16国传播效果调查报告（2014）》显示，央视等中央主流媒体在目标国家和地区的民众心中的品牌认知度、媒体公信力、观众满意度、态度倾向和收视需求均较2013年有所提高，但整体水平仍有待提升。如各国民众在获得中国信息的主要渠道方面，9.5%的受众选择"中国传统媒体"，7.5%的受众选择"中国新媒体"，中国传媒的选择率不足10%。在知名度方面，《人民日报》《中国日报》、新华社、中新社、国际广播电台均在10%以下，但在非洲、亚洲、澳洲的知名度却高于美国、英国、巴基斯坦等国家或地区。在接触率方面，中国媒体的受众接触率平均达到3.3%。在媒体依赖度方面，中国媒体排名依次为央视3.9%、《人民日报》3.3%、《中国日报》2.2%、新华社2.1%、中新社1.3%、国际广播电台0.8%。由此可见，中国传媒在海外传播的影响力有待提高，且呈现出

不同地区影响力不均衡的情况。① 根据学者吴瑛 2015 年对全球 16 家主流报纸媒体影响力的对比分析研究，可以看出尽管中国的《人民日报》和《中国日报》已进入世界报纸媒体的第一方阵，居于次中心的地位，但是美国《纽约时报》和英国《卫报》仍处于世界媒体信息流的最中心且节点最大，其次是英国《泰晤士报》、美国《华盛顿邮报》和法国《世界报》。由此可见，以美国为首的西方媒体仍处于世界信息体系的中心，对整个媒体网络的信息源进行有效控制。②

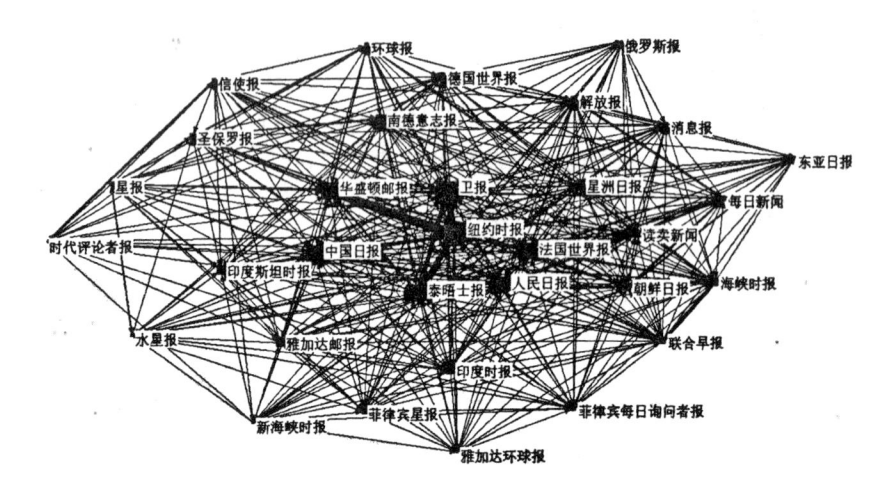

图 6-6 世界主流报纸媒体影响力中心性分析③

据"美丽中国"概念提出已有五年，究竟在境外的社交媒体中对"美丽中国"的认知情况如何？在此，我们选取以发布视频和图片为主的 YouTube 网络平台，以"Beautiful China"为关键词检索，按照观看次数排序，可以发现美国 Great Big Story 公司④所制作的《China's Village of Real-Life Rapunzels》以 10 个月内 316 万次的观看排在首位；其次是 Aee Camcorder 制作发布的《AEE Unmanned Aircraft System-F50 Keep the Beauty of Zhangjiajie China》（5 年 274 万）；

---

① 陈宇."一带一路"背景下中国传媒海外传播的本土化实践 [J]. 内蒙古社会科学（汉文版），2018（5）：166.
② 吴瑛，李莉，宋韵雅. 多种声音一个世界：中国与国际媒体互引的社会网络分析 [J]. 新闻与传播研究，2015（9）：18.
③ 吴瑛，李莉，宋韵雅. 多种声音一个世界：中国与国际媒体互引的社会网络分析 [J]. 新闻与传播研究，2015（9）：11.
④ Great Big Story 是一家总部设在纽约的新媒体制作公司，该公司于 2015 年 10 月开始制作推出微型纪录片和短片，已被数百万人在 Facebook 和 YouTube 等各种网站上观看过。

排在第三的是以批评中国而著称的 China Uncensored（中国解密）组织所制作发布的《20 Signs China's Pollution Has Reached Apocalyptic Levels》（4 年 270 万），而由中国国际电视台（CGTN）制作发布的《Watch China's most beautiful summer scenery in three minutes》为排名前 20 的视频中唯一一部上榜作品，2 年的观看次数仅为 1.2 万次。由此可见，中国国家媒体及其作品的影响力仍有待提升。

（二）媒体围绕"美丽中国"主题的策划性仍显不足

皮尤中心 2018 年对全球网民的一项调查数据显示：有 70% 的受访者认为中国在世界上扮演着越来越重要的角色，俄罗斯以 41% 的得票率位居第二，只有 31% 的受访者认为美国扮演着重要的角色。这份调查结果的出现不仅源于中国经济实力的提升，同时也是近年来中国逐渐强化对外宣传工作，使得世界各国民众对于中国有了客观而积极的态度所导致的结果。

"美丽中国"作为一个系统概念涵盖了将生态文明建设全面融入经济建设、政治建设、文化建设、社会建设的各方面和全过程，是良好国家形象的体现。我们以"Beautiful China"为关键词在 Facebook 上进行检索，可以发现信息十分有限，且并无国家主流媒体的相关内容。因此，在之后的对外宣传过程中可以有意识地将各领域能够展示国家良好形象的信息进行整合宣传，以提升国外受众对于"美丽中国"观念的认同。

（三）多媒体智能化传播手段有待加强

21 世纪是传播技术飞速发展的时代，移动互联、虚拟现实、可穿戴设备、大数据等新兴技术不断出现并迅速进入人们的生活。人们渐渐被新兴技术所营造的环境所裹挟，媒介变得如同空气和水一样泛在而重要，人类社会正在走向一个高度智能化、网络化和泛媒介化的"第三媒介时代"[2]。"沉浸传播"（Immersive Communication）的概念也因此应运而生。国内学者认为，"沉浸传播"是一种全新的信息传播方式，它使人们完全专注于动态的、定制的传播过程，进入到一种看不到、摸不到、觉不到的超时空泛在体验。"沉浸传播"使媒介的意涵被空前延展，呈现出以下三个典型特征：传播以人为中心、传播无处不在、传播无时不在。[3]

---

① Pew. 5 charts on global views of China [EB/OL]. Pewresearch, 2018-10-19.
② 曹钺，骆正林，王飔濛."身体在场"：沉浸传播时代的技术与感官之思 [J]. 新闻界，2018（7）：18.

Consensus that China plays a bigger role in the world today

% who say _ plays a more imporant role in the world than it did 10 years ago

Country	%
China	70
Russia	41
Germany	35
U.S.	31
India	27
France	22
UK	21

Note: Percentages are medians based on 25 countries.
Source: Spring 2018 Global Attitudes Survey. Q31 & Q32a-f.

PEW RESEARCH CENTER

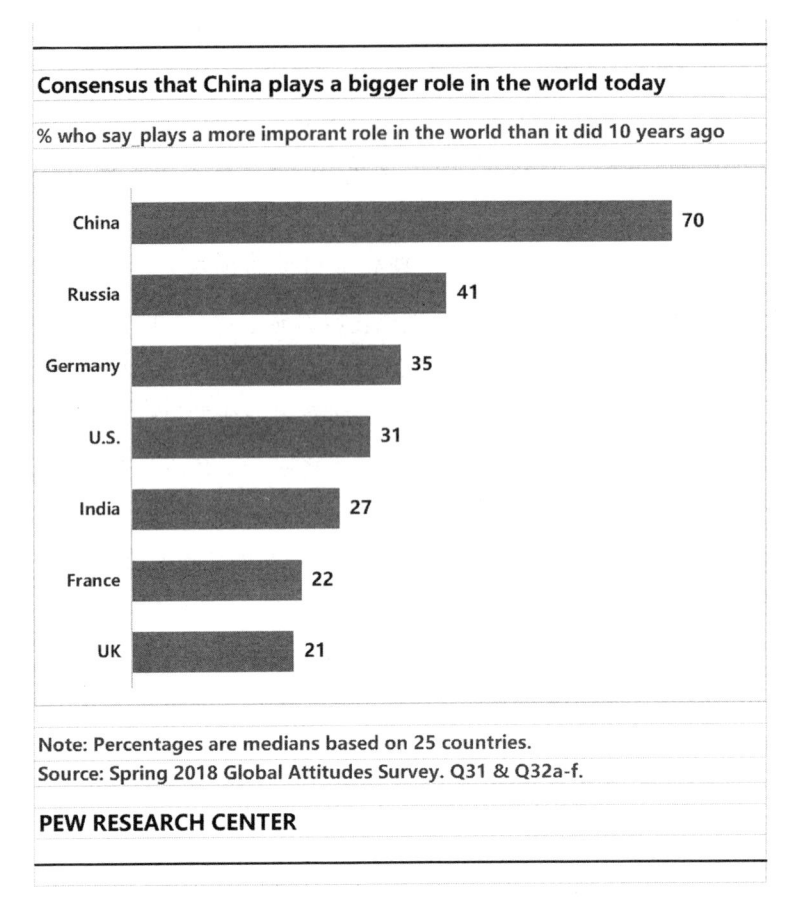

图 6-7　皮尤中心关于国家影响力的网民调查数据[1]

---

[1] 李沁. 沉浸传播的形态特征研究 [J]. 现代传播，2013（2）：116-119.

表 6-5 以 "Beautiful China" 为关键词在 YouTube 上检索视频发布及观看情况统计

序号	标题	发布者	观看次数	发布时间
1	China's Village of Real-Life Rapunzels	Great Big Story	316万次	10个月前
2	AEE Unmanned Aircraft System – F50 Keep the Beauty of Zhangjiajie China	Aee Camcorder	274万次	5年前
3	20 Signs China's Pollution Has Reached Apocalyptic Levels	China Uncensored	270万次	4年前
4	The Devastating Effects of Pollution in China (Part 1/2)	VICE	216万次	6年前
5	Beautiful and scary 99 Bending Road in Tianmen Mountain – Zhangjiajie, China	Beautiful Places To See	205万次	3年前
6	Chai Jing's review: Under the Dome – Investigating China's Smog (full translation)	Linghein He	124万次	4年前
7	China From Above	Stef Hoffer	111万次	2年前
8	Top:10 unforgettable natural sites in China. Full HD	Eliezer Cotter	51万次	3年前
9	The Natural Beauty of Guilin, China	RighteousLiving40	36万次	5年前
10	HMONG CHINA COSTUME & BEAUTY CONTEST in Maguan, China	HMONGWORLD	14万次	3年前

续表

序号	标题	发布者	观看次数	发布时间
11	China's new Silk Road Karakoram Highway The Beauty of Northern Pakistan	Asifgraphy com	14万次	2年前
12	Beautiful Night View of China 2016 (11 cities in 2 minutes)	Bronze Goblet	7.8万次	2年前
13	China snow: Heavy falls bring chaos and beauty – BBC News	BBC News	2万次	1年前
14	The beauty of Chinese characters	Bunnylomusic	1.9万次	1年前
15	"Ancient China" from "Asia Beauty" – Ron Korb	flutetraveller	1.6万次	3年前
16	Watch China's most beautiful summer scenery in three minutes	CGTN	1.2万次	2年前
17	Breathtaking Beauty of Lexiaguo Terreced Fields, CHINA	Every Day is a Journey	9775次	4年前
18	Lion City Is the Underwater Beauty of China	GeoBeats News	9045次	5年前
19	The Natural Beauty of Guilin (4K)	gsuraki	5424次	1年前
20	first snow visits Hangzhou Zhejiang China painting West Lake in Beauty	USA AGENT OFFICE PENGLAI INDUSTRIAL CORP LTD	3492次	5年前

表6-6 以"Beautiful China"为关键词在Facebook上检索信息发布情况统计

序号	发布者	发布者类型	内容形式	发布时间	播放数/点赞数	评论数	转发数
1	Beautiful China	机构	图片	2014-12-19	303	6	38
2	Amit Kr Dutta 和 Bapi Das	个人	文字+图片	2015-12-23	113	0	13
3	Chinese Embassy in UK	政府机构	视频	2015-08-18	879	28	36
4	Beautiful China	机构（旅游信息中心）	文字+图片	2015-06-25	314	13	41
5	Beautiful China	机构（旅游信息中心）	文字+图片	2015-06-30	247	35	23
6	Gemma Selma 和 Neene Oshun	个人	文字+图片	2015-11-24	77	13	4
7	图片会说话	媒体	视频	2016-08-16	4.7万/1477	111	2270
8	Beautiful China	机构（旅游信息中心）	文字+图片	2017-11-16	8	0	1
9	中国的美 The beauty of China	个人	视频	2017-10-01	616/13	0	28
10	图片会说话	媒体	视频	2017-10-02	9.24万/568	42	198
11	Taste The Lemon	个人	视频（抖音）	2018-07-17	1675万/23万	8759	27万
12	图片会说话	媒体	视频	2018-08-22	283万/6.5万	2495	14万
13	Beautiful China	机构（旅游信息中心）	文字+图片	2018-08-09	78	4	28
14	Share Videos	个人	视频	2019-02-27	75	0	275

如果说 2G 时代是"读网时代",3G 时代是"读图时代",4G 时代是"共享时代",那么即将到来的 5G 时代将是可以实现"场景共享"和情感互动的"共情时代"。① 因此,传媒机构应时刻关注智能核心技术的研发,并将成熟的技术迅速加以应用,才能在这个重要的媒体时代转型期抢占先机。2019 年央视新闻客户端率先推出"VR"频道,在这里,广大网友可以通过全景视角重返时政新闻现场,带给网友不一样的新闻体验;同时,客户端还将推出《VR 纪录片 | 昆曲涅槃》,这是中国首个世界非遗昆曲的虚拟现实纪录片;广大网友还能通过全景模式看到雪中的北京、穿越港珠澳大桥、近看"IS"炸毁的叙利亚千年神庙的残迹等,进一步提升用户的场景式体验。② 相信随着技术的进一步成熟,更多更好的多媒体智能化传播手段将被更广泛地应用到各大媒体平台上。

三、进一步加强"美丽中国"对外网络传播信道建设

尼葛洛庞帝认为,数字化将使组织更平等,使社会全球化,使控制分散化,使人民更和谐。③ 通过"美丽中国"对外网络传播,将推进中国网络传播平台与国外网络传播平台的对话与交流,有力促进"美丽中国"主题的全球关注,消解西方发达国家网络霸权,促进中外网民相互理解、和谐共处。应当努力实现"四个转向",不断提高"美丽中国"曝光度和受众共鸣水平,进一步加强"美丽中国"对外网络传播信道建设。④

(一)由重视以我为主转向中外兼顾

近年来,中国互联网建设突飞猛进,对外传播能力显著增强,但落地率较低,国外受众占比很低。我们在做好自身对外网络传播的同时,应当积极拓展国外网络传播渠道。"美丽中国"是人类共同话题,可以通过中国网络平台与 Google、Facebook、Yahoo、MSN 等国外著名网站开展共享和合作,在网站之间、频道之间、论坛之间等多个层面,围绕"美丽中国"主题,开展内容互转、用户相互登录、广告客商互投等方面的战略合作,直接发布"美丽中国"相关信息,"借船出海",消除国外网民的陌生感与异质感,有效解决"美丽中国"国

---

① 喻国明. VR:具有巨大发展价值空间的未来媒体 [J]. 新闻与写作,2018(7):54.
② 你好,全景时代!央视新闻客户端推出《VR》频道 [EB/OL]. 央视网,2019-02-19.
③ [美]沃纳·赛佛林,小詹姆斯·坦卡德. 传播理论——起源、方法与应用 [M]. 郭镇之,等译. 北京:华夏出版社,2005:52.
④ 李建华. "美丽中国"对外网络传播的破局与重构 [J]. 四川大学学报(哲学社会科学版),2016(2):68.

外落地和受众覆盖面问题。①

同时，还应加强传播渠道的本土化建设，这既包括媒介渠道的本土化，也包括媒介传播硬件的本土化。开展媒介渠道本土化较早的是新华社，依托其180余个驻外分社和境外分支机构，新华社初步形成了全球化的新闻信息采集网络，并在此基础上开通了10多个国际化频道，采用中、英、法、西、俄、阿、日等多种语言，24小时不间断向全球发布新闻，成为名副其实的"网上新闻信息总汇"，Alexa综合排名超过路透社、美联社、法新社官网。② 此外，作为中国规模最大、实力最强的中国广播电影电视集团，旗下的中国国际广播电台（CRI）在对外传播中发挥着非常重要的作用，也较早地开始了国际传播本土化的探索。截至2016年底，中国国际广播电台在全球拥有101家海外整频率播出电台，在海外建有包括地区总站、驻外记者站、节目制作室、广播孔子课堂等近百个机构和4115个听众俱乐部。③ 在传播渠道硬件本土化方面，中国国际广播电台也走在了前面。2017年12月，由中国国际广播电台亚洲总站、华为、TCL等共同发起的中国东盟新媒体联盟在泰国曼谷成立。该联盟是由中国媒体携手泰国中资企业和当地电信运营商，融合当地传统电视台媒体力量，依托互联网等信息技术手段，打造新媒体平台，共同成立"跨媒体、跨行业、跨国界"的新媒体联盟。

（二）由重视新闻网站转向网站、自媒体兼顾

自媒体是最受欢迎、使用最活跃的网络传播方式。在用好新闻网站开展"美丽中国"对外传播的同时，要高度重视国外自媒体传播。要主动在Facebook、Instagram、Pintrerst等国外主要社交网站，WordPress、Technorati等主要博客网站，Digg、Reditt等主要掘客网站，Twitter等主要微博网站，YouTube等主要视频网站，Topix等主要网络论坛，Flickr等主要网络群组上，注册若干账号，形成自媒体账号群。积极开展自媒体传播活动，主要包括组织上传"美丽中国"相关主题的文字、图片、视频等内容。建立自媒体团队，引导网络评论，利用注册账号开展主题推送、重点推介、评论引导等网络议程设置和网络

---

① 李建华."美丽中国"对外网络传播的破局与重构［J］.四川大学学报（哲学社会科学版），2016（2）：68-75.
② 梁刚.我国网络媒体企业走出去现状、问题与对策［J］.中国出版，2015（16）：35.
③ 陈宇."一带一路"背景下中国传媒海外传播的本土化实践［J］.内蒙古社会科学（汉文版），2018（5）：166.

舆论引导。① 2018 年，中央电视台、中央人民广播电台、中国国际广播电台就强强联手，合并对外以"中国之声"统一呼号播出，可见未来加大对外传播力度的信号。② CCTV 账号则始终保持对 Facebook 平台新兴技术的关注，曾先后开通"Instant Article（新闻推播）""FacebookLive（直播）"和"Facebook Canvas（交互式全屏广告）"等媒体功能，以新奇、多样化的访问体验吸引受众关注。③

（三）由重视 PC 互联网转向 PC 互联网与移动互联网兼顾

目前，全球上网人数达到 30 亿，全球 72 亿人口中有半数使用移动设备，近 20 亿活跃的社交账户，活跃的移动设备社交账号占了 16.8 亿。④ PC 社交已经基本停滞，而移动社交正在快速增长，除了巨头产品移动时间继续增加外，新的社交应用也是层出不穷。移动端接入互联网有两种形式——APP 应用浏览和手机浏览器浏览，其中 APP 应用占比 80% 以上，而手机浏览器占比不足 20%。所以，开发出能被国外移动用户广泛认同的"美丽中国"APP 应用产品，或者在已有的受欢迎 APP 应用产品中扩大"美丽中国"的覆盖面和影响力，是"美丽中国"对外网络传播战略转型的重要方向。⑤ 2016 年 9 月，一款定位为适合年轻人的、应用垂直音乐的 UGC 短视频社群应用软件抖音短视频由今日头条孵化上线。2017 年 8 月，抖音短视频创建国际版抖音——Tik Tok，投入上亿美金进入海外市场；2017 年 11 月，Tik Tok 成为日本 APP Store 免费榜第一名；2018 年 5 月，Tik Tok 在苹果 APP Store 下载量达 4580 万次，超越 Facebook、YouTube、Instagram 等，成为全球下载量最高的苹果手机应用；2018 年 7 月，Tik Tok 全球月活跃用户数突破 5 亿；2018 年 10 月，Tik Tok 成为美国月度下载量和安装量最高的应用。《纽约时报》这样评价 Tik Tok：这是一个集合了 Snapchat、现已不存在的视频应用 Vine 和"搭车卡拉 OK"电视节目的奇特混合体，在社交媒体领域是一个令人耳目一新的异类。因此，及时在 Tik Tok 中设计制作并推出"美丽中国"主题的相关内容，一定能取得良好的传播效果。

---

① 李建华."美丽中国"对外网络传播的破局与重构［J］.四川大学学报（哲学社会科学版），2016（2）：68-75.
② 郗云峰.发挥区块链技术在"一带一路"跨文化传播中的作用［J］.中国广播电视学刊，2018（10）：105.
③ 许静，刘煦尧.以海外社交媒体策略传播讲好中国故事［J］.中国出版，2017（18）：9.
④ We Are Social. 2015 年社会化媒体、数字和移动业务数据趋势报告［R/OL］.中文互联网数据资讯网，2015-01-25.
⑤ 李建华."美丽中国"对外网络传播的破局与重构［J］.四川大学学报（哲学社会科学版），2016（2）：68-75.

（四）由重视传播过程转向形成共鸣

"网络世界可以以一种不可思议的方式重塑我们自身，让我们能够在他人心中激发出新的共鸣"。① 要精简信息，无论文字、图片还是音频、视频，都尽可能视野开阔、思路宽广，着眼于人类文明进步、人民生活幸福，采取最紧密、最锐利的表达，传递出让受众身临其境、感同身受、回味悠长的"美丽中国"相关信息。要倾注情感，在"美丽中国"相关信息中注重激发国外受众责任、希望、感激、自豪等核心情感，避免骄傲、自负、自以为是等负面情绪，避免受众产生抵触、被摆布的感觉。要注重互动，鼓励国外受众对"美丽中国"信息通过电子邮件、跟帖、网站评论等进行反馈，同时第一时间回复，感激网民关注、重视网民评论、尊重网民意见、吸纳网民建议。要让网民觉得"美丽中国"跟他们是彼此关联的，是存在共同语言的，他们的观点和关注对于"美丽中国"建设来说是富有意义的。②

其中一个非常成功的范例就是央视网 2013 年 8 月 6 日上线的熊猫频道（www.ipanda.com）。该频道是一个 24 小时直播大熊猫的新媒体产品，通过架设在成都大熊猫繁育研究基地内的 28 路高清摄像头，向全球受众提供大熊猫日常起居、繁育、娱乐等情况的全天候、近距离视频直播和点播。该频道所产生的平台浏览量达到约 17 亿次规模，产生了全球社交媒体传播中的独特效果。2017 年 2 月，@CCTV 和其他平台账号同时转发了一条题为"熊猫抱大腿"的短视频。该视频上线一周内，播放量达到 2 亿、浏览量 9 亿、浏览人次近 4 亿，是目前央视网在全球社交平台传播效果最好的视频之一。全球受众对于大熊猫的喜爱，使得熊猫主题成为十分容易介入的元素，内容传播也取得了显著的效果。③ 熊猫频道不仅传播熊猫这一中国特有的珍稀动物，同时，生动有力地向全世界传播了中国以大熊猫为代表的生物多样性和生态环境保护成就，向全球传播了中国的自然保护理念以及和平、友爱、公益的理念。对此，美联社、BBC、CNN、NBC、《华尔街日报》等百家境外媒体予以正面报道。④

---

① ［美］克里斯·布洛根，朱利恩·史密斯. 影响力方程式［M］. 常利，译. 杭州：浙江人民出版社，2014：222.
② 李建华. "美丽中国"对外网络传播的破局与重构［J］. 四川大学学报（哲学社会科学版），2016（2）：68-75.
③ 许静，刘煦尧. 以海外社交媒体策略传播讲好中国故事［J］. 中国出版，2017（18）：10.
④ 梁刚. 我国网络媒体企业走出去现状、问题与对策［J］. 中国出版，2015（16）：36.

第七章

美丽中国对外网络传播对策思考

不谋万世者，不足谋一时；不谋全局者，不足谋一域。坚持人与自然和谐共生是新时代坚持和发展中国特色社会主义的基本方略之一，建设美丽中国是全面建设社会主义现代化国家的重大目标。美丽中国是美丽世界的重要组成部分，是人类共通的美好愿望，是人类命运共同体的应有之义。系统开展美丽中国对外网络传播，对于重塑国家形象、提高国家文化软实力具有重大意义。要紧紧抓住美丽中国对外网络传播的大好机遇，制定国家宏观战略，实施系列举措，传播美丽中国，塑造美丽中国国家形象，增强国家软实力。

第一节 美丽中国对外网络传播的战略机遇

中国特色社会主义进入新时代，中国日益走向世界舞台中央。在对外网络传播领域我们也迎来重大机遇，为对外网络传播美丽中国提供了良好条件。

一、美丽中国对外网络传播的历史机遇

（一）绿色发展是当今时代主题的应有之义

党的十九大报告指出："世界正处于大发展大变革大调整时期，和平与发展仍是时代主题。"[1] 经济全球化把世界各国纳入统一的经济体系之中，海陆空交通技术革命拉近了世界的物理距离，网络传播创新技术把世界变成了地球村。新一轮科技革命改变了我们工作和生活方式，正在重塑未来的劳动力市场和生产方式，正在改变传统的经济增长模式。以中国为代表的一大批发展中国家和

---

[1] 习近平. 决胜全面建成小康社会 夺取新时代中国特色社会主义伟大胜利[M]//党的十九大报告辅导读本. 北京：人民出版社，2017：57.

新兴市场国家集体崛起，成为世界政治经济格局中的重要力量，对全球化、多极化、信息化进程产生前所未有的影响，世界处在前所未有的大发展、大变革、大调整时期。当前，世界正处于500年未有之大变局，全球化的领导位置正由西方变成东方。自16世纪"大航海时代"以来，从发现新大陆到对外殖民、黑奴贸易，从构建战后世界经济秩序到金本位或美元霸权，全球化的动力均来自西方，均由西方领衔、主导。21世纪以来，新兴市场国家和发展中国家对全球经济增长的贡献率已经达到80%，其中，中国、印度、东盟等东方文明国家连续十年对全球经济增长贡献达到50%左右，逐渐成为新一轮全球化的主要动力。过去十年，中国在许多行业实现对西方的弯道超车，并在诸多行业展现出换轨领跑趋势。这总体上是以和平与发展为主题的时代进步的结果，并反过来更加突出了和平与发展的时代主题。

和平与发展的时代主题虽然没有变，但其内涵以及实现方式有所变化。"和平"不仅仅指没有发生世界范围的战争，而是拓展到威胁世界和平的非传统安全领域，如恐怖主义、民族分裂势力、网络安全等。"发展"的内涵不再是传统意义上的经济增长，而是包括经济发展在内的各领域、各要素的全面均衡发展，以及各国在发展进程中共谋发展、共同繁荣。同时，世界面临的不稳定性和不确定性突出，世界经济增长动能不足，贫富分化日益严重，地区热点问题此起彼伏，恐怖主义、网络安全、重大传染性疾病、气候变化等非传统安全威胁持续蔓延，人类面临许多共同挑战。党的十八大以来，我国提出了创新、协调、绿色、开放、共享的新发展理念，形成了"五位一体"全面布局，这是世界"和平"态势、"发展"潮流的中国理念和中国战略。

发展是绿色发展，是人与自然的可持续发展。从工业革命开始，由于对自然界大规模的利用、控制、征服，人类生态环境也随之开始恶化。20世纪20年代后，西方国家开始出现了严重的环境公害事件，发生过著名的"八大公害事件"。1972年世界人类首次环境会议后，可持续发展理念逐渐成为世界共识，可持续发展战略逐渐上升为各国发展战略。1980年，国际自然保护同盟《世界自然资源保护大纲》提出：必须研究自然的、社会的、生态的、经济的以及利用自然资源过程中的基本关系，以确保全球的可持续发展。1981年，美国世界观察研究所所长莱斯特·布朗在《建设一个可持续发展的社会》（*Building A Sustainable Society*）一书中提出，以控制人口增长、保护资源基础和开发再生能源来实现可持续发展。1987年，世界环境与发展委员会出版《我们共同的未来》（*Our Common Future: Brundtland Report*），将可持续发展定义为："既能满足当代人的需要，又不对后代人满足其需要的能力构成危害的发展。"它系统阐述了可持续发展的思想。1991年11月，国际生态学联合会（INTECOL）和国际生物科学联合会（IUBS）联合举行的关于可持续发展问题的专题研讨会提出，可持续发展就是保护和加强环境系统的生产和更新能力，是不超越环境系统更新能力的发展。1992年6月，联合国在里约热内卢召开的"环境与发展大会"，通过了以可持续发展为核心的《里约环境与发展宣言》（Rio Declaration on Environment and Development）《21世纪议程》（Agenda 21）等文件。2008年世界金融危机后，联合国环境规划署就提出发展"绿色经济"，呼吁在全球实施"绿色新政"，实现"绿色复苏"。美国、日本在经济刺激计划中安排了专项资金扶持能源环保、新能源等领域。2009年4月，伦敦G20峰会会议公报承诺将推进全面的、绿色的、可持续性的经济复苏。同年6月，召开的经济合作与发展组织（OECD）部长理事会会议提出，绿色增长是摆脱当前危机的重要途径，并发表了《绿色增长：战胜和超越金融危机》的报告。走可持续发展之路，逐渐成为全球共识。

（二）"清洁美丽"是人类命运共同体的重要理念

当今世界，各国利益和命运从未像今天这样紧密联系，从自然环境到社会经济再到政治秩序，"牵一发而动全身"的立体网状结构已逐渐形成，联动效应无处不在，国际社会日益成为一个你中有我、我中有你的命运共同体。面对世界经济的复杂形势和全球性问题，任何国家都不可能置身事外、隔岸观火。当前，世界面临许多困难和挑战：经济疲弱，许多国家陷入低增长、低利率、低贸易、低均衡的泥潭里难以自拔；贸易保护主义大行其道，贸易壁垒是导致2008年全球金融危机以来全球贸易减少一半以上的重要原因；贫富差距巨大，全球最富有的1%的人拥有50%的全球家庭总财富，8亿人生活在极端贫困之中。全球变暖导致的海平面上升可能给小岛国和沿海城市带来灭顶之灾；资源能源短缺和环境污染严重威胁到人类文明的延续；关于人工智能导致人类毁灭的担忧一度甚嚣尘上……在越来越多的全球性挑战面前，任何国家都不可能金刚不坏、独善其身，也没有哪个国家可以一枝独秀、包打天下，任何国际矛盾若没有得到妥善处理都可能产生蝴蝶效应，引发全球性灾难。同时，世界各国的历史、文化和经济等发展的差异性决定世界没有可适用于各国发展的普适性的制度模式，发展的非均衡性使得各国在选择国家制度、意识形态等方面各有特色，而适合自己国情的发展道路才是各国孜孜以求的。但是，各国的发展离不开国际合作。这就需要构建一种能够维护人类共同利益、实现人类共同福祉的人类命运共同体。

在5000多年的文明发展中，中华民族一直追求和传承着和平、和睦、和谐的坚定理念，"礼之用，和为贵，先王之道，斯为美"（《论语·学而》），"万物各得其和以生"（《荀子·天论》），"德莫大于和……和者，天之功也。举天地之道而美于和"（《春秋繁露·循天之道》）……中国源远流长的"和"文化，蕴涵着天人合一的宇宙观、人心和善的道德观、和而不同的社会观、协和万邦的国际观。人类原本是一个人类命运共同体，但是这种状态却屡遭人为破坏而急需再造。2012年党的十八大报告正式提出"倡导人类命运共同体意识"。党的十九大呼吁，"各国人民同心协力，构建人类命运共同体，建设持久和平、普遍安全、共同繁荣、开放包容、清洁美丽的世界"①。2017年2月，联合国社会发展委员会首次将"构建人类命运共同体"理念载入联合国决议；11月，联合国大会裁军与国际安全委员会再次将"构建人类命运共同体"理念载入联合国决议。这充分表明该理念反映了国际社会大多数国家的普遍期待，表明了中国理念在国际社会得到越来越多的支持和呼应，激发了各国参与全球治理体系变革进程的热情和实践。构建人类命运共同体，是中国在深刻把握时代潮流与历史大势的基础上，呈现给世界独具东方智慧的解决方案，体现了中国在国际事务中的责任担当。

人类命运共同体中，包含了"清洁美丽"的理念。人类只有一个地球，共有一个家园。清洁美丽的世界，是人类命运共同体的依托和归宿。科学技术的飞速进步给人类社会创造了无比巨大的物质财富，而粗放、不可持续的发展方式和对自然肆无忌惮地掠夺，也给生态环境造成了巨大破坏。气候变化带来的现实威胁近在咫尺，海平面上升、极端天气事件增多、一些传染病加速传播。世界气象组织统计表明，2016年地球大气中二氧化碳浓度达到80万年来的最高水平，2013—2017年已成为有记录以来最暖的五年。保护生态环境，应对气候变化，是全球共同的任务。2018年6月，美国总统特朗普宣传退出《巴黎协定》，为改善世界气候的努力蒙上了阴影。与之形成鲜明对比的是，中国政府强调，无论其他国家的立场发生了什么样的变化，中国都将加强国内应对气候变化的行动，认真履行《巴黎协定》，建立中国气候变化南南合作基金，帮助发展

---

① 习近平. 决胜全面建成小康社会 夺取新时代中国特色社会主义伟大胜利［M］//党的十九大报告辅导读本. 北京：人民出版社，2017：57-58.

中国家应对气候变化；倡议建设全球能源互联网，促进全球清洁能源大规模开发利用……中国正引导应对气候变化国际合作，成为全球生态文明建设的重要参与者、贡献者、引领者。

(三)"一带一路"将生态环境保护置于优先地位

数千年来，人类始终向往和追求美好生活，这推动着人类社会不断迈向新的更高的发展水平。进入21世纪以来，国际格局深度调整，全球治理体系变革处在历史转折点上。特别是国际金融危机后，世界经济深度调整，贫富差距越拉越大，逆全球化、贸易保护主义等思潮开始抬头。在这一背景下，习近平总书记着眼于各国人民追求和平与发展的共同梦想，提出的发展合作倡议，旨在缩小发展鸿沟，从根本上化解造成各种冲突和矛盾的根源，从而为破解全球发展难题贡献了中国智慧、中国方案。作为中国为完善全球治理提出的重要公共产品，"一带一路"建设强调求同存异、兼容并蓄，给予各国平等参与全球事务的权利；坚持继承创新、主动作为，推动现有国际秩序、国际规则增量改革，受到国际社会高度评价。这些新主张、新倡议，顺应了全球治理体系变革的内在诉求，彰显了同舟共济、权责共担的人类命运共同体意识，为完善全球经济治理提供了新思路、新方案。共建"一带一路"符合国际社会的根本利益，彰显人类社会共同理想和美好追求，是国际合作以及全球治理新模式的积极探索，将为世界和平发展增添新的正能量。"一带一路"自2013年提出以来，全球140多个国家和80多个国际组织积极支持和参与"一带一路"建设，联合国大会、联合国安理会等重要决议纳入相关内容；2014—2016年中国对沿线国家投资累计超过500亿美元，同沿线国家的贸易总额超过3万亿美元；一大批互联互通项目规划实施，各领域人文合作深入开展；首届"一带一路"国际合作高峰论坛成功举办，成为推动全球发展合作的机制化新平台。①

"一带一路"建设将生态环境保护置于优先地位。"一带一路"不少参与国面临生态环境脆弱的状况，存在一定程度、在某些区域甚至颇为激烈的经济发展与环境保护之间的冲突。中国也可能有一些对外投资企业缺乏环境保护方面的社会责任，经营过程中不排除出现污染、破坏环境的事件。因此，中国与其他"一带一路"参与国在开展顶层设计、规划重大合作项目时就考虑到了生态脆弱性、注意环境保护的约束条件。2015年3月，由中国国务院授权国家发改

---

① 高虎城. 积极推进"一带一路"国际合作 [M] //党的十九大报告辅导读本. 北京：人民出版社，2017：408.

委、外交部和商务部发布的《推动共建丝绸之路经济带和21世纪海上丝绸之路的愿景与行动》明确提出，要在投资贸易中突出生态文明理念，加强生态环境、生物多样性和应对气候变化合作，共建绿色丝绸之路。2016年6月，习近平总书记在乌兹别克斯坦最高会议立法院的演讲中也发出要"着力深化环保合作，践行绿色发展理念，加大生态环境保护力度，携手打造'绿色丝绸之路'"的倡议。2017年4月，中国环保部（现为中华人民共和国生态环境部）、外交部、国家发改委和商务部联合发布了《关于推进绿色"一带一路"建设的指导意见》，阐明了推进绿色"一带一路"建设的重要意义、总体思路、基本原则、主要目标、主要任务和组织保障，从制定基础设施建设环保标准和规范、将环保条件纳入自贸协定、发展绿色金融、建设绿色合作平台、制定企业行为绿色指引、推动环境治理能力建设等方面比较系统地提出了具体要求。"一带一路"倡议还将绿色发展理念一以贯之地贯彻到了合作框架下各区域发展规划及功能性制度安排之中。例如，《建设中蒙俄经济走廊规划纲要》提出，"注意在旅游中保护三方当地的环境""加强生态环保合作""研究建立信息共享平台的可能性，开展生物多样性、自然保护区、湿地保护、森林防火及荒漠化领域的合作""扩大防灾减灾方面的合作""积极开展生态环境保护领域的技术交流合作"。在中国财政部倡议推动下，26国财政部共同核准的《"一带一路"融资指导原则》，提出了"应加强对融资项目社会环境影响的评价和风险管理，重视节能环保合作，履行社会责任"等环保条款。中国国家发改委和国家海洋局制定并发布的《"一带一路"建设海上合作设想》，倡议沿线国共同发起海洋生态环境保护行动，提供更多优质的海洋生态服务，维护全球海洋生态安全。

二、美丽中国对外网络传播的良好条件

（一）中国网络媒体发展迅速、实力壮大

1. 对外网络传播网站规模不断扩大，实力不断增强

1994年5月15日，中国科学院高能物理研究所设立了国内第一个WEB服务器，推出中国第一套网页。中国早期的互联网用户以科研工作者为主，建设全国性的信息网络主要是为科研单位、高等院校服务。1994年7月，由清华大学等六所高校建设的"中国教育和科研计算机网（CERNET）"试验网开通，成为运行TCP/IP协议的计算机互联网络。1994年9月25日，《中国日报》（英文版）刊登了这一消息："中国与世界10000所大学、研究所和计算机厂家建立

了计算机连接。"向世界宣告中国开始加入世界互联网大家庭。2011年到2017年，中国国际出口带宽从1389529Mbps增长到7320180Mbps，增长了4.29倍。

表7-1　中国国际出口带宽及其增长率

年份	国际出口带宽（Mbps）	增长率
2011	1389529	26.40%
2012	1899792	36.70%
2013	3406824	79.30%
2014	4118663	20.90%
2015	5392116	30.90%
2016	6640291	23.10%
2017	7320180	10.20%

网络媒体从无到有，发展风起云涌。中国最早的网络媒体出现于1995年。1月12日，《神州学人》杂志开中国出版刊物上网之先河；10月20日，《中国贸易报》率先开通网络版，成为新闻上网的先行者；12月20日，《中国贸易报》正式发行电子版，成为第一家在互联网上发行的电子日报。到这一年年底，中国网络媒体已经达到七八家。第一家开通新闻网站的中央重点新闻宣传单位是人民日报。1997年1月1日，人民日报主办的人民网开通，将《人民日报》内容原汁原味送上网，制作新闻专题和数据库，独立采编发布新闻。1998年，门户网站开始崛起，新浪、网易等转型为门户网站。1月1日，光明日报旗下的光明网正式开通，这是最早的新闻门户之一。12月16日，北京市政府"首都之窗"站点开通，这是我国第一个级别较高的政府网站。12月26日，中国国际广播电台网站国际在线正式上线。同时，地方门户也在不断涌现，当时逐步成熟的地方门户网站主要有上海热线、武汉热线、南京金陵热线、成都天府热线、西安古城热线、广州视窗等。此后，网络媒体发展进入快车道。1999年1月1日，成立于1996年12月的中央电视台网站改版，标志着中央电视台在互联网上发展的第一次提速。一批媒体网站如雨后春笋般涌现，比如《电脑报》网站改为"天极网"，《中国计算机报》网站改为"赛迪网"，上海文汇新民联合报业集团网站改称"申网"，《广州日报》网站改名"广州日报大洋网"，《深圳商报》网站改名为"深圳新闻网"，《浙江日报》网站除了提供网络版外，还建立

了"浙江在线"这一地方门户网站。地方媒体开始探索媒体联合发展的门户网站模式。在这方面,四川新闻网具有代表意义。1998年,四川新闻网筹备就绪并试运行,1999年1月正式开通,它先后汇聚了全省106家报纸、广播、电视、期刊等媒体上网,是全国各省、市、自治区中最早成立的新闻网站,也是全国首批六大重点地方新闻网站之一,也是全国各省、市中上网媒体最多的一家新闻网站。

网络媒体在数量上具有相当规模,形成了中央重点新闻网站+地方重点新闻网站+商业门户+行业新闻网站的网络传播整体格局。中央确定了14家重点新闻网站:①人民网(www.people.com.cn):世界十大报纸之一,《人民日报》建设的以新闻为主的大型网上信息发布平台,也是互联网上最大的中文和多语种新闻网站之一。②新华网(www.xinhuanet.com):依托新华社遍布全球的采编网络,记者遍布世界100多个国家和地区,地方频道分布全国31个省市自治区,每天24小时同时使用6种语言滚动发稿,权威、准确、及时播发国内外重要新闻和重大突发事件。③央视网(www.cctv.com):中央电视台旗下互联网站业务,也是中央重点新闻网站,以视频为特色,以互动和移动服务为基础,以特色产品和独家观点为核心,面向全球、多终端、立体化的新闻信息共享平台。④中国网(www.china.com.cn):国务院新闻办公室领导,中国外文出版发行事业局管理的国家重点新闻网站。第一时间报道国家重大新闻事件;国务院新闻办公室发布会独家网络直播发布网站。⑤国际在线(www.cri.cn):中国国际广播电台主办,旨在介绍中国的政治、经济、体育和文化等各个方面,主要提供国际化的新闻、文化、教育、军事、生活、时政、娱乐和经济类信息,并以丰富的音频节目为特色。⑥中国日报网(www.chinadaily.com.cn):中国最大的英文资讯门户,是中共中央外宣办主管的中国日报旗下网站,服务于国内外中高端读者群,是海外人士了解中国的首选网站,已经成为沟通中国与世界的网上桥梁。⑦中国青年网(www.youth.cn):共青团中央主办的中央重点新闻网站,是国内最大的青年主流网站。内容包括政治、经济、社会、文化、娱乐、时尚、教育、心理等各个领域。⑧中国经济网(www.ce.cn):国家重点新闻网站中唯一以经济报道为中心的综合新闻网站,拥有时政社会、产业市场、财经证券、国际经济、区域经济等内容板块,提供方便快捷的经济数据查询。⑨中国台湾网(www.taiwan.cn):国台办管理的国家重点新闻网站。全面报道台湾事务和两岸关系的重要新闻资讯,致力于传播两岸亲情,沟通两岸民意,服务两岸交流,是两岸网络信息枢纽和同胞交流互动平台。⑩中国西藏网(www.tibet.cn):

全球受众最多、影响最大、报道最权威的涉藏新闻综合网站,以关注高层动向、追踪藏区时事、钩沉史海秘闻、冷观世界风云为宗旨,向全球提供涉藏新闻资讯服务。⑪光明网(www.gmw.cn):光明日报在网络时代的新延伸,也是国内唯一一家定位于思想理论领域的中央重点新闻网站,在文化界、知识界广大读者和网民中有着强大的影响力。⑫央广网(www.cnr.cn):中央人民广播电台主办的中国最大的音频广播新闻网站,为网民提供中央人民广播电台17套节目网上直播、270多个重点栏目的在线点播服务。⑬中国新闻网(www.chinanews.com):由中国新闻社主办,依托中新社遍布全球的采编网络,每天24小时面向广大网民和网络媒体,快速、准确地提供文字、图片、视频等多样化的资讯服务。⑭中青在线(www.cyol.net):中国青年报旗下网站,是首家市场化运作的中央新闻媒体网站,也是中国最大、最权威的集新闻发布和青年服务为一体的综合性青年类网站。这些新闻网站都是中央主要新闻网站,取得了国家互联网信息办公室颁发的互联网新闻信息服务许可一类资质,具有严格的新闻管理制度和良好的业务培训机制,多次参与重大宣传报道。地方重点新闻网站主要有北京的千龙网、上海的东方网、广东的南方网、天津的北方网、湖南的红网、四川的四川在线、河南的大河网、重庆的华龙网等20多家省级网络媒体。商业门户网站主要有腾讯、新浪、网易、搜狐、百度等门户网站。截至2017年12月,中国".cn"域名总数达到2085万,占中国域名总数的54.2%;".com"域名数量为1131个,占比29.4%;".中国"域名为190万,占比从上年的1.1%上升到4.9%①,中国网络媒体总量已经十分庞大。课题组以"美丽中国"为关键词,在百度中搜索出的信息中,14家重点新闻网站中,央视网、人民网、中国网、新华网信息数量进入前10;作为主管部门官网,中国林业网排名第3;地方网络传媒中,江苏网、新华报业网、凤凰网进入前10;杭州网是唯一进入前10的城市官网。排名最高的商业门户网站是新浪网,处于榜单的第16位(见表3-1)。

2. 中国互联网企业由大到强,成为世界互联网舞台上举足轻重的力量

中国互联网企业的发展经历了三个发展阶段。第一个阶段:模仿时期。中国的互联网企业的发展始于对美国互联网企业的模仿。1997年1月,毕业于美国麻省理工学院的张朝阳创办了爱特信ITC网站,但经营不善。第二年,他模仿雅虎推出了第一家中文搜索引擎——搜狐。1997年6月,丁磊在广州创立了

---

① 中国互联网络信息中心(CNNIC).第41次中国互联网络发展状况统计报告[R/OL].国家网信办网站,2018-01-31.

网易公司。1997年9月，王志东用四通利方40%的股权换回了650万美元，一年后，四通利方与美国华渊资讯网合并，新网站取名"新浪"。这就是中国互联网企业最初的三巨头——搜狐、网易、新浪，他们都是借鉴美国互联网企业成立的。第二个阶段：本土化时期。在这一阶段，中国的互联网企业凭借他们更了解中国国情、更理解中国文化，本土化做得更好，在中国市场上战胜了国外互联网企业。1997年，马化腾接触到了ICQ即时通信软件，在亲身感受其即时通信魅力的同时，也发现它存在英文界面、使用操作不便等缺陷。在竞标中文版ICQ软件开发失败后，腾讯决意做自己的即时通信软件。1992年，腾讯推出了QQ的前身OICQ。2000年，OICQ改名为QQ，发展成为今天中国最大的即时通信软件。阿里巴巴一改当时中国电商平台的领头羊——美国电商公司eBay开网店需要交钱的做法，提出阿里巴巴免费开网店的营销策略，并不断完善自身服务系统，模仿PayPal建立支付宝，迅速成长壮大起来。百度战胜Google在很大程度上是因为百度更了解中文。第三阶段：全球化时期。中国互联网企业的全球化已经出现了一些成功案例，金山毒霸、UC浏览器、华为手机都是中国产品国际化的优秀代表。华为凭借强大的研发能力和庞大的专利技术库，已经成为世界上仅次于爱立信的通信设备供应商，华为利润的70%来自海外市场。阿里巴巴的全球化战略不仅是要把中国的产品卖到全世界，还要把全世界的产品卖到中国，正在由中国最大的电子商务平台发展成为全球最大的电子商务平台。截至2017年12月，我国境内外互联网上市企业总数为102家，较上年增长12%。其中，在沪深、美国和香港上市企业的数量分别为46家、41家和15家，总体市值8.97亿人民币，较2016年增长66.1%。在美国上市的互联网企业总市值最高，占总体的54.8%，在香港和沪深两市上市的互联网企业总市值各占总体的37.5%和7.7%。其中，腾讯、阿里巴巴和百度的市值分别为：3.1万亿元、2.9万亿元和0.5万亿元，三家企业的市值占总体上市企业市值的73.9%[1]。借助庞大的资本优势，三家企业在投资并购、技术研发、模式创新方面也建立了明显优势。《财富》2018世界500强企业榜单中，全球有六大互联网公司上榜，中美两国各三家。亚马逊从第26位跃升至第18位，Google母公司Alphabet从第65位上升至第52位。京东位列第181位，领跑中国互联网企业，排名较去年大幅提升了80位。2017年刚刚上榜的Facebook、阿里巴巴以及腾讯则分别提升至

---

[1] 中国互联网络信息中心（CNNIC）. 第41次中国互联网络发展状况统计报告［R/OL］. 国家网信办网站，2018-01-31.

第274位、300位和331位。有"互联网女皇"之称的玛丽米克尔最新的《互联网趋势报告》对世界互联网公司进行了排名，前20名被中美两国公司垄断，其中美国11家，中国9家。这9家中国公司分别是蚂蚁金服（9）、小米（14）、滴滴（16）、美团（19）、今日头条（20），估值分别为：蚂蚁金服1500亿美元，小米750亿美元，滴滴560亿美元，美团300亿美元，今日头条300亿美元。而5年之前这个榜单上的中国企业仅仅只有腾讯和百度两家。玛丽米克尔指出，像阿里巴巴和蚂蚁金服这样的"独角兽"只需要5年就可以改变世界互联网格局。

随着中国互联网企业不断发展壮大，正在走向世界、影响世界。中国互联网企业的出海，经历了三个阶段。第一阶段：以工具类产品为主，以猎豹移动、APUS和UC浏览器为代表，它们的目标大都集中在印度、印尼等具备规模人口红利的新兴市场。在经过数年打拼后，这些中国互联网企业已成为当地移动互联网重要的流量入口。国内最早出海的互联网企业是3G门户旗下桌面应用GO Launcher，2010年上线，3年后，全球用户数量就超过了2亿人。而最典型的出海企业则被认为是垃圾清理和内存优化应用猎豹清理大师，2012年上线，2014年3月底全球用户量就超过5亿，其中2.14亿来自海外，用户增长之快令人惊叹。第二阶段：以内容类产品出海为主，以今日头条为代表，主要包括新闻资讯、社交游戏和在线教育。一方面将在中国获得成功的信息流模式复制到海外市场，另一方面则借助资本的力量在海外展开大肆并购，最终通过技术输出的方式实现全球扩张。今日头条通过5000万美元战略投资Live.me，收购Musical.ly和NewsRepublic，2017年11月，又以10亿美金收购了短视频musical.ly，这是短视频行业迄今为止最大一起收购案。第三阶段：全面走向世界，中国互联网企业以全球化视野，有效整合全球资源、全球市场，正在重构市场竞争秩序。与美国相比，中美两国在技术领域差异较小，而对于东南亚、印度以及大部分"一带一路"沿线国家，互联网发展相对落后，缺乏核心竞争力，中国互联网企业具有无可比拟的竞争优势。华为在全球拥有15万员工，为全球170多个国家和地区的30亿人提供服务，约70%的销售收入来自海外。阿里巴巴集团及其关联公司在中国、印度、日本、韩国、英国及美国70多个城市共有2万多名员工，蚂蚁金服的"全球收全球付"服务已经覆盖200多个国家和地区。

（二）网络传播技术创新走在世界前列

随着信息技术的融合与发展，技术创新的方式也正在发生着深刻的变革。

科技创新是技术进步与应用创新的技术创新双螺旋结构共同演进的产物,信息通信技术的融合与发展推动了社会形态的变革,推动了科技创新模式的嬗变,推动人类创新进入2.0时代。"互联网+"充分发挥互联网在社会资源配置中的优化和集成作用,将互联网的创新成果深度融合于经济、社会各领域之中,提升全社会的创新力和生产力,是知识社会创新2.0推动下的互联网形态演进及其催生的经济社会发展新形态。2015年7月4日,国务院印发的《国务院关于积极推进"互联网+"行动的指导意见》(简称《意见》),把制造业、"互联网+"和"双创"紧密结合起来,通过创新发展思路、模式、业态,培育产业发展新生态,打造经济发展的新动能。《意见》出台以来,互联网应用范围不断扩大,与各行业的跨界融合不断加深,推动新业态、新模式大量涌现。互联网与服务业各领域的融合创新最为突出,加速了服务业社会化分工重组,零售、金融、交通、旅游、医疗、教育等行业互联网化水平显著提升,催生出了互联网电商、互联网金融、互联网医疗、互联网教育、网络约租车等新兴业态。例如,互联网金融领域,孕育出股权众筹融资、互联网基金销售、互联网保险、互联网信托、消费金融和互联网支付等细分新业态。再如,"互联网+"医疗可以实现在线挂号、预约诊疗,推动就医模式和就医服务模式深刻变化。新业态、新模式为民众生活提供了便捷性。蚂蚁金融服务集团、阿里巴巴集团与新浪微博启动"互联网+城市服务"战略,全国大型以及部分中型城市已经可以通过支付宝、微博等平台在线完成医院挂号、商场超市购物、购买车票、水电煤气缴费等80多项服务。① 根据创业的融资数据和主流投资机构认可的估值水平进行的双向评估,截至2017年12月,中国网信"独角兽"企业总数为77家。从所在地域来看,北京的"独角兽"企业最多,占比41.6%;上海位居次席,占比23.4%。此外,杭州、深圳、珠海、广州都有分布。②

人工智能是改变人类发展的技术创新,是引领未来的战略性技术,也是网络传播技术的创新主攻方向。世界主要发达国家都把人工智能作为提升国家竞争力、维护国家安全的重大战略。在2014年、2016年召开的两院院士大会,习近平总书记的讲话中都谈到了人工智能的迅猛发展,强调我们不仅要把我国机器人水平提高上去,而且要尽可能多地占领市场。从目前来看,在这一领域,

---

① 工业和信息化部赛迪研究院. 中国"互联网+"创新发展白皮书(2016版)[R/OL]. 新浪网, 2017-02-07.
② 中国互联网络信息中心(CNNIC). 第41次中国互联网络发展状况统计报告[R/OL]. 国家网信办网站, 2018-01-31.

中国在技术发展与市场应用方面已经进入国际领先集团，呈现中美"双雄并立"竞争格局。清华大学中国科技政策研究中心《全球人工智能发展报告2018》显示，近20年来，中国（含港澳）在人工智能领域的论文从1997年的1000余篇快速增长至2017年的37000多篇，占全球的比例也从4.26%增长到27.68%；中国与美国的论文产出居世界前两位，且是位于第三位的英国产出量的3倍以上；中国在2006年首次超过美国位于全球首位，并将优势一直保持至今，[1] 我国的人工智能研究能力已经位居世界前列。从人工智能企业来看，截至2018年6月，全球共有人工智能企业4929家，其中美国2018家，位列第一；中国（不含港澳台地区）1011家，位列第二。[2] 在技术研发方面，中国在人工智能核心理论研究方面取得系列成果，在计算机视觉、自然语言处理等人机交互技术方面取得系列研发应用成果。在识别技术研发方面，百度深度学习网络取得人脸识别准确率99.84%、语音识别准确率95%等世界领先成绩；腾讯以83.29%的成绩在国际权威人脸数据库Megaface上100万级别人脸识别测试中获得冠军；阿里云ET人脸识别技术在户外脸部检测数据库上识别率超过99.5%。华为成立诺亚方舟实验室，专门从事人工智能机器学习、数据挖掘，每年投资超过500亿元。科大讯飞以语音为切入口，稳步推进从感知智能到认知智能的人工智能生态布局。在人工智能芯片研发方面，中科院孵化的寒武纪科技有限公司发布全球新一代AI芯片，包括寒武纪1H8、1H16、1M等系列，可用于多种人工智能应用场景。[3] 2016年1月，阿里宣布收购我国唯一基于自主指令架构研发嵌入式CPU并实现大规模量产的CPU供应商中天微；2017年6月，阿里向中天微注资5亿，正式跨入芯片基础架构设计领域。2017年9月，华为在德国柏林发布了10nm芯片麒麟970，这被认为是全球首款人工智能移动处理器。2018年8月8日，杭州本土"独角兽"企业、超算芯片开发商嘉楠耘智发布了全球首个研发并量产成功的7nm芯片，早于苹果、英特尔、英伟达、华为。2018年8月31日，华为在德国柏林发布了7nm芯片麒麟980，是全球首款商用的7nm移动SoC，领先高通骁龙855、苹果A12。

---

[1] 清华大学中国科技政策研究中心. 全球人工智能发展报告2018 [R/OL]. 清华大学中国科技政策研究中心网站，2018-09-27.
[2] 清华大学中国科技政策研究中心. 全球人工智能发展报告2018 [R/OL]. 清华大学中国科技政策研究中心网站，2018-09-27.
[3] 中国互联网络信息中心（CNNIC）. 第41次中国互联网络发展状况统计报告 [R/OL]. 国家网信办网站，2018-01-31.

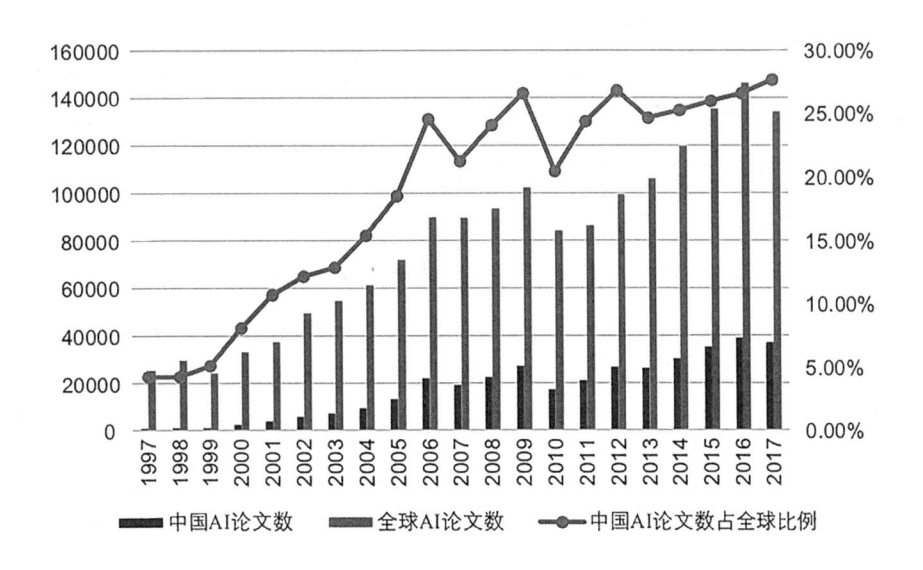

图 7-1 中国 AI 领域论文产出及其占全球占比发展趋势（1997—2017）

来源：清华大学中国科技政策研究中心《中国人工智能发展报告 2018》

以领先技术为支撑，中国互联网公司传播平台已经具有全球竞争力。根据全球移动应用数据和分析平台 APP Annie 的数据，在 2019 年全球月活跃用户数前十名 APP 中，中国互联网公司 APP 占了 6 款，居全球第一。其中，腾讯旗下的微信居全球第四，字节跳动旗下的 Tik Tok 居全球第六，蚂蚁金服旗下的支付宝排名第七，腾讯 QQ 排名全球第八，阿里淘宝排名第九，百度 APP 排名第十。在这个榜单中，除了中国，其他四个 APP 都来自美国 Facebook 公司，分别是 WhatsApp、Facebook、Facebook Messenger 和 Instagram。与 2018 年榜单相比，最大的变化就是抖音海外版 Tik Tok 的异军突起。2018 年，抖音海外版 Tik Tok 上线，当年全球下载量高达 6.63 亿次，成为最受全球手机用户欢迎的软件之一。2019 年，Tik Tok 更是一连数次霸榜各国下载榜单第一名，将美国的 Youtube、Facebook 等长期垄断性媒体甩在了后面。2020 年 6 月，即使美国各方不断打压，该款软件依然位列 APP 下载量第一名。华盛顿邮报、NBC 新闻、BBC 广播、达拉斯晨报和 ESPN 等美英主流新闻媒体都陆续进驻 Tik Tok。是什么创造了 Tik Tok 的奇迹？一是技术先进。Tik Tok 视频追求简短直接，15 秒起步，最长也不会超过一分钟，用户可以随时随地刷视频。其视频编辑更趋向于简单化，可以让每一个用户都轻松操作，无须成为视频专家。二是信息内容创新。与 Twitter

用户大搞文化大战、YouTube 广告算法盘剥客户不同，Tik Tok 提倡人们分享生活，建立健康的社区交流，包括节约用水、母爱等宣传视频。正是得益于这些独特优势，使得 Tik Tok 在短短两三年内，就超过 Facebook、Instagram、YouTube 等同类产品，成为全球最受欢迎的软件之一。

（三）世界形成了互联网多元合作机制

网络空间具有跨国界、无边界特性，网络空间风险和威胁往往一点突破、全网蔓延。互联网正在开启一个大连接时代，网络让世界变成了"鸡犬之声相闻"的"地球村"，相隔万里的人们不再"老死不相往来"。互联网服务已经成为国际交流合作的重要桥梁，不仅让不同国家、区域、民族、种族和宗教的人群开展文化交流和业务合作，更是开启了一个新的世界外交时代，资源外交、市场外交、金融外交、军事外交等时代正在成为过去，以人为本、服务发展为宗旨的互联网服务外交、互联网企业家外交的时代将全面开启，世界交流合作正在因为互联网而变得紧密而和谐。在世界各国的积极推动下，世界互联网正在形成多边治理体制和多元合作机制。近年来兴起的影响较大的世界互联网交流与合作机制主要有：

1. 世界互联网大会（World Internet Conference）

2014 年，中国倡导并举办首届世界互联网大会。此后每年举办一届世界互联网大会，为各国在推动全球互联网治理体系变革过程中加强沟通交流提供了重要平台。大会主要邀请国家和地区政要、国际组织的负责人、互联网企业领军人物、互联网名人、专家学者，涉及网络空间各个领域，体现多方参与，旨在搭建中国与世界互联互通的国际平台和国际互联网共享共治的中国平台，让各国在争议中求共识、在共识中谋合作、在合作中创共赢。

第一届世界互联网大会。2014 年 11 月 19—21 日，在浙江乌镇举行。这是中国举办的规模最大、层次最高的互联网大会，也是世界互联网领域的高峰会议。来自 100 个国家和地区的 1000 多位政要、企业巨头、专家学者等参加了本次大会。大会倡议：促进网络空间互联互通、尊重各国网络主权、共同维护网络安全、联合开展网络反恐、推动网络技术发展、大力发展互联网经济、广泛传播正能量、关爱青少年健康成长以及推动网络空间共享共治。

第二届世界互联网大会。2015 年 12 月 16—18 日，在浙江省乌镇举行。大会以"互联互通·共享共治——构建网络空间命运共同体"为主题，邀请全球 1200 多位来自政府、国际组织、企业、科技社群和民间团体的互联网领军人物，围绕全球互联网治理、网络安全、互联网与可持续发展、互联网知识产权保护、技术创新以及互联网哲学等诸多议题进行探讨交流。

第三届世界互联网大会。2016年11月16—18日,在浙江省乌镇举行。大会主题是"创新驱动　造福人类——携手共建网络空间命运共同体",来自全世界五大洲120多个国家和地区,其中包括8位外国领导人、近50位外国部长级官员。300余家国内外知名互联网企业和创业创新企业展示了新技术、新产品、新应用,展现了互联网在经济、社会、文化、生态等各领域应用和融合发展衍生的新模式与新业态。

第四届世界互联网大会。2017年12月3—5日,在浙江省乌镇举行。大会以"发展数字经济 促进开放共享——携手共建网络空间命运共同体"为主题,全球80多个国家和地区的1500多名嘉宾,包括来自政府、国际组织、企业、技术社群和民间团体的互联网领军人物,围绕数字经济、前沿技术、互联网与社会、网络空间治理和交流合作等五个方面进行探讨交流。大会汇集了400余家全球知名互联网企业和创新型企业的最新科技成果和应用,体现了世界互联网最新的发展动态,让大会成为全球互联网顶尖科技的汇聚地和风向标。大会首次推出《世界互联网大会蓝皮书·世界互联网发展报告2017》,深入分析了世界互联网发展总体态势和全球网络空间治理问题。

第五届世界互联网大会。2018年11月7—9日,在浙江乌镇举行。来自76个国家和地区的政府代表、国际组织代表、中外互联网企业领军人物、知名专家学者等约1500名嘉宾齐聚乌镇,围绕"创造互信共治的数字世界——携手共建网络空间命运共同体"主题,设置了"创新发展""普遍安全""开放包容""美好生活""共同繁荣"5大板块,共19个分论坛,重点探讨人工智能、5G、大数据、网络安全、数字丝路等议题,为推进全球互联网发展治理进程注入新动力、做出新贡献。由中国网络空间研究院编著的《世界互联网发展报告2018》和《中国互联网发展报告2018》蓝皮书在大会上正式发布。

2. 国际互联网协会（Internet Society,简称ISOC）

正式成立于1992年1月,是一个全球性的非政府、非营利互联网组织,还负责互联网工程任务组（IETF）、互联网结构委员会（IAB）等组织的组织与协调工作,在推动互联网全球化,加快网络互联技术、发展应用软件、提高互联网普及率等方面发挥重要的作用。ISOC日常运作主要由以下的部门及人员来实现：国际理事会、国际网络会议与网络培训部、地区与当地分会、各个标准与行政团体、委员会、志愿人员。其中理事会（the Board of Trustees）是ISOC的主管部门，主要负责 ISOC 全球范围内的各项事务。下设主席（目前由 Fred Baker 担任）及理事。这些理事均是由全球各地区挑选出的互联网杰出精英，其中一些人士曾在创立和推动互联网及网络技术的过程中做出卓越的贡献。ISOC 的宗旨是为全球互联网的发展创造有益、开放的条件，并就互联网技术制定相应的标准、发布信息、进行培训等。除此以外，ISOC 还积极致力于社会、经济、政治、道德、立法等能够影响互联网发展方向的工作。ISOC 目前由世界各地超过 55000 名个人会员和近 90 个分会（只有英文），以及超过 130 个组织会员支持，通过伙伴关系以及在政策、技术和通讯方面的专业知识来实现变化。协会促进开放发展和演变，并利用互联网造福世界各地的所有人。

3. 全球互联网治理联盟

由互联网名称与数字分配机构（ICANN）、巴西互联网指导委员会和世界经济论坛联合发起，致力于建立开放的线上互联网治理解决方案讨论平台，方便全球社群讨论互联网治理问题、展示治理项目、研究互联网问题解决方案。2015 年 1 月，联盟委员会从来自全球的 46 位提名人选中选出了 20 名委员，中国 2 人入选。委员涵盖五大区域、四大领域。五大区域为亚太、非洲、欧洲、北美、南美；四大领域为专家学者、技术社区及基金会、民间组织、政府部门、私营部门。2015 年 6 月 30 日，全球互联网治理联盟首次全体理事会在巴西圣保罗召开。在此次大会上，阿里巴巴董事局主席马云当选联盟理事会联合主席。

4. 全球移动互联网大会（Global Mobile Internet Conference 简称 GMIC）

作为全球最大规模的移动互联网行业盛会，由长城会主办的全球移动互联网大会已成长为世界范围内最具影响力的辐射并联结东西半球的移动互联网商务平台。GMIC 每年两次，分别在北京（5 月）和硅谷（10 月）各举办一次，每次都汇聚了来自全球移动互联网顶尖公司的创新领袖，包括但不仅限于：百度、Facebook、腾讯、Rovio、新浪、91 无线、Google、Evernote、UC 优视、EA、GameLoft、小米科技、DST 全球、Halfbrick、Glu、Tapjoy、Kabam、诺基亚、KPCB、Flipboard 等。全球新兴行业精英探讨行业热点，分享全球移动互联网领域的重大机遇与变革，并彼此分享观点、共同推动移动产业向前发展。

第二节 美丽中国对外网络传播的国家宏观战略

对外网络传播美丽中国，塑造美丽中国国家形象，提升国家软实力，共建人类命运共同体，这是一项伟大事业。要有强烈的全局意识和大局意识，着眼中华民族伟大复兴大业的全局，统揽国际和国内两个大局，做好美丽中国对外网络传播的顶层设计。

一、推动重建世界网络传播秩序，抢占美丽中国对外网络传播制高点

作为美丽世界的重要组成部分，作为生态文明这种人类最高文明形态的具象，美丽中国在理论上可以突破国界限制、突破政治偏见、突破意识形态、突破宗教信仰、突破文化壁垒，能够为世界各国所关注、欢迎。但在事实上，美丽中国对外网络传播依然困难重重，其中一个重要原因就是：美国凭借在互联网领域一家独大的霸主地位，依然是国际网络传播秩序的主宰者，我国在世界网络传播领域"有理说不出""说了传不开""传了叫不响"的现象依然没有根本改变。让美丽中国成为中国的一张亮丽名片、成为当代中国国家形象的美好愿景，不可能寄寓于别人的网络传播先进技术，不可能奢求于别人主宰的国际传播秩序。因此，破解美丽中国对外网络传播的困局，首先要消解美国网络传播霸权，重建世界网络传播秩序。

（一）推动重构世界网络传播秩序

1. 由 IPv4 一家独大转向 IPv6 多边共治

互联网诞生于美国、发展于美国，其核心技术也由美国牢牢掌控。在互联网传播技术架构中，根服务器是最重要的战略基础设施，是互联网通信的"中枢"。在互联网 IPv6 之前，全世界只有 13 台根服务器，主要用来管理互联网的主目录，其中主根服务器只有 1 台，在美国；辅根服务器 12 台，9 台在美国，欧洲 2 台，日本 1 台。所有根服务器均由美国政府授权的国际互联网名称与数字地址分配机构（ICANN）统一管理，负责全球互联网域名根服务器、域名体系和 IP 地址等的管理。美国政府一直在事实上掌握着这些互联网的核心资源，主导着核心技术发展，在很长时间内处于实际上的互联网独裁者地位。由于缺乏独立自主的根域名服务器和网络空间，世界其他国家包括欧洲诸国，只能通

231

过太平洋和大西洋接入美国因特网,向美国租用网络管理信令和网络管理,从而丧失了网络权。

根据 IPv4 协议,全球有 43 亿个 IP 地址。21 世纪以来,随着智能手机、平板电脑、笔记本电脑等移动设备的迅速崛起,物联网技术的出现,IPv4 地址资源消耗殆尽,人类已经没有足够的独立 IP 地址来支撑新的设备接入了,严重制约了互联网的应用和发展。为破解这个难题,2010 年,中国原信息产业部以企业为主体、产学研相结合开展下一代网络标准研发和制定工作,简称 IPv6 工作组。为打破现有国际互联网 13 个根服务器的数量限制,克服根服务器在拓展性、安全性等技术方面的缺陷,制定更完善的下一代互联网根服务器运营规则,为在全球部署下一代互联网根服务器做准备,由中国下一代互联网工程中心领衔,联合 WIDE 机构(现国际互联网 M 根运营者)、互联网域名工程中心(ZDNS)等共同发起了"雪人计划"——基于全新技术架构的全球下一代互联网(IPv6)根服务器测试和运营实验项目。该计划于 2015 年 6 月 23 日正式发布,我国下一代互联网工程中心主任、"雪人计划"首任执行主席刘东认为,该计划将打破根服务器困局,全球互联网有望实现多边共治。2017 年 11 月 28 日,"雪人计划"已在全球完成 25 台 IPv6 根服务器架设,中国、美国、日本各架设 1 台主根服务器,在辅根服务器分配上,中国、印度和法国各 3 台,美国和德国各 2 台,意大利、西班牙、奥地利、智利、南非、澳大利亚、瑞士、荷兰各 1 台。中国部署了其中的 4 台,由 1 台主根服务器和 3 台辅根服务器组成,打破了中国过去没有根服务器的困境,巩固了自身的网络主权和信息安全,是中国争取根服务器管理权行动的有意义的切入点。IPv6 协议改变了美国在全球互联网治理中一家独大的现状,让德国、法国、俄罗斯、印度等国与中国一起参与到全球互联网治理中来,创建了一个公平合理、互利共赢的互联网治理新体系,为建立多边、民主、透明的国际互联网治理体系打下坚实基础,为重构国际互联网传播秩序做出了重大贡献。由于 IPv6 容量十分巨大,号称可以为全世界的每一粒沙子编上一个网址,所以其取代 IPv4 只是时间问题。近年来,IPv6 部署在全球推进迅速。APNIC 统计数据显示,截至 2019 年 4 月 30 日,全球互联网用户中,IPv6 用户占比为 15.97%。通过 IPv6 访问 Google 网站的用户比例已上升至 25% 左右,比 2018 年初提高了 5%。① 主要发达国家 IPv6 部署率持续稳步提升,部分发展中国家推进迅速,比利时、美国等国家 IPv6 部署率已超过 50%,

---

① 刘锦华,田辉. 全球 IPv6 发展形势 [EB/OL]. 中国信通院,2019-07-24.

Google 全球 IPv6 用户访问占比已达 25%，Google、Facebook 等全球排名靠前的网站已经全面支持 IPv6。①

中国研发成功并形成知识产权标准的 IPv6，解决了 IPv4、IPv6 通信机制，保障通信安全，其核心已经写入 ISO 国际标准组织，成为全球网络最核心的体系。当前，最迫切的任务是要加快我国 IPv6 的部署步伐，全面实施中共中央办公厅、国务院办公厅印发的《推进互联网协议第六版（IPv6）规模部署行动计划》（2017 年 11 月 26 日），努力实现到 2020 年末国内 IPv6 活跃用户数达到 5 亿，2025 年末中国 IPv6 规模达到世界第一。全面实施工信部关于贯彻落实《推进互联网协议第六版（IPv6）规模部署行动计划》（2018 年 5 月 2 日）的通知，实施 LTE 网络端到端 IPv6 改造，加快固定网络基础设施 IPv6 改造，推进应用基础设施 IPv6 改造，开展政府网站 IPv6 改造与工业互联网 IPv6 应用，强化网络安全保障，落实配套保障措施等 6 方面举措，加快网络基础设施和应用基础设施升级步伐，促进下一代互联网与经济、社会各领域的融合创新。未来要重点发挥 IPv6 在物联网领域、智慧城市、4G、5G 的通信网络和自动驾驶等新一轮科技创新应用，引领全球未来网络应用。

外界曾经以为，互联网是绝对自由的虚拟空间，应该拥有独立权，不受某国国家主权和政府的管制，因此，美国会无条件地为全球提供互联网服务。事实上，互联网从建立那天起，就是美国的霸权武器。美国利用互联网监听全世界，肆意开展文化入侵、政治干预甚至颠覆他国政权的活动，甚至对特定国家断网。伊拉克战争期间，在美国政府的授意下，所有网址以".iq"为后缀的网站全部从互联网消失，伊拉克在虚拟世界里被"消灭"了。2004 年 4 月，由于在顶级域名管理权问题上发生分歧，利比亚顶级域名".ly"瘫痪，该国在互联网上消失了三天。所以，中科院吕述望教授说："中国没有互联网，所有的互联网中心都在美国，美国可以随时关掉中国的互联网，让中国人上不了网。"美丽中国要通过网络对外传播，没有自主可控网络传播渠道，只是依靠对内的网络传播平台，是靠不住的，从根本上讲，在一些极端的情况下也是行不通的。中国全力推动 IPv6，就是从根本上解决网络传播的"卡脖子"问题，推动全球互联网共建共治共享，实施这一战略十分重要、十分迫切。

2. 由一元化主宰转向多边、民主、透明的国际互联网治理体系

网络主权是一个国家主权在网络空间中的自然延伸和表现，关系到每个国

---

① 刘锦华，田辉. 全球 IPv6 发展形势［EB/OL］. 中国信通院，2019-07-24.

家的信息安全，倡导"网络主权"是确保网络安全治理的关键所在。目前，国际互联网治理体系依然是以美国为主导，世界互联网领域发展不平衡、规则不健全、秩序不合理等问题日趋严峻，现有网络空间治理规则难以反映大多数国家意愿和利益，特别是暴露出的网络空间危及国家安全的问题，给世界各国政治生活和社会生活带来了许多新的挑战。美国政府表面上追求"互联网自由"，将倡导"网络主权"等同于破坏信息自由，但在现实中，却严格管控着网络空间，极力维护其在互联网世界的控制地位，推行网络霸权主义。美国在互联网顶级域名分配上一直保持单边主义的垄断性控制，构成单极的地缘政治和军事威慑力。2013年，"斯诺登事件"揭开了美国全球监控体系的冰山一角，戳穿了其"开放互联网守护者"的虚伪外表。为了平息国际社会的愤怒，美国不得不于2014年3月宣布将互联网域名管理权加速移交给"互联网名称与数字地址分配机构"（I-CANN）。2016年10月1日，美国政府终于完成移交进程，结束对这一互联网核心资源近20年的单边垄断。但是，美国政府对这次"交权"设置了严格的前提条件，即交给"全球互联网多利益攸关社群"，还设立了复杂的制衡系统，以保证自己仍然拥有隐形控制权。美国"交权"迈出了互联网全球共治的一步，但要真正摆脱美国的隐形控制，仍有很长的路要走，有诸多挑战要面对。

面对这些问题和挑战，遏制网络霸权，倡导尊重网络国家主权，建立共同参与和彼此合作共享的多边、民主、透明的全球互联网治理体系，共同构建和平、安全、开放、合作的网络空间，成为当前互联网世界治理体系变革的主流方向。2015年12月16日，习近平总书记在第二届世界互联网大会开幕式上指出，"网络空间是人类共同的活动空间，网络空间前途命运应由世界各国共同掌握。各国应该加强沟通、扩大共识、深化合作，共同构建网络空间命运共同体。"[1] 为此，习近平总书记代表中国提出了五点主张[2]，为共建网络空间命运共同体指明了努力方向，提供了基本遵循。一是加快全球网络基础设施建设，促进互联互通。加大资金投入，加强技术支持，共同建设全球网络基础设施。二是打造网上文化交流共享平台，促进交流互鉴。发挥互联网传播平台优势，让各国人民了解中华优秀文化，让中国人民了解各国优秀文化。三是推动网络经济创新发展，促进共同繁荣。加强国际合作，通过发展跨境电子商务、建设

---

[1] 习近平谈治国理政（第2卷）[M]. 北京：外文出版社，2017：534.
[2] 习近平谈治国理政（第2卷）[M]. 北京：外文出版社，2017：534-536.

信息经济示范区等，促进全球投资和贸易增长，发展世界数字经济。四是保障网络安全，促进有序发展。各国携手努力，共同遏制信息技术滥用，反对网络监听和网络攻击，反对网络空间军备竞赛；推动制定各方普遍接受的网络空间国际规则，制定网络空间国际反恐公约，健全打击网络犯罪司法协助机制，共同维护网络空间和平安全。五是构建互联网治理体系，促进公平正义。发挥政府、国际组织、互联网企业、技术社群、民间机构、公民个人等各个主体作用，完善网络空间对话协商机制，研究制定全球互联网治理规则，使全球互联网治理体系更加公正合理，更加平衡地反映大多数国家意愿和利益。

3. 着眼未来，超前部署量子通信网络，搭建"绝对保密"的互联互通网络

网络一方面给人类带来文明、进步，另一方面网络安全问题也带来了不少威胁、灾难。特别是自从震惊世界的"棱镜门""五眼联盟"等外国政府大规模窃听计划曝光后，信息安全就是全世界关注的焦点。能不能创造一种"保密"的传播网络呢？量子通信被认为是一种不可窃听、不可复制和理论上"无条件安全性"的划时代通讯方式，是未来通信的终极形态。2014年，美国洛斯阿拉莫斯国家实验室（Los Alamos National Laboratory）开创了以量子计算和量子力学为基础的数据加密网络，开启了量子通信实验。此后，包括德国、日本、澳大利亚和瑞典在内的不少国家也在开展类似项目。

中国在量子通信领域一直走在世界前列。2016年，量子通信被纳入国家"十三五"规划所培育发展的战略性产业，对量子通信投入力度明显加大。2016年8月16日，中国发射了世界首颗量子卫星"墨子号"，使我国在世界上首次实现卫星和地面之间的量子通信，构建天地一体化的量子保密通信与科学实验体系。2017年7月9日，全国首个商用量子通信专网——济南党政机关量子通信专网完成测试，保密性、安全性、成码率的测试均达到设计目标。2017年9月29日，世界首条量子保密通信干线——"京沪干线"正式开通，实现了连接北京、上海，贯穿济南和合肥的量子通信骨干网络。这条全长2000多公里的量子通讯干线，将推动量子通信在金融、政务、国防、电子信息等领域的大规模应用。结合"墨子号"量子卫星兴隆地面站与"京沪干线"北京上地中继接入点的连接，并通过"墨子号"与奥地利地面站的卫星量子通信，我国科学家在世界上首次实现了洲际量子通信。2018年11月20日，连接中国中部湖北省武汉市和中国东部安徽省合肥市的一条世界领先的量子通信线路正式投入运营。系列量子通讯的成功应用标志着我国已构建出天地一体化广域量子通信网络雏形，为未来实现覆盖全球的量子保密通信网络迈出了坚实的一步。

量子通信作为世界未来发展的科技高地，有望成为支撑国民经济可持续发展和保障国家战略安全的核心资源，也有望重构未来世界通信体系。继中国之后，美国、德国、意大利、加拿大、日本等国均准备实施星地量子通信计划。虽然我国在量子通信方面走在世界前列，但是要建构全球量子通信网络却还有相当漫长的路程要走。着眼于量子通信未来发展，瞄准量子通信引领的世界通信体系重构，建议国家重点在以下布局和部署：一是构建完善的量子信息研究转化体系。量子信息研究领域，我国的科技整合力度还需要进一步加强。要组建量子信息国家实验室，统筹全国高校、科研院所和企业的相关创新要素和优势资源，承担量子技术重大科技项目，着力突破推动第二次量子革命的前沿科学问题和核心关键技术，培育形成量子通信等战略性新兴产业，抢占国际竞争和未来发展制高点。二是加大量子通信基础设施建设力度。大力推进量子通信区域网络建设，在金融、党政、国防等重要部门开展试运营，在此基础上形成全面、系统的量子通信网络技术标准，构建量子通信产业链，保障国家信息安全。

（二）引领世界移动互联网发展

互联网被称为20世纪最伟大的发明，创新是其产生和发展的内在根据。PC互联网的出现，是传播技术创新的结果。20世纪70年代至20世纪80年代，互联网"WEB1.0"及其应用让PC电脑走进了人类的办公室，掀起了信息产业的第一次浪潮，信息技术的变革和使用对于网站的新生与发展起到了关键性的作用。进入20世纪90年代后，互联网"WEB2.0"掀起了信息产业的第二次浪潮。这是互联网的一次理念创新和思想体系的升级换代，把互联网由少数资源控制者集中控制主导的互联网体系，转变为自下而上的由广大用户集体智慧和力量主导的互联网体系，极大地改变了人们的工作和生活方式。今天，以移动互联技术为代表的新一轮信息技术革命正在推动互联网迈向被称作"WEB3.0"的移动互联网时代。曾经，移动互联网被仅仅视作互联网的一个分支。但事实上，它不单是一种时髦应用，更是一股席卷信息和通信技术（Information and Communication Technology，简称ICT）领域的破坏式的创新浪潮。

几年前，谈到中国互联网时，西方国家最大的声音就是C2C，意思就是Copy to China；而今天则变成了KFC，即Kaobei from China，包括Facebook在内的不少西方互联网巨头都开始借鉴中国互联网应用的模式。2016年，美国《纽约时报》推出了一段名为《看看中国正如何改变你的互联网》的视频，用5分钟时间介绍微信强大的服务功能，称赞其把电商和现实服务结合得如此完美，让许多西方公司狂追猛赶。《华盛顿邮报》也称腾讯的微信极为创新，结合了聊天服务、社交网络、移动支付、在线地图等各种最实用的服务，人们能在上面看新闻、给朋友发送实时定位，甚至用它在路边摊买煎饼；科技媒体 Information Age 更直言微信是移动的未来。英国人类学家汤姆·麦克唐纳在研究了中国的社交媒体后认为，QQ 是一个增强版的 Facebook，微信则更像是打了激素的 WhatsApp。英国《金融时报》网站报道称，包括数字技术、移动支付、共享经济等互联网技术和模式已在中国孕育成熟，并在世界各国应用。福布斯网站认为，中国移动互联网的繁荣发展为中国提供了"跳跃式发展"的绝佳机会，而发达国家只能按部就班地发展；CNN 更是称中国不再是世界工厂，而成为移动互联网的领导者。[1]

2018 年 6 月 20 日，人民网发布了移动互联网蓝皮书《中国移动互联网发展报告（2018）》。蓝皮书是由人民网研究院组织相关领域的专家、学者、业界人士及政府管理人员撰写，今年已是第七次发布。这套蓝皮书真实、生动地记录了党的十八大以来我国移动互联网飞速发展的历程，是目前国内唯一的对中国移动互联网发展进行全景式记录的年度报告。报告显示：2017 年中国移动互联网基础设施建设成就突出，4G 网络建设全面铺开，开始 5G 第三阶段试验并着手部署 6G 网络研发；移动互联网用户总量增长放缓，用户结构优化，数据流量倍增，形成全球最大移动互联网应用市场；移动互联网行业"独角兽"公司成长速度加快，体现互联网创业热度不减；智能手机市场趋于饱和，智能硬件、智能终端增长迅猛；智能机器人、无人机、智能家居、自动驾驶等领域实现了较大的技术突破，中国已经形成了全球最大的移动互联网应用市场。报告认为，2017 年度中国移动互联网发展最突出的特点是走上国际舞台。互联网企业大规模走出国门，推介中国产品、技术、应用，以中国经验影响国际社会，推动世界各国共同搭乘互联网和数字经济发展的快车，在一定程度上改变了国际互联网格局。具体表现在：中国互联网企业活跃在"一带一路"建设中；国产手机布局海外尝到甜头，全球智能手机出货量前五名中，华为、OPPO 和 vivo 占据 3 席，合计出货量份额达到 23.6%；移动应用出海成果丰硕，微信支付、支付宝等移动支付应用推广到从东南亚到欧洲的数十个国家，国内直播企业出海近 50 家，ofo、摩拜等多家单车企业在海外 20 多个国家落地；中国互联网企业彰显创

---

[1] 单素敏. 外媒：中国已成全球移动互联网领导者 [J]. 瞭望东方周刊，2017（40）：57.

新实力，一些曾被认为是对国外产品模仿的应用，开始被国外同类产品模仿，中国的网络管理模式也得到一些国家的效法。

下一步，中国应当着力在以下两个视域重点突破，引领移动互联网发展，开创世界移动互联网新时代。

一是打造"互联网+"升级版——"移动互联网+"国家战略，加快5G、大数据、云计算等移动互联网基础设施建设，推动移动互联网向万物互联、智能互联迈进，促进社会生产组织方式加速向定制化、分散化和服务化转型，加快车联网、移动医疗、工业互联网等垂直行业发展，推动形成大规模垂直化新业态，在教育、医疗、娱乐、交通等垂直领域形成若干"独角兽"企业，助推中国数字经济全面加速发展，使"移动互联网+"经济成为中国现代经济体系的重要组成部分，抢占未来经济形态新的制高点。

二是加快推进移动互联网全球经济一体化进程。可以分成三步走：第一步，出台政策，搭建平台，优化环境，鼓励中国移动互联网企业深耕海外，占领海外移动互联网领域战略制高点。在PC互联网时期，国内互联网行业不具备国际视野，不具备国际竞争力，出海战略多是一种尝试，并没有做足准备，成功概率很小。而进入移动互联网时代，中国移动互联网企业具有技术应用先发优势和强大竞争优势，迎来了弯道超车的良机。这个庞大的市场，我们不去开发，别国就会去开发；我们不去占领，别国就会占领；我们不去引领，别国就会去引领。要把抢占移动互联网海外市场作为国家战略，在国家交往、国际合作、多边论坛、国际会议中搭建平台，在政策支持、金融服务、资源整合等方面提供支持、创造条件，积极促进中国移动互联网企业开拓海外市场，让中国的移动互联网创新技术造福于全人类。第二步，抓住5G发展的重大历史机遇，推动各国互联互通。5G是移动互联网基础设施的最关键技术，加快中国5G商用化的步伐，形成5G建设中国标准。按照5G中国标准，帮助"一带一路"国家，进而推动更多国家建设5G，努力用中国5G建设标准建成全球统一的移动互联网。第三步，推动人工智能、物联网、自动驾驶等中国移动互联网应用在世界各国全面落地、快速发展，深刻影响当地经济、政治、文化、社会及其思想，中国开始成为一个真正的"世界国家"。届时，中国将按照近代以来最伟大的历史学家阿诺德·汤因比教授（Arnold Joseph Toynbee，1889—1975）的预测，以全球统一的移动互联网为平台和介质，为未来世界转型和21世纪人类社会提供无尽的文化宝藏和思想资源，中国文明将引领全球。

二、共建网络空间命运共同体，营造美丽中国对外网络传播良好生态

美丽中国能够在国际网络传播中，传得出去，被人瞩目，产生影响，达到效果，客观上要求中国在国际网络治理体系中发挥的作用应当越来越大，产生的影响越来越大。共建网络空间命运共同体，就是重构国际网络治理体系的中国方案。

网络空间是你中有我、我中有你的命运共同体，面对风险需要同心协力、同舟共济，面对机遇不能搞"有你没我"的零和游戏，而应携手共进、互利共赢。2015年12月16日，习近平总书记出席第二届世界互联网大会开幕式并发表主旨演讲，强调互联网是人类的共同家园，各国应该共同构建网络空间命运共同体，推动网络空间互联互通、共享共治，为开创人类发展更加美好的未来助力。推进全球互联网治理体系变革应该坚持"尊重网络主权、维护和平安全、促进开放合作、构建良好秩序"，构建网络空间命运共同体应当"加快全球网络基础设施建设，促进互联互通；打造网上文化交流共享平台，促进交流互鉴；推动网络经济创新发展，促进共同繁荣；保障网络安全，促进有序发展；构建互联网治理体系，促进公平正义"。"四项原则""五点主张"归结起来，就是希望互联网这个人类的命运之舟行稳致远。

推进全球互联网治理体系变革是大势所趋、人心所向。国际网络空间治理应该坚持多边参与、多方参与，发挥政府、国际组织、互联网企业、技术社群、民间机构、公民个人等各种主体作用。既要推动联合国框架内的网络治理，也要更好发挥各类非国家行为体的积极作用。2017年3月1日，外交部和国家互联网信息办公室共同发布《网络空间国际合作战略》，呼吁国际社会携起手来，加强对话交流，共同维护网络空间和平、稳定与繁荣，共同构建网络空间命运共同体。这是中国就网络问题首度发布国际战略，旨在贯彻落实习近平总书记关于构建网络空间命运共同体的重要思想，通过"和平发展、合作共赢、主权平等、普惠共享、共建共治"，构建网络空间命运共同体。一是"和平发展"。中国倡导国际社会切实遵守不使用或威胁使用武力、和平解决争端等《联合国宪章》宗旨与原则，愿与各国在相互尊重基础上，加强合作共同维护网络空间和平与安全。二是"合作共赢"。以合作共赢为核心，主张各方以合作谋发展，以合作求安全，在合作中实现网络空间全球治理。中国愿与各国一道秉持合作共赢理念，努力实现网络空间的持久和平与共同繁荣。三是"主权平等"。中国主张，各国有权自主选择网络发展道路、网络管理模式、互联网公共政策和平

等参与国际网络空间治理。各国应在相互尊重国家主权基础上开展国际合作，共同构建公正合理的网络空间国际秩序。四是"普惠共享"。中国主张进一步推动互联网领域开放合作，促进网络空间优势互补，共同发展，确保人人从网络发展机遇中获益，愿继续加强同各国网络安全和信息技术交流合作，共同推动全球数字经济发展和创新，实现网络空间的可持续发展。五是"共建共治"。网络空间国际治理应坚持多边参与、多方参与，建立多边、民主、透明的全球互联网治理体系，实现互联网资源共享、责任共担、合作共治。

三、健全"一带一路"网络互联互通机制，扩大美丽中国在沿线国家的影响力

自2013年我国提出"一带一路"倡议以来，从交通基础设施、信息、物流、规范、标准的互联互通起步实施，逐步连接起了全球超过2/3的人口和1/3的经济总量，正在形成全方位、多层次、复合型的互联互通网络。博鳌亚洲论坛理事长、联合国前秘书长潘基文指出，中国提出的"一带一路"倡议使沿线各国通过合作加强了基础设施建设，推动了经济社会发展。全球问题需要全球性的解决方案，各国必须展开合作。"一带一路"倡议契合中国领导人提出的推动构建人类命运共同体理念。① 作为基础性的通用技术及"信息能源"，互联网信息建设对实体经济的促进作用潜力巨大。要以"一带一路"建设为契机，加强同沿线国家特别是发展中国家在网络基础设施建设、数字经济、网络安全等方面的合作，建设21世纪数字丝绸之路。②

一是加快推进"一带一路"网络基础设施互联互通，铺好美丽中国对外传播的网络之路。网络基础设施建设是"一带一路"沿线国家经济社会发展的助推器。"一带一路"沿线国家的信息化水平深受其经济发展程度制约，东亚、东南亚、中东欧国家相对较好，中亚、南亚、非洲国家的信息化相对滞后，并且各国建设标准也存在明显差异，这为"一带一路"沿线国家开展广泛深入信息化合作提供了可能。近年来，沿线国家纷纷制定固定宽带发展计划。我国在光缆通信设施、网络通信服务器制造等领域，拥有全球领先的生产服务能力，能够为沿线国家优化升级网络基础设施提供帮助。要在"一带一路"整体框架内，

---

① 潘基文. "一带一路"加强基础设施建设 推动经济社会发展［N］. 人民日报，2018-12-25.

② 习近平. 自主创新推进网络强国建设［EB/OL］. 新华网，2018-04-21.

加速推进沿线各国基础设施建设，加强基础设施的规划、技术标准体系的对接，逐步形成连接亚洲各区域，以及亚非欧之间的基础设施网络。这些网络基础设施一旦建成，有了中国基因、中国元素，有效开展美丽中国网络传播就会水到渠成。

二是积极参与"一带一路"移动宽带建设，架起美丽中国对外传播的移动网络之桥。在"一带一路"国家中，缅甸、老挝、印度、孟加拉国等国的移动宽带普及率很低，还不到10%。可以发挥我国在4G移动网络建设、5G网络标准研发制定方面的优势，发挥移动宽带接入不受时空限制的优势，提供我国落后地区移动宽带建设经验，帮助这些国家或地区绕过固定宽带充分发挥阶段，直接过渡到移动宽带应用阶段。同时，我国智能手机生产具有压倒性优势，能够帮助沿线国家提高移动宽带普及率。对于移动宽带普及率较高的国家，可以提供中国标准，重点帮助其开展5G移动宽带建设，使他们有机会走在世界移动通信最前沿。由于抢占了移动宽带制高点，可以大大减少世界传播霸权的阻挠、干扰，按照我们的设想、架构，对沿线国家开展系统、持续、全面的美丽中国网络传播。

三是开展网络空间治理多边合作，建构美丽中国对外传播的良好生态。在全球互联网旧格局下，发展不平衡、规则不健全、秩序不合理等问题由来已久，长期困扰各国互联网发展。"一带一路"国家体量较大，在世界互联网秩序中地位越来越重要。这就需要加强各国在网络空间治理以及信息化发展政策协调等方面的合作，共同构建沿线国家网络空间命运共同体。当前，中国、俄罗斯等国家相继制定出台网络安全相关的法律法规，打击网络攻击等违法行为。我国在大数据、云计算等领域具有强大优势，腾讯云、阿里云、百度云等云计算厂商都已经开始加速国际化步伐，积极拓展海外市场，在全球部署数据节点，提供多项云计算服务。要积极推动沿线各国加强合作，处理好跨境数据流动问题，加强网络空间治理，推动共赢发展。在和平、安全、开放、合作的空间里，在多边、民主、透明的互联网治理体系内，美丽中国可以传得开来、落得下去，更好地传播中国生态思想，阐发中国绿色发展理念，展现美丽中国面貌，让沿线国家真正理解美丽中国、支持美丽中国建设。

四、大力实施网络强国战略

随着世界多极化、经济全球化、文化多样化、社会信息化深入发展，互联网对人类文明进步发挥的促进作用将越来越大，信息化、网络化对经济、政治、文化、社会等各领域的渗透趋势越来越明显，成为推动经济社会转型、实现可持续发展、提升国家综合竞争力的强大动力。各国越来越认识到，只有掌握先进的信息技术、网络技术，才能抢占经济社会和科技发展先机。2011年5月16日，美国发布首份《网络空间国际战略》，时隔不到两个月，美国国防部于2011年7月14日制定出台了该战略的详细实施纲要——《网络空间行动战略》，开始试探"网络空间"的先发制人行动战略，力图占据"网络威慑"（cyber deterrence）的高位并掌控国际互联网制网权。2016年11月1日，英国发布的新版《国家网络安全战略（2016—2021）》，重新勾勒英国未来网络发展路线图，意在打造一个繁荣、可靠、安全和韧性的网络空间，确保网空优势地位。21世纪以来，日本先后推出"e-Japan""u-Japan"和"i-Japan"战略，力图使日本成为世界上最先进的信息化国家。2015年，欧盟宣布"单一数字市场"战略的优先行动领域，通过这项战略和优先行动，2020年，欧盟将有40%的数字数据存储在云中；100家欧盟使用大数据将节省4250亿欧元成本；大数据分析将使欧盟经济额外增长1.9%，即国内生产总值增长2060亿欧元。[①]

同世界先进水平相比，同建设网络强国战略目标相比，我们在很多方面还有不小差距，特别是在互联网创新能力、基础设施建设、信息资源共享、产业实力等方面还存在不小差距，其中最大的差距在核心技术上。建设网络强国，是形势所迫、大势所趋。党的十八大以来，党和国家高度重视网络强国建设，并将其上升到国家战略层面。2014年2月27日，习近平总书记在中央网络安全和信息化领导小组（现为中央网络安全和信息化委员会）第一次会议上，初步提出了建设网络强国的愿景目标，并系统阐释了网络强国战略思想的时代背景、形势任务、内涵要求，从而使这一思想成为相对完整、系统的理论体系。党的十八届五中全会通过的"十三五"规划《建议》，明确提出实施网络强国战略以及与之密切相关的"互联网+"行动计划。2018年4月，在全国网络安全和信息化工作会议上，习近平总书记深入阐述了网络强国战略思想，为建设网络强国提供了指导思想和基本遵循。

（一）网络强国的主要特征

一是网络信息化基础设施要处于世界领先水平，主要包括网络规模和宽带普及率、与网络相关的信息产业的竞争力、网络安全能力等要处于世界领先水平，云计算、移动互联网、大数据以及物联网的建设和应用等也要处于世界领

[①] 刘亚威. 欧盟将工业4.0纳入发展战略［EB/OL］. 搜狐网，2016-03-24.

先水平。二是要有明确的网络空间战略和国际社会中的网络话语权。积极参与国际互联网治理相关事务,在构建和平、安全、开放、合作的网络空间和建立多边、民主、透明的全球互联网治理体系方面拥有一定话语权,并得到国际社会的认同。三是关键技术上要自主可控。要从根本上改变关键技术受制于人的局面,在芯片技术、操作系统以及CPU等关键技术领域实现大的突破。四是网络安全要有足够的保障手段和能力。五是网络应用在规模、质量等方面要处在世界领先水平。产业互联网、消费互联网整体应用上要达到比较高的水平,电子商务、电子政务等社会信息化手段得到较为广泛的应用,并且在促进经济社会发展转型方面取得重大成效、发挥更大作用。六是在网络空间战略中,要有占领制高点的能力和实力。[1]

(二) 网络强国的战略步骤

《国家信息化发展战略纲要》提出,建设网络强国具体分三步走:第一步到2020年,信息消费总额达到6万亿元,电子商务交易规模达到38万亿元,核心关键技术部分领域达到国际先进水平,信息产业国际竞争力大幅提升,信息化成为驱动现代化建设的先导力量;第二步到2025年,信息消费总额达到12万亿元,电子商务交易规模达到67万亿元,建成国际领先的移动通信网络,根本改变核心关键技术受制于人的局面,实现技术先进、产业发达、应用领先、网络安全坚不可摧的战略目标,涌现一批具有强大国际竞争力的大型跨国网信企业;第三步到21世纪中叶,信息化全面支撑富强民主文明和谐的社会主义现代化国家建设,网络强国地位日益巩固,在引领全球信息化发展方面有更大作为。[2]

(三) 突破核心技术

要下定决心、保持恒心、找准重心,加速推动信息领域核心技术突破。一是抓产业体系建设,在技术、产业、政策上共同发力;二是遵循技术发展规律,做好体系化技术布局,优中选优、重点突破;三是加强集中统一领导,完善金融、财税、国际贸易、人才、知识产权保护等制度环境,优化市场环境,更好释放各类创新主体创新活力;四是培育公平的市场环境,强化知识产权保护,反对垄断和不正当竞争;五是打通基础研究和技术创新衔接的绿色通道,力争

---

[1] 萧新桥. 网络强国战略思想的四梁八柱 [EB/OL]. 人民网, 2017-02-04.
[2] 中共中央办公厅, 国务院办公厅. 国家信息化发展战略纲要 [EB/OL]. 新华网, 2016-07-27.

以基础研究带动应用技术群体突破。①

(四) 大力发展网信事业

一是发展数字经济，加快推动数字产业化，依靠信息技术创新驱动，不断催生新产业、新业态、新模式，用新动能推动新发展；二是推动产业数字化，利用互联网新技术、新应用对传统产业进行全方位、全角度、全链条的改造，提高全要素生产率，释放数字对经济发展的放大、叠加、倍增作用；三是推动互联网、大数据、人工智能和实体经济深度融合，加快制造业、农业、服务业数字化、网络化、智能化；四是坚定不移支持网信企业做大做强，加强规范引导，促进其健康有序发展；五是运用信息化手段推进政务公开、党务公开，加快推进电子政务，构建全流程一体化在线服务平台，更好解决企业和群众反映强烈的办事难、办事慢、办事繁的问题。②

(五) 促进网信军民融合

这是军民融合的重点领域和前沿领域，也是军民融合最具活力和潜力的领域。要抓住当前信息技术变革和新军事变革的历史机遇，深刻理解生产力和战斗力、市场和战场的内在关系，把握网信军民融合的工作机理和规律，推动形成全要素、多领域、高效益的军民深度融合发展的格局。

网络强国建设是一个长期而艰巨的过程。必须抓住核心技术这一关键领域和网信军民融合这一重点领域，先"啃硬骨头""打好持久战、歼灭战"，率先打破制约中国网信事业发展的关键瓶颈，以重点突破鼓舞士气，提振信心，带动网信事业建设全面发展。

第三节　美丽中国对外网络传播的对策建议

传播并塑造美丽中国形象，是国家对外传播总体战略的重要组成部分，也是提升国家文化软实力的重要举措。要把美丽中国对外网络传播纳入国家整体对外传播体系中进行统一规划、统一设计、总体部署。同时，要根据国家民族复兴伟业特别是国际战略需要，根据人类生态文明发展要求和美丽中国理论实

---

① 习近平. 自主创新推进网络强国建设 [EB/OL]. 新华网，2018-04-21.
② 习近平. 自主创新推进网络强国建设 [EB/OL]. 新华网，2018-04-21.

践发展需要，按照网络传播自身发展规律、受众接受规律，制定并实施美丽中国对外网络传播策略。

一、把美丽中国对外网络传播纳入国家整体对外传播体系

习近平总书记强调，"要着力推进国际传播能力建设，创新对外宣传方式，精心构建对外话语体系，创新对外话语表达，打造融通中外的新概念新范畴新表达，把我们想讲的和国外受众想听的结合起来，努力争取国际话语权，增强文化传播亲和力。"① 在百年未有之大变局之下，在新冠肺炎疫情影响之下，西方民粹主义、单边主义不断抬头，在对外传播中，网络更加成为最主要传播方式，而弱化中国的经济成就，突出美丽中国等非硬实力成就，更能减少正面冲突，更能为西方所接受，更能为第三世界国家所喜爱。自2009年中央实施国际传播能力建设工程以来，中央主要媒体"走出去"力度不断加大，中国声音逐步传遍世界，中国方案日益成为国际社会共识，逐步构建对外话语体系，对外传播取得显著成效。

（一）在对外传播信源上，将美丽中国作为重要内容

随着中国日益走近世界舞台中央，国际社会对中国的关注度越来越高，但对我们的误解也不少，"中国威胁论""中国崩溃论"等论调此起彼伏。在这样复杂的背景下，特别需要集中讲好中国故事，传播好中国声音，向世界展现一个真实的中国、立体的中国、全面的中国。美丽中国就是真实的中国，也是中国立体、全面的重要组成部分。讲好中国故事，要重点讲好中国特色社会主义的故事，讲好中国梦的故事，讲好中国人的故事，讲好中华优秀文化的故事，讲好中国和平发展的故事。美丽中国是中国特色社会主义"五位一体"的重要组成，是中国梦的题中应有之义，是中国人的美丽故事，源于中华传统生态思想，也是美丽世界的重要构成。讲好中国故事，必须讲好美丽中国故事。借鉴李子柒、"办公室小野"等视频制作传播模式，坚持精品道路，善于用自然风光、民风民俗、文化历史讲美丽中国故事，善于用镜头讲故事。

（二）在对外传播信道上，将网络传播作为重要途径

根据 We Are Social 和 Hootsuite 统计数据，2017年，全球互联网用户数已经突破了40亿大关，超过了全世界总人口数的一半。全球76亿人中，约66.7%

---

① 中共中央宣传部. 习近平总书记系列重要讲话读本 [M]. 北京：学习出版社，2016：210.

已经拥有手机，且超过半数为"智能型"设备，因此人们可以随时随地、更加轻松地获取丰富的互联网体验。智能手机是全球互联网用户的首选设备，而其流量份额占比，较所有其他设备的总和还要多。新媒体在国外政、商、学各界的影响力越来越大。网络媒体特别是新媒体对于当代世界正在产生越来越大的影响，也应当被作为国家对外传播体系的重要途径，高度重视、重点建设、全力打造、充分运用。要因时而动、顺势而为，热情拥抱新技术，善于运用新手段，让美丽中国故事传得更远，美丽中国声音叫得更响。

（三）在对外传播信宿上，将国外网民信息消费偏好作为重要研究内容

借助互联网特别是新媒体，通过不受国家主权约束的信息自由流动，直接与他国网民对话，以影响其价值观念和行为方式，并借以兜售所谓的西方民主、西方价值观，最终实现对他国意识形态的占领，是西方多年来的惯用伎俩。近年来，在中东、北非等国的变局中，Twitter、Facebook等社交媒体的作用日益凸显。当前，在国际舆论场中，依然是西强我弱，中国虽然是世界第二大经济体，但在世界话语体系中却是一个弱者。长期以来，一些西方媒体戴着有色眼镜的宣传主导了舆论场，让大量国外的受众对中国缺乏全面了解。要改变"重主题轻主角、重体现轻展现、重论述轻叙述"的片面做法，充分研究国外受众接受心理和网络媒介使用习惯，采用其熟悉的叙事方式，以美丽中国的小事件透视大时代，以美丽中国的小人物折射大变化，以美丽中国的小故事揭示大趋势，更加注重人类生态环境保护的共同经验与思维，遵循生态文明发展的共同价值和情感，寻找生态理念与文化的共性，不仅要让受众听得见、听得清，更要让他们听得懂、听得进，引起共情、激起共鸣。

二、坚持美丽中国对外网络传播的基本原则

（一）坚持主动作为，积极塑造美丽中国国家形象

国家形象是建构的，一个国家的自然生态、人文景观、精神面貌、价值理念，不可能像照镜子一样，自然反射在外国公众头脑中，形成相应的镜像反射。同样，美丽中国的国家形象，从来都是拟态的而不是客观的，是自为的而不是自在的。当前，美丽中国对外网络传播还存在这样那样的问题，面临内容设计不精、平台辐射不广、受众接收不深、传播效果欠佳等困难，美丽中国的国家形象还没有树立起来，没有达到党和国家的预期，没有满足人民群众对中国美丽的国家形象的新期待。这些都不应当成为阻挡我们奋力前行的理由。我们正

处于民族复兴进程中最紧要、"树大招风"效应最明显的历史阶段，尤其需要增强历史责任感和时代使命感，积极主动地开展美丽中国对外网络传播，塑造美丽中国国家形象，以提高中国文化软实力，改变西方对中国"刻板印象"，突破与西方的意识形态障碍，弱化"修昔底德陷阱"，从而推动建设美丽世界，推动构建人类命运共同体。

（二）坚持润物无声，善于用美丽中国浸润受众心田

国内传播和国际传播有着很大的不同。从传播主体来看，媒体既注重经济效益又注重社会效益，往往更强调对上负责，对经济利益更为看重；从传播方式来看，国内传播在很大程度上还是宣传，更加注重传了没有、传了多少，而对叙事方式注重不够，受众态度注重不够。虽然网络把全世界变成了"地球村"，但是，美丽中国对外网络传播，仍然需要突破国界，突破社会制度，突破意识形态，突破民族种族，突破语言文化，突破宗教信仰，突破风俗习惯。如果仅仅是把国内传播的内容翻译为外文，挂到网上或者投放到国外社交媒体平台，这种对外网络传播是无效的，甚至还有可能产生负面影响。这就要求，美丽中国对外网络传播，必须针对传播对象国的不同受众心理、消费习惯、风土人情、价值理念、规章制度等，开展符合网络传播规律、符合外国受众接受心理、符合新媒体技术演进趋势、符合网络媒体发展潮流的系列传播活动，让传播内容为外国受众自然而然地接受，让传播手段为他们所喜爱，让他们在不排斥进而主动接受中了解更多美丽中国的内容，逐渐形成美丽中国国家形象。

（三）坚持统筹整合，构建美丽中国对外网络传播体系

美丽中国国家形象的塑造，是一项宏大事业，是一个系统工程，不是仅仅依靠我们自身网络传播平台就可以实现的，不是只借助外国主流网络平台就能够达到的，也不是寄希望于某家实力强大的网络传播集团就能做到的，也不是只凭某个单一网络传播方式就能做成的。需要健全以国家层面为主、各级地方为辅的美丽中国对外网络传播体系，建构以美丽中国事实类传播为先导、理念价值嵌入式传播为核心的内容传播层次，完善以国家重点网络传播平台为主、地方政府网站和商业网站为辅的美丽中国对外网络传播平台，打造以借助西方发达国家主流网络平台为主、中国网络传播平台本土化为辅的美丽中国网络传播内容出海体系，开发以APP、网游等成熟新媒体为主，VR、人工智能系统等创新媒体为辅的美丽中国对外新媒体传播体系，形成美丽中国全方位、立体化、多层次、宽维度的对外网络传播体系。

(四) 坚持持之以恒,在长期对外网络传播中树牢美丽中国形象

美丽中国国家形象的形成,是一个长期努力的过程,也是一个水到渠成的过程。我们不可能寄希望于通过一两次成功的美丽中国对外网络传播,就会在国外受众中形成良好的美丽中国形象,不可能"毕其功于一役"。通过网络对外传播美丽中国,需要经过两个阶段,产生两级效果。第一个阶段是美丽中国对外网络传播的主流化(mainstreaming),即让网络传播成为关于美丽中国的居于统治地位的信息来源,使得国外受众认为网络中的美丽中国更接近真实全面的现实的美丽中国,从而产生让受众更倾向于选择通过网络的方式认识、了解真实的美丽中国的"第一级效果"。第二个阶段是让国外受众在现实中了解到的美丽中国与网络传播的美丽中国相互印证,从而产生共鸣(resonance),让受众产生主动学习、理解美丽中国的背景文化和价值理念的"第二级效果"。主流化阶段是前提和基础,这个阶段迈不过去,就不会迎来共鸣阶段;共鸣阶段是传播目的所在,需要长期奋斗、持续发力、久久为功。

三、大时代+小事件,大视野+微视角,讲好美丽中国故事

(一) 讲好美丽中国与世界的故事

美丽中国故事,只有放在大时代背景下讲述,才能彰显时代主题,体现时代要求,顺应发展趋势,反映人类共同愿望,折射共同生态价值取向,也才能够传得开、叫得响;只有与世界建立紧密联系,与对象国网民息息相关,美丽中国故事才动听、才有人听、才让人听得进去。

习近平总书记提出,在美丽世界中建设美丽中国。一要连续讲好美丽中国对美丽世界做出的贡献。为了世界更加美丽,中国不惜降低发展速度,不惜巨大投入调整经济发展结构、节能减排保护环境,并将美丽中国建设作为国家重大发展战略,中国为世界而美丽。要讲好我国提出的新发展理念特别是绿色发展理念,加快美丽中国建设,努力为美丽世界建设做出新贡献;讲好我国在国家战略、区域战略、能源体系、产业体系、建筑交通、森林碳汇、生活方式、适应能力、低碳发展模式、科技支撑、资金政策支持、碳交易市场、统计核算体系、社会参与、国际合作等方面持续做出的努力。二要连续讲好美丽中国对世界气候变化做出的贡献。在与美国做法进行对照比较中,讲好促进世界气候变化的中国智慧、中国方案、中国贡献;讲好中国超额完成《蒙特利尔议定书》规定任务的故事,认真履行《联合国气候变化框架公约》的故事,带头并推动

各国履行全球应对气候变化《巴黎协定》的故事。

nature > nature sustainability > articles > article

nature
sustainability

Article | Published: 11 February 2019

China and India lead in greening of the world through land-use management

Chi Chen✉, Taejin Park, Xuhui Wang, Shilong Piao, Baodong Xu, Rajiv K. Chaturvedi, Richard Fuchs, Victor Brovkin, Philippe Ciais, Rasmus Fensholt, Hans Tømmervik, Govindasamy Bala, Zaichun Zhu, Ramakrishna R. Nemani & Ranga B. Myneni

图 7-2 《自然·可持续发展》期刊网页报道截图

特别要讲好世界因中国而变绿的故事。2019 年 2 月 11 日，《Nature》杂志发表一篇标题为《中国和印度通过土地使用管理为绿化地球做出贡献》（China and India lead in greening of the world through land-use managemengt）的文章。作者认为，从 2000 年到 2017 年的卫星数据表明，地球植被面积的扩大，主要归功于中国和印度。其中，中国的绿色面积增长中有 42% 是森林，32% 是农业用地，而印度的绿化则主要是农业用地（82%）造就的，森林增长面积仅为 4.4%。[1] 文章还对中国退耕还林、治理空气污染和气候变暖的举措做了详细的介绍。该研究主持者之一，波士顿大学地球与环境科学系博士陈驰（音）表示："尽管中国和印度国土面积仅占全球陆地的 9%，但两国为这一绿化过程贡献超过 33.3%。考虑到人口过多的国家一般存在对土地过度利用的问题，这个发现令人吃惊。"美国国家航空航天局（NASA）也发文称，过去近 20 年来，地球表面共新增超过 51800 亿平方米的植被面积，相当于多出一块亚马逊雨林。而其中 33.3% 的植被面积增长，要归功于中国与印度——特别是中国的植树造林工程与两国共同的农业集约化管理。

此消息一出，收到国外网友无数点赞，被顶到近期外网人气最高的一条。多年来，中国在环境问题上备受西方指责：环境太差，中国担主要责任；地球

---

[1] 周辰. NASA 和 Nature 集体发声：因为中国，地球比过去更绿色了［N］. 文汇报，2019-02-12.

> NASA ◎
> @NASA   关注

Good news for green thumbs: The world is a greener place than it was 20 years ago. Data from @NASAEarth satellites shows that human activity in China and India dominate this greening of the planet, thanks to tree planting & agriculture. Get the data: go.nasa.gov/2N10aW6

图 7-3 NASA（美国航天局）配发的 Twitter

变暖，中国担主要责任；植被减少，中国担主要责任……在国外各种论坛上，此类评论并不鲜见。当全世界都在指责我们破坏环境时，中国却悄悄地用实际行动去绿化地球，而对地球带来的改变，要比那些指责来得更加有力。有 Twitter 网友留言称：以前从不觉得中国很牛，但是从现在起，我真的要对中国刮目相看了！

这个成功案例给予我们非常深刻的启示：讲好美丽中国故事，必须与世界联系起来，把中国的作用和贡献讲清楚、讲透彻，让每位国外受众都能把自己与美丽中国联系起来；必须利用好权威网络媒体，增强美丽中国故事的权威性、可信度；只有在实践上把中国建设得更美丽，从根本上遏制环境破坏、生态恶化的状况，才是成功的关键。

（二）把美丽中国故事讲得形象、生动、立体

随着中国日益走向世界舞台中央，国外受众更想了解、认识一个真实的中国。要针对不同国家基本状况、受众接受习惯，从粗放型传播向生动传播、精准传播、立体传播转变。一要熟练使用对象国母语讲美丽中国故事。除了英、美、澳、新等少数国家以英语为母语外，绝大多数国家都有非英语母语。目前，国内网络媒体普遍采用英语对外传播，而对象国母语使用较少，这在很大程度上会让对象国网民产生疏离感。受众对母语有天然的认同感和亲近感，采用母语传播更能够唤起国外受众情感认同和共鸣，更容易为国外受众所接受，影响的范围也更广泛。二是针对不同国家讲好不同美丽中国故事，开展精准传播。由于政治制度、经济发展水平、宗教信仰、文化传统、生活习惯等存在差异，

各国受众接受美丽中国传播的心态、渠道和效果各不相同。对于资本主义国家，我们宣传社会主义生态文明时，要在两种体制机制比较中，转换叙事方式，用对方愿意听、听得懂的话语体系阐述社会主义生态文明的先进性，讲述美丽中国建设的感人故事，讲述纵向比较中美丽中国建设取得的巨大成就，讲述与西方发达国家在过去同样发达阶段面临的困难和挑战、不同的发展理念和思路、取得的重大进展。而对于"一带一路"沿线国家或国际组织，数量多达150多个（并且数量还在增加，2019年3月23日，意大利成为七国集团中首个签署"一带一路"倡议谅解备忘录的国家），存在多种社会制度模式，有近百种官方语言，有佛教、伊斯兰教、基督教、印度教等数十种不同的宗教及其派别，都要针对其政治经济文化社会状况开展精准传播。比如，佛教不仅主张要对生灵有爱心，还提倡爱护保护山河大地。对印度、巴基斯坦、孟加拉国、泰国等信奉佛教的国家开展美丽中国传播，讲述中国生态保护、生态修复、固沙治水、环境重建等故事，在理念上更容易得到认同，更容易为网民所接受。

(三) 借助事件讲好美丽中国故事

新媒体时代，注意力是稀缺的。事件能在某个特色时间成为大众瞩目的焦点，利于集中开展媒介事件传播。围绕重要国际会议、重大国际活动、重要时间节点等，通过国内外网络媒体集中开展美丽中国专题传播，会吸引网友持续关注，在特定时期内形成主题信息集聚，进而收到良好的传播效果。例如，中国彩灯是兼具传统与现代的美丽中国符号之一，作为中国灯城，四川省自贡市围绕"媒眼看灯城""2017全国网络媒体自贡行""2017外国媒体自贡行""彩灯点亮哥本哈根""感知中国·环球灯会——中华彩灯汉堡行"等各类重大灯会推介展示活动，大力宣传推介自贡彩灯闪耀全球。2017年春，举办全国友协2017年新春招待会暨自贡灯会全球推介活动，19家海外主流媒体和29家国内主流媒体，以及12个微信公众号对此次推介会进行了报道，近30家网络媒体转载相关内容，引发国内外舆论高度关注，自贡灯会知名度和影响力进一步提升。2017年2月11日，正月十五元宵节晚9时，中国国际电视台（CGTN频道），启动6个频道、用6种语言、连续40分钟专题现场报道自贡灯会向全球拜年，并在CGTN APP、Facebook、新浪微博向全球观众进行了网络直播，Facebook点击量高达百万，新浪微博访问量14万，报道此盛况的媒体达百余家，各类文章700余篇，其中新闻报道224篇，微博微信519条，论坛社区34篇。2017年7月的"感知中国·环球灯会——中华彩灯汉堡行"赢得国内外网络媒体高密度地报道，在汉堡市英泽尔公园的社交媒体账号上，Chinese lanternfest 成为德国网民上传照片的热门标签；"感知中国·环球灯会"成为 GOOGLE 汉堡当地 7 月份 CALENDER 头条；在 Facebook 和 YouTube 上，不少观众上传灯会视频，赢得较高点击率。这些大规模高规格的宣传推介活动，使自贡灯会由一个地方性的民俗文化活动，提升到"讲好中国故事，传播好中国声音""中国文化走出去""增强国家文化软实力"等国家文化战略，提升了自贡彩灯在全球的知名度和影响力。

四、中国网+本土化，新模式+新技术，完善美丽中国对外网络传播体系

（一）充分发挥我国网络媒体优势，形成美丽中国对外网络传播合力

随着中国对外开放程度的不断提高，对外网络传播取得了较大成绩。以人民日报社为例，截至 2017 年底，人民日报社运营的 6 个海外媒体账号总粉丝量超过 4600 万，人民日报在 Facebook 账号全球粉丝量第一、活跃度第一。2017 年，其在境外发布消息达 10 万余条。要站在新的起点上，依托业已形成的 14 家国家重点网络传播平台为"四梁八柱"，以地方政府网站为支撑，以商业网站为补充，同时把各个涉外机构请进来，与美丽中国涉及主体共同构成美丽中国大网络传播格局。

一是把美丽中国作为国家对外网络传播总体设计和总体布局的重要内容。传播并塑造美丽中国国家形象，是提高国家软实力的必然要求，也是消解西方"修昔底德陷阱""中国威胁论"等论调的核心战略。由中央外宣办、国务院新闻办、国家互联网信息办共同牵头，在国家对外网络传播中长期规划和年度计划中，专门设立美丽中国传播板块，出台专项计划，设立专项经费，支持国家重点传播平台开展美丽中国对外网络传播，鼓励各地方各部门各行业根据自身需要开展美丽中国对外网络传播。对于在美丽中国对外网络传播中的成功案例、经验做法，要及时总结提炼，宣传推广，为全行业提供学习借鉴。

二是把美丽中国纳入各大网络媒体和新媒体对外网络传播总体安排。对外网络传播的根本任务是讲好中国故事、传播中国声音、塑造中国形象。美丽中国作为中国故事的重要内容，作为重要的国家形象，应当成为各大网络媒体和新媒体对外传播的重要组成部分。各大对外网络媒体和新媒体要精心设计并组织实施美丽中国传播年度方案，既要做好对外网络常规传播，更要围绕贯彻落实新发展理念，围绕国际国内重大环保事件，做好传播策划，选好传播视角，转换好叙事方式，用好传播工具，讲好美丽中国的具体故事，开展生动、持续

地美丽中国对外网络传播。

三是把美丽中国纳入媒体融合的"中央厨房"必做"大餐"之中。随着新媒体不断推陈出新,对外网络传播工作也必须创新理念、内容、体裁、形式、方法、手段、业态、体制、机制,增强传播的针对性和实效性。要适应分众化、差异化传播趋势,加快推进媒体融合进程,构建舆论引导新格局。作为融媒体中心,"中央厨房"的使命就是实现新闻信息一次采集、多种生成、多元传播。也就是说,"中央厨房"必须看人下菜,要针对不同的平台、不同的调性、为不同的对象、不同的偏好,烹制各具特色的美味新闻大餐。在当代中国对外网络传播需求中,美丽中国是一道中央急需、外国受众也期盼的一道"大餐"。要充分发挥"中央厨房"优势,适应美丽中国传播对象的分众化、差异化需要,提升对外网络传播效果的针对性、实效性。

(二)把海外本土化传播作为核心战略,开辟美丽中国对外网络传播新局面

美丽中国要走入外国网民的内心世界,就必须满足其心理需求、适应其接受习惯,消除语言、文字、文化、叙事等方面的异质感,让美丽中国可知、可感、可亲、可信。采用本土化传播,是实现美丽中国对外网络传播落地见效的核心战略。

第一,美丽中国传播主体本土化。要把国内网络传播媒体的骨干力量部署到对象国本土,雇佣本土员工进行信息采集、制作和发布,开展美丽中国内容生产和传播管理,实现最大程度的本土化。例如,美国新闻集团(News Corporation)是世界上规模最大、国际化程度最高的综合性媒体集团之一,它通过参股(如凤凰卫视)甚至控股(如印度娱乐频道 ZeeTV 以及面向印尼的体育频道)外国媒体,实现了从节目到管理、从编辑到记者和主持人、从语言到风格的完全本土化。中国国际广播电台在国外建立多个节目制作室,并在当地开办了多个调频台,直接影响当地受众,效果显著。特别是其控股的环球时代传媒公司(Gbtimes)(总部位于芬兰),通过设立海外节目制作室、与当地媒体合作等形式完成一系列对外传播的本土化。该公司以"促进中国和世界其他地区之间的沟通和理解"为己任,在近 40 个欧洲和非洲国家雇佣本土员工,用 20 余种语言工作,网站每月有 20 万浏览量,成为本土化传播中国的重要力量。借助于这些本土化传播主体,美丽中国与美丽世界对接起来,与人类生态文明统一起来,与美丽生活协同起来。2019 年 3 月,新华社在海外社交媒体平台上推送了《民主改革六十年,"洋记者"带你看一个真实的西藏》的视频报道。报道

播出后，浏览量迅速突破百万，很多外国网友深受触动纷纷留言，感叹西藏美丽独特的风土人情，称赞西藏民主改革取得的成就。还有一些外国网友面对外界的不实指责和批评声音，主动予以回应和驳斥。通过叙事主体本土化，美丽西藏受到国外网友高度关注。过去，西方大肆利用"藏独"言论对我国进行"妖魔化"宣传，使得西方普通受众不明真相、受到误导。通过这个叙事主体本土化传播，竟然有网民主动帮助我们澄清、反驳，收到了很好的传播效果。

图7-4 新华网的外籍女记者介绍美丽西藏

哇！厉害……美丽的西藏，伟大的中国。

这完全是西藏应有的样子——风景优美，环境清新。藏族人民的生活水平得到了提高，他们会继续享受美好的生活……

> **Kiven Kiersey 凯文** @kier... · 11时
> Try seeing through the western propaganda and go visit. Look beyond the window.

要尝试看穿西方的宣传伎俩，要到实地去。看窗外的景象。

图7-5　网友相关评论

第二，美丽中国传播内容本土化。受众一般更关心当地的事、身边的事，即使是在网络传播中，亦是如此。实现美丽中国传播内容的本土化，有三种实现形式。一是联想。在传播内容设计中，前面一部分内容是所在国、所在地的生态环境及其相关话题，后面的内容则是由此联想到的中国在此方面的做法、成效和经验。这种方式以受众熟悉的内容为基础，符合其接受心理，能大幅降低受众对于域外内容的抵触、排斥心理。通过联想，既扩充了受众的认知领域，也起到了建构美丽中国形象的作用。二是对比。发展中国家现在面临的环境问题我们都面对过，西方发达国家在发展与环境保护上遇到的问题我们都出现过，他们不曾遇到的问题我们也都面临过。因此，本土的生态、环境、旅游等话题，基本上都可以采取对比的方式，突显出中国的思路、举措和突出成效，让受众由此及彼、印象深刻。三是本土化叙事。消除受众对异质信息的排斥，须采取本土化叙事。英国广播公司在非洲联合本土媒体制作的斯瓦希里语节目，在对非洲话题的关切上完全体现出本土媒体的特点，内容与当地社会发展紧密结合；半岛电视台美国分台总部位于纽约，节目以美国本土新闻和国际新闻为主，完全不同于总台的英语频道。"今日俄罗斯"在美国也是聘用美国职员制作关于美国当地的节目。这些本土化制作的内容，能很好地融入符合本地受众的信息消费习惯和接受心理，能够使内容传得开，为本地受众所接纳、接受，从而收到符合预期的传播效果。

第三，中外网络传播媒体开展美丽中国合作传播。中国网络媒体和新媒体的对外传播，与对象国之间总存在一些隔阂和障碍，即便是美丽中国这样的内容，也会遭遇莫名的审查甚至抵制。借助有影响力的国外主要网络媒体，通过合作产生公信力、影响力，可以有效克服对象国政治、法律、文化等障碍，成本更低，效果更好。目前，美丽中国对外网络传播虽然取得一定成效，但落地效果并不达预期。因此，开展美丽中国中外网络媒体合作传播是很好的策略。2016年11月，国务院新闻办中国五洲传播中心与美国福斯传媒集团（Fox Networks Group）旗下国家地理频道（亚洲）建立合作伙伴关系，双方共同开设全新电视纪录片栏目——《华彩中国》，向全球观众展示鲜为人知的中国文化和自然魅力。栏目在亚洲、欧洲和拉丁美洲的170个国家播出，全球直播和网络收看的观众预计将达三亿。在国家地理频道看来，此次建立伙伴关系的目的是要让更多的观众知道，中国还有很多值得游览的地方，有太多美妙的中国风采在等待着大家来发掘。国家地理频道在世界探索类节目的制作方面经验丰富，而且致力于开发亚洲地区的节目内容，因此是实现该目标的最佳平台。此前，他们已经有着长达十年的合作，产生了很好的传播效果。例如《鸟瞰中国》系列纪录片，在中国国内的网络播放点击量接近两亿，在国家地理频道向全球播出后也深受欢迎。五洲传播中心将美丽中国通过合作媒体国家地理频道，传播至国外普通受众，很好地将美丽中国嵌入对象国媒体中，实现二次传播，取得良好效果，是美丽中国合作网络传播的典型案例。

需要引起高度重视的是，2020年以来，深受新冠肺炎疫情影响的美国，封禁了大量中国大陆网络社交媒体账号。2019年8月，Facebook和Twitter封禁了数百个来自中国大陆的账号，理由是这些账号是中国政府用来传播与香港抗议有关信息的，声称其散布"假新闻"。2020年8月，美国政府出面，强行封杀Tik Tok。这种颠倒黑白的做法，撕下了美国所谓"言论自由"的虚伪面纱，将其网络霸权行径暴露无遗。这些残酷的现实表明，网络传播权一定要牢牢掌握在自己手里，把美丽中国的形象塑造寄寓在别人的传播渠道里，注定是不可能的。因此，要运用好全球主要网络媒体，但更重要的是建设好自己的网络媒体，变大变强，变得无法封禁。

（三）广泛运用网络传播新技术，培育美丽中国对外网络传播技术优势

网络传播受众以年轻人群体为主，一项调查表明，15~24岁人群在家里上

网的占比为 82.9%，25~34 岁人群在家里上网的比例高达 91.4%。① 这个群体普遍对网络新技术充满好奇，有较强的接触和使用的冲动。因此，在美丽中国对外网络传播中，多采用新技术，对于提高传播效果，具有十分重要的作用。网络传播新技术不断涌现，当前，在美丽中国对外网络传播中，最需要推广的新技术主要有：

1. VR+网络，让美丽中国就在眼前

中国疆域辽阔、地大物博，是唯一将古代文明传承至今的文明古国，有着十分丰富的自然资源和文化资源，世界遗产已达 53 项，其中世界文化遗产 36 项、世界文化与自然双重遗产 4 项、世界自然遗产 13 项，在世界遗产名录国家排名位居第二位（意大利 54 项）。虽然中国的国际化程度越来越高，国际影响力越来越大，但是来中国旅游观光的外国游客却并不多。据国家旅游局（现为文化和旅游部）数据，2018 年中国的入境游客有 1.4 亿人次。其中，港澳台同胞占 70%，外国游客占 30%，约 4200 万人次，在这 4200 万人次里大部分是亚洲游客，欧美占比极少。究其原因，一是欧美距离中国路途遥远，二是中国的旅游签证不好办理，三是全国各地的景点门票太贵，导致中国旅游性价比太低。要改变这种现状，除了深化旅游市场整顿和改革，提高中国旅游性价比，还要借助新技术，形成新的传播模式。"VR+网络"可以创造全新的旅游体验模式，改变旅游方式，能够有效破解外国游客接触美丽中国机会少的难题。例如，中国旅游新闻 APP 开设了 VR 旅游频道，搭建 VR 全景中心，通过虚拟现实（VR）和 3D 全景方式展示中国旅游景区的秀美风光。该平台可以实现真实全景展示，从旅游景区，到整座城市都可以 1∶1 的比例完全搬到互联网上，形成一个真实、互动的 3D 城市智慧旅游平台。比较遗憾的是，现有的 VR 产品都是中文解说，没有外文解说，难以承担起对外网络传播职能。可以尝试合作传播的方式，与国外主流网络媒体合作开展美丽中国 VR 网络传播，一方面，向国外受众展示真实全景的美丽中国，使其无障碍接触美丽中国，构建美丽中国形象；另一方面，激发他们到中国实地旅游的兴趣，让他们能够零距离实景旅游，从而加深在 VR 世界里的美丽中国印象。

2. 大数据+美丽中国网络传播，实现美丽中国信息精准推送

随着信息的开放共享与云计算的大规模运用，互联网传播的信息由稀缺变为过载，基于大数据的互联网媒体正在快速颠覆传统媒体，标志着我们逐步进

---

① 王平. 权威发布：不同年龄段受众触媒习惯 [EB/OL]. 视听中国，2017-11-25.

入大数据时代。中国大数据产业整体数据大，数量全球最多，数据丰富而全面，拥有一批全球依靠的大数据领先企业。我国高度重视大数据，出台系列政策积极促进互联网、大数据、人工智能和实体经济的融合。"大数据之父"牛津大学教授维克托·迈尔·舍恩伯格（Viktor Mayer-Schönberger，1966—）认为，中国在大数据时代的优势不仅在于广大的市场与众多的用户，更在于中国人对事物敏锐的洞察力与把握力，这是中国的独特优势。要充分发挥我国大数据技术优势，推动大数据在美丽中国对外网络传播的运用，实现美丽中国与国外受众的智能匹配和智能推送。要利用云集美丽中国的文字、图片、音频、视频等海量信息的巨型云信息服务平台，通过数据挖掘和技术分析，优化国外受众美丽中国信息需要，适应其个性化、定制化需求，实现美丽中国信息与国外受众的智能化匹配。目前，我国已经建成一批基础性、战略性的基础数据库，中央和国家机关62个部门，31个省区市和新疆生产建设兵团全面接入国家数据共享交换平台。百度推出的智能推荐是一站式的大数据精准推荐平台，它集成了用户洞察、定制算法策略、CTR预估、语音识别、NLP等技术，帮助客户构建自己的精准推荐系统，全方位刻画用户行为特征、关注点及意图，针对不同偏好的用户进行"千人千面"的精准推荐。阿里云融合云计算、人工智能、语音识别、语义理解、大数据等能力，提供多个终端云上搜索服务解决方案，支持定制化需求，降低搜索服务门槛，提供高质量的精准服务。借助于基础数据库和巨型云计算平台，通过对美丽中国信息海量数据的监测，准确辨别对美丽中国关注的国外受众；通过对实际到访受众及其美丽中国信息链接轨迹的监测，帮助判断受众的年龄结构、群体特征和信息消费偏好，从而实现精准推送，提高受众美丽中国信息消费黏性。

3. 人工智能+美丽中国智慧传播，增强对外网络传播效果

一是运用人工智能提高美丽中国对外网络传播效率。借助机器人写作、AI主持人、自动翻译等人工智能，可以全年、全时自动进行面向全球的信息采集、处理和内容生产、分发，迅速地在不同语言、不同文化之间进行切换与转译，使对外网络传播更加便利和频繁。二是运用人工智能弱化美丽中国传播意图。利用人工智能自动化关联和解读，模糊数据、信息、知识之间的界限，造成数据即信息、数据即知识的错觉，使国外受众忽略人、组织、国家在其中所扮演的关键角色，弱化国外受众对美丽中国形象建构与中国国家软实力的关联认知，弱化美丽中国形象与国际传播话语体系建构关系的感知。三是运用人工智能让美丽中国对外网络传播更加精准。人工智能集合了自然语言处理、计算机视觉、

人脸识别、图像识别、语音识别、语义搜索、语义网络、文本分析、虚拟助手、视觉搜索、预测分析等技术,能够根据算法设定进行美丽中国内容选取、生产和传播,能够结合受众画像、利用算法推荐,实现国外受众与美丽中国信息的快速匹配,满足不同地域、不同背景下国外受众对于美丽中国信息垂直化、个性化的内容需求,提升了对外网络传播效果。

五、意见领袖+普通网民,网上+网下,共建美丽世界

(一) 支持和培养美丽中国意见领袖,增强国外网民认同

互联网打破了传统的权力结构,并建立起新的中心。这个中心就是意见领袖或者网红等关键人,他们依靠自己在虚拟社会中的地位和影响力,成为社交媒体的中心。在美丽中国对外网络传播中,网络意见领袖利用新媒体时代的各种社交网络和通信工具来表达观点、设置议程、引领话题,能更加迅速、及时地将讯息传达给数量庞大的粉丝,对粉丝的态度和行为产生很大的影响。支持网络意见领袖介入美丽中国对外网络传播,培养更多意见领袖,可以加快美丽中国传播速度并扩大影响,产生更优的传播效果。一是与全球网络意见领袖建立持续合作关系。在环保日益成为全球最关注话题的今天,我们要主动与关心此类话题的全球社交网络意见领袖建立联系。对于不同平台的社交媒体领袖,要从拥有社交媒体平台数、粉丝量、追踪数、发文频率、发文内容、叙事能力、粉丝互动频率等方面确定是否具有合作潜力。然后,与他们开展合作,包括但不限于:美丽中国文章、图片、微视频等信息资源的第一时间授权使用,中国微信、微博等社交媒体平台加 V 推送,美丽中国免费实地考察,美丽中国讯息推送资助等。二是培育具有发展潜力的未来网络意见领袖。在社交平台上,新的意见领袖每天可能出现。与微博以 KOL 以及大号传播主轴的社交平台不同,近年来,以 95 后以及 00 后为主要目标受众的抖音将短视频社交潜力发挥到极致,将创意及技术门槛低的短视频制作权限下沉给一般用户,给予用户充分发挥创意的平台,在世界手机应用中独领风骚。2018 年,抖音海外版 Tik Tok 和 Musical.ly 全球覆盖超过 150 个国家和地区,成为全球增速最快的手机应用。字节跳动海外用户规模已接近整体用户规模的 20%。在苹果美国应用商店免费应用榜上,Tik Tok 曾成功超越 Instagram、YouTube 和 Snapchat,成为苹果美国应用商店最受欢迎的免费应用,不断催生一个又一个意见领袖。对于这些主流社交平台或手机应用上的关注生态问题的潜在意见领袖,要在其崭露头角之际就

关注培养,与其开展合作,进行投资。这样,既降低了合作成本,更增强彼此合作的信任度和可靠性。待他们成长为具有广泛影响力的意见领袖,他们会成为美丽中国网络传播的重要节点。

(二)推动网上网下结合,传播全面真实的美丽中国

网络拉近距离,亲临方能持久。我们不能仅仅满足于通过网络或移动网络有针对性地面向国外传播美丽中国,还应该把网上传播和网下传播有机结合起来,策划若干线下美丽中国实地考察直播活动,用真相澄清谎言,用事实消除偏见,让美丽中国的形象印入网友大脑,并通过他们对更多国外网友产生积极影响。国家级网络媒体要组织开展网上美丽中国主题传播活动,对在活动中表现突出的国外网友提供免费来中国的机会,为其进行美丽中国网上直播或传播提供支持和保障。要在国际湿地日(2月2日)、中国植树节(3月12日)、世界水日(3月22日)、世界气象日(3月23日)、世界地球日(4月22日)、国际生物多样性日(5月22日)、世界无烟日(5月31日)、世界环境日(6月5日)、世界防治荒漠化和干旱日(6月17日)、世界人口日(7月11日)、国际保护臭氧层日(9月16日)、世界动物日(10月4日)、世界粮食日(10月16日)等与生态环保相关的重要时间节点,组织全球网友代表来到中国,开展美丽中国在线直播、专题网络报道等多形式线下活动,让外国网友面向本国网民讲述美丽中国故事,产生潜移默化、润物无声的效果。各地方政府、行业部门等活动主体要做好精心策划,对每一项活动的具体细节进行详细设计,既提供良好条件和保障,又做好安全防范和应急预案,让活动成为美丽中国形象的重要外宣窗口。

(三)组织国外网民开展美丽中国集体行动,共建"美丽世界"

美丽中国对外网络传播的最高境界,是引导国外网民开展群体行动。国外网民的美丽中国主题群体行动,按照难易程度,可以分成三个阶段。第一个阶段,美丽中国信息共享。要把关注生态环保话题的国外网络意见领袖和活跃网友集中起来、组织起来,通过YouTube、Instagram、Snapchat、Facebook、Wechat、Twitter、Whatapp、Skype等主要网络社交平台或移动社交平台,积极传播美丽中国主题内容,实现资源、信息共享。在他们的影响和带动下,美丽中国要成为各网络社会平台、自媒体平台某一时期的热议话题、关注热点,能够引导网友对美丽中国形象从感性感知到理性认识再到形象建构的跨越。第二个阶段,美丽中国传播网上合作。通过网上美丽中国的议程设置和持续话题关注,

普通受众会对美丽中国讯息产生更多需求，对现实的美丽中国产生接触需要，对过去的中国生态环保状况、现在的美丽中国建设方略、未来的建设规划产生进一步的兴趣。对于这些讯息的传播和补充，国外网友之间能够相互支持、优势互补；对于美丽中国的相关认识能够达成一致、促成共识，并能确定行动目标，激发他们的行为动机。第三个阶段，美丽中国集体行动。要创造条件和渠道，让国外网友参与中国生态环保领域公益活动，鼓励他们发起并参与美丽中国深度体验活动、中国生态脆弱区植树造林公益行动、防风固沙生态修复活动、污染防治在线行动等多种多样的实际行动，支持他们通过网络特别是移动网络，采取网上网下互动方式，介绍活动参与情况，记录行动进程，分享行动感悟，推动活动有效开展。鼓励他们将美丽中国与美丽世界联系起来，比较分析美丽中国建设与其他国家的异同，畅谈美丽中国对美丽世界在发展理念、发展方式、建设成就等方面做出的贡献，特别是美丽中国与自己国家的关系、与普通网友的关系，使他们能够在美丽中国建设中找到自己的影子、倾注自己的心血、发挥自己的力量，从而在理念上认同、情感上倾斜、行动上支持、成效上信服，真正让美丽中国国家形象在他们头脑里生根、发芽、成长。

参考文献

1. 马克思恩格斯全集（第1、4、20卷）[M]．北京：人民出版社，1971.
2. 马克思恩格斯全集（第32、42卷）[M]．北京：人民出版社，1979.
3. 马克思恩格斯选集（第1、2、4卷）[M]．北京：人民出版社，1995.
4. 江泽民文选（第1、3卷）[M]．北京：人民出版社，2006.
5. 习近平谈治国理政[M]．北京：外文出版社，2014.
6. 习近平谈治国理政（第2卷）[M]．北京：外文出版社，2018.
7. 习近平．之江新语[M]．杭州：浙江出版联合集团，2013.
8. 中共中央宣传部．习近平在文艺工作座谈会上的重要讲话学习读本[M]．北京：学习出版社，2015.
9. 中共中央宣传部．习近平总书记系列重要讲话读本[M]．北京：学习出版社，2016.
10. 本书编写组．党的十九大报告辅导读本[M]．北京：人民出版社，2017.
11. 中共中央党史研究室．中国共产党的九十年[M]．北京：中共党史出版社，2017.
12. 郭庆光．传播学教程[M]．北京：中国人民大学出版社，1999.
13. 刘继南．大众传播和国际关系[M]．北京：北京广播学院出版社，1999.
14. 匡文波．网络媒体概论[M]．北京：清华大学出版社，2001.
15. 郭可．当代对外传播[M]．上海：复旦大学出版社，2003.
16. 董天策．网络新闻传播学[M]．福州：福建人民出版社，2004.
17. 李希光，周庆安．软力量与全球传播[M]．北京：清华大学出版社，2005.
18. 刘继南．中国国家形象的国际传播现状与对策[M]．北京：中国传媒大学出版社，2006.
19. 黄瑚，邹军，徐剑．网络传播法规与道德教程[M]．上海：复旦大学出版社，2006.

20. 沈小峰. 混沌初开：自组织理论的哲学探索 [M]. 北京：北京师范大学出版社，2008.

21. 刘朋. 国家形象的概念：构成、分歧与区隔 [M]. 北京：中国传媒大学出版社，2009.

22. 王东迎. 中国网络媒体对外传播研究 [M]. 北京：中国书籍出版社，2011.

23. 程曼丽，王维佳. 对外传播及其效果研究 [M]. 北京：北京大学出版社，2011.

24. 胡晓明. 国家形象：探究中国国家形象构建 [M]. 北京：人民出版社，2012.

25. 李良荣. 网络与新媒体概论 [M]. 北京：高等教育出版社，2014.

26. 胡百精. 说服与认同 [M]. 北京：中国传媒大学出版社，2015.

27. 彭兰. 网络传播概论（第4版）[M]. 北京：中国人民大学出版社，2017.

28. ［美］唐·泰普斯科特. 数字化成长：网络世代的崛起 [M]. 陈晓天，袁世佩，译. 沈阳：东北大学出版社，1999.

29. ［美］爱德华·W·萨义德. 文化与帝国主义 [M]. 李琨，译. 北京：生活·读书·新知三联书店 2003.

30. ［斯］阿莱斯·艾尔雅维茨. 图像时代 [M]. 胡菊兰，张云鹏，译. 长春：吉林人民出版社，2003.

31. ［美］约瑟夫·奈. 硬权力与软权力 [M]. 门洪华，译. 北京：北京大学出版社，2005.

32. ［美］沃纳·赛佛林，小詹姆·斯坦卡德. 传播理论——起源、方法与应用 [M]. 郭镇之，等译. 北京：华夏出版社，2005.

33. ［美］理查德·韦斯特，林恩·H·特纳. 传播理论导引：分析与应用 [M]. 刘海龙，译. 北京：中国人民大学出版社，2007.

34. ［美］克里斯·布洛根，朱利恩·史密斯. 影响力方程式 [M]. 常利，译. 杭州：浙江人民出版社，2014.

35. ［美］克莱·舍基. 人人时代——无组织的组织力量 [M]. 胡泳，沈满琳，译. 北京：中国人民大学出版社，2014.

36. 雷跃捷，金梦玉，吴风. 互联网媒体的概念、传播特性现状及其发展前景 [J]. 现代传播 2001（1）.

37. 孙有中. 国家形象的内涵及其功能 [J]. 国际论坛, 2002 (3).

38. 郭可, 毕笑楠. 网络媒体在对外传播中的应用 [J]. 新闻大学, 2003 (2).

39. 张品良. 网络传播的后现代性解析 [J]. 当代传播, 2004 (5).

40. 门洪华. 压力、认知与国际形象——关于中国参与国际制度战略的历史解释 [J]. 世界经济与政治, 2005 (6).

41. 蒋晓丽, 刘肖. "光荣孤立"与中国国际新闻报道策略 [J]. 西南民族大学学报 (人文社科版), 2006 (7).

42. 王正平, 徐铁光. 西方网络霸权主义与发展中国家的网络权利 [J]. 思想战线, 2011 (2).

43. 李良荣, 郑雯. 论新传播革命——"新传播革命"研究之二 [J]. 现代传播, 2012 (4).

44. 郑志龙, 余丽. 互联网在国际政治中的"非中性"作用 [J]. 政治学研究, 2012 (4).

45. 龙小农. 从国际传播技术范式变迁看我国国际话语权提升的战略选择 [J]. 现代传播, 2012 (5).

46. 徐佳. 下一代互联网：中国参与构建国际传播新秩序的新起点 [J]. 新闻记者, 2012 (5).

47. 周生贤. 建设美丽中国走向社会主义生态文明新时代 [J]. 环境保护, 2012 (23).

48. 王如松. 美丽中国新转折 [J]. 人民论坛, 2012 (33).

49. 洪晓楠, 邱金英, 林丹. 国家文化软实力的构成要素与提升战略 [J]. 江海学刊, 2013 (1).

50. 万俊人. 美丽中国的哲学智慧与行动意义 [J]. 中国社会科学, 2013 (5).

51. 李建华, 蔡尚伟. 美丽中国的科学内涵及其战略意义 [J]. 四川大学学报 (哲学社会科学版), 2013 (5).

52. 彭兰. 网络传播环境的深层变革对外宣媒体的影响 [J]. 对外传播, 2013 (8).

53. 余丽. 从互联网霸权看西方大国的战略实质和目标 [J]. 马克思主义研究, 2013 (9).

54. 王庚年. 中国国际传播的三重境界 [J]. 中国广播电视学刊, 2013

(11).

55. 戴佳,史安斌."国际新闻"与"全球新闻"概念之辨[J].清华大学学报(哲学社会科学版),2014(1).

56. 易小兵.中国共产党软实力提升的三重维度——基于美丽中国建设的视角[J].广西社会科学,2014(11).

57. 喻国明.从精确新闻到大数据新闻——关于大数据新闻的前世今生[J].青年记者,2014(24).

58. 张涛甫.新传播技术革命与网络空间结构再平衡[J].南京社会科学,2015(1).

59. 吴瑛,李莉,宋韵雅.多种声音一个世界.中国与国际媒体互引的社会网络分析[J].新闻与传播研究,2015(9).

60. 梁刚.我国网络媒体企业走出去现状、问题与对策[J].中国出版,2015(16).

61. 李建华."美丽中国"对外网络传播的破局与重构[J].四川大学学报(哲学社会科学版),2016(2).

62. 杜雁芸.美国网络霸权实现的路径分析[J].太平洋学报,2016(2).

63. 史安斌,张耀钟.构建全球传播新秩序:解析"中国方案"的历史溯源和现实考量[J].新闻爱好者,2016(5).

64. 胡正荣,王润珏.中国传媒文化软实力的建构[J].文化软实力研究,2016(22).

65. 史安斌,王沛楠."新十亿"阶层的崛起与全球新闻传播的新趋势[J].国际传播,2016(11).

66. 张国祚.当前我国文化软实力建设研究需关注的几个问题[J].红旗文稿,2016(24).

67. 吴瑛,王曦雁,何萍,等.2017年政府对外传播前瞻——基于社交媒体的分析[J].对外传播,2017(1).

68. 刘朝阳.讲好中国故事必须提升议题设置能力[J].青年记者,2017(2).

69. 邓元兵.区域形象——西方媒体的报道与我们的建构策略[J].郑州大学学报(哲学社会科学版),2017(3).

70. 万可.美英新闻媒体人工智能应用实践及启示[J].中国传媒科技,2017(7).

71. 相德宝, 张文正. 新媒体时代全球媒体传播格局及其社交网络影响力研究 [J]. 当代传播, 2017 (4).

72. 程曼丽. "一带一路"对外传播重在释疑解惑 [J]. 新闻战线, 2017 (5).

73. 胡正荣. 国际传播的三个关键: 全媒体·一国一策·精准化 [J]. 对外传播, 2017 (8).

74. 杨蓉. "一带一路"核心区对外传播对策研究 [J]. 中国报业, 2017 (22).

75. 郭丽琨. 2017, 开辟中国外宣新境界 [J]. 对外传播, 2017 (12).

76. 解冰, 沈斌. 中国国际传播的盲区与突破 [J]. 对外传播, 2017 (12).

77. 许静, 刘煦尧. 以海外社交媒体策略传播讲好中国故事 [J]. 中国出版, 2017 (18).

78. 胡正荣, 王润珏. "一带一路"建设中的传媒软力量建构——基于国家文化安全视角 [J]. 国际传播, 2018 (5).

79. 陈宇. "一带一路"背景下中国传媒海外传播的本土化实践 [J]. 内蒙古社会科学 (汉文版), 2018 (5).

80. PARSONS H. Marx and Engels' on Ecology [M]. London: Greenword, 1977.

81. PERPER D. Ecological Socialism: From Depth Ecology to Socialism [M]. London: Routledge, 1993.

82. JOSEPH S. N. Power in the Global Information Age: From Realism to Globalization [M]. London. Routledge, 2004.

83. DORR K. N. Mapping the field of algorithm micjournalism [J]. Digital Journalism, 2016 (6).